goh n° 4567³

RENAUD
DE CHATILLON

PRINCE D'ANTIOCHE

SEIGNEUR DE LA TERRE D'OUTRE-JOURDAIN

PAR

GUSTAVE SCHLUMBERGER

DE L'INSTITUT

Ouvrage orné de gravures.

PARIS

LIBRAIRIE PLON

E. PLON, NOURRIT ET Cie, IMPRIMEURS-ÉDITEURS

RUE GARANCIÈRE, 10

1898

Tous droits réservés

RENAUD DE CHATILLON

L'auteur et les éditeurs déclarent réserver leurs droits de reproduction et de traduction en France et dans tous les pays étrangers, y compris la Suède et la Norvège.

Ce volume a été déposé au ministère de l'intérieur (section de la librairie) en mai 1898.

RENAUD
DE CHATILLON

PRINCE D'ANTIOCHE

SEIGNEUR DE LA TERRE D'OUTRE-JOURDAIN

PAR

Gustave SCHLUMBERGER

DE L'INSTITUT

Ouvrage orné de gravures.

PARIS

LIBRAIRIE PLON

E. PLON, NOURRIT et Cⁱᵉ, IMPRIMEURS-ÉDITEURS

RUE GARANCIÈRE, 10

1898

Tous droits réservés

A LA MÉMOIRE

DU COMTE RIANT

DE L'ACADÉMIE DES INSCRIPTIONS ET BELLES-LETTRES

qui, dans sa laborieuse et trop courte carrière, a su restaurer en France l'étude de l'histoire des Établissements latins de Terre Sainte à l'époque des Croisades, et en assurer le progrès.

INTRODUCTION

En relisant avec passion les antiques chroniques franques ou arabes qui ont porté jusqu'à nous la renommée des guerriers chrétiens d'outre-mer, leurs prouesses, leur gloire, leurs souffrances et leurs aventures à l'époque des Croisades, mon attention avait été particulièrement attirée par la hardie et tragique figure d'un des plus extraordinaires héros de cette longue épopée, Renaud de Châtillon, prince d'Antioche, le légendaire sire de Karak et de la Terre d'Outre-Jourdain. Bien des fois j'avais été tenté d'esquisser cette vie audacieuse si caractéristique d'une telle époque, d'une telle société. Il me semblait que cette étude pourrait être le plus frappant exemple de ce que fut l'existence d'un de ces hauts barons francs de Terre Sainte, campés au douzième siècle sur la frontière du monde sarrasin et du monde latin. Longtemps la rareté extrême des documents m'avait arrêté dans cette entreprise ardue. Un moment enfin est venu où je n'ai plus résisté au désir que j'avais de faire connaître de plus près à quelques-uns cette personnalité étrange dont l'histoire me fascinait. Hélas! les documents n'en étaient pas devenus plus abondants pour cela! Et comme je ne voulais rien ajouter à ce récit qui ne fût prouvé par les textes, je me suis trouvé en face de grandes difficultés, tant les informations dont je pouvais disposer étaient restreintes. Je ne me dissimule pas que ce modeste travail, qui m'a coûté beaucoup de peine, sera d'une lecture aride. Il y a trop de lacunes dans cette vie. Mais je me suis attaché à rapporter scrupuleusement et exactement tout ce que je savais. J'espère donc que mon livre, tout incomplet qu'il puisse être, offrira quelque intérêt à ceux qu'anime encore l'amour des guerriers exploits des Francs aux temps de jadis en Terre Sainte.

Gustave SCHLUMBERGER.

Paris, avril 1898.

RENAUD DE CHATILLON

CHAPITRE PREMIER

Origines de Renaud de Châtillon. — Il part pour la Terre Sainte à la suite du roi Louis VII. — Sa présence au siège d'Ascalon en l'an 1153. — Son mariage avec la princesse Constance d'Antioche. — Il devient prince d'Antioche. — Prise d'Ascalon par l'armée du royaume sous le roi Baudouin III, en août 1153. — Description d'Antioche à l'époque de Renaud de Châtillon. — Premiers temps du règne de Renaud. — Ses luttes contre Nour ed-Dîn, atâbec d'Alep. — Portrait de ce célèbre adversaire des Latins d'Orient. — Démêlés de Renaud avec le patriarche Amaury d'Antioche.

A égale distance environ des deux antiques cités françaises de Gien et de Montargis, en plein Gâtinais français, dans la paisible autant que gracieuse vallée du Loing de poétique mémoire, en une dépression profonde, au pied de la tour colossale du vieux manoir seigneurial, se trouve tapie la jolie petite ville de Châtillon, illustrée par la naissance de Coligny. Le château a été démoli, mais le donjon grandiose qui, de sa masse splendide, domine la colline d'où l'on découvre une immense étendue, redit encore la gloire de l'auguste victime de la Saint-Barthélemy, dont les cendres reposent à l'ombre de ces puissantes murailles, et les malheurs de sa courageuse compagne, qui souffrit martyre pour sa foi, prisonnière du duc de Savoie aux bords radieux de la mer de Nice. Avant de passer aux Coligny, Châtillon-sur-Loing avait eu d'autres destinées. Ce fut, au douzième siècle, un fief du comté de Gien. Les sires de Gien étaient de la famille des barons de Donzy, sur le Nohain, près de Cosne, dans la Nièvre. L'un d'eux, nommé Geoffroy (1), à cette époque, eut deux fils. L'aîné fut Geoffroy ou Godefroy, comte de Gien, seigneur de Cosne-sur-Loire et de Donzy, père d'Hervé de Donzy, grand batailleur, le plus connu de cette lignée. Le second paraît avoir été Renaud de Châtillon, le héros du présent récit, un des plus audacieux,

---

(1) Ou Godefroy.

un des plus extraordinaires guerriers de la Croisade, un de ces hommes de fer du douzième siècle oriental, dont la destinée fut peut-être la plus fantastique, qui eussent figuré au rang des demi-dieux s'ils eussent vécu dans l'antiquité.

J'ai dit que Renaud paraît avoir été le second fils de Geoffroy, sire ou comte de Gien. Du moins, en parlant de lui, un chroniqueur contemporain, Ernoul, le désigne comme suit : « frère au seigneur de Gien-sur-Loire ». Quoi qu'il en soit, notre héros était sire de Châtillon-sur-Loing. Très probablement, ce fief avait été à son intention détaché de la seigneurie de Gien. Bien que très noble, il n'était donc pas riche. « N'étoit pas mout riche hom », dit le chroniqueur. Du Cange cite une de ses sœurs qui fut mère d'un autre Renaud, seigneur de Montfaucon en Brie, et d'une fille, Anceline, mariée à Ursio, seigneur de Nemours et Tracy (1).

(1) J'ai, à l'exemple des savants éditeurs du *Recueil des Historiens des Croisades*, publié par les soins de l'Académie des Inscriptions et Belles-Lettres, suivi Du Cange pour cette question obscure des origines de Renaud. Mais beaucoup d'historiens, parmi

Nous ne savons rien, rien absolument, de la première jeunesse de Renaud. Certainement il mena la rude, libre et batailleuse existence des

lesquels je dois citer le D⁽ʳ⁾ R. Rœhricht, dont le nom fait autorité, considèrent ce personnage comme ayant été originaire d'un autre Châtillon, Châtillon-sur-Marne, entre Dormans et Épernay. Voy. cette seconde généalogie de notre héros dans le t. II des *Historiens grecs des Croisades*, p. 286, d'après André DUCHESNE, le savant auteur de l'*Histoire de la maison de Châtillon-sur-Marne*, imprimée à Paris en 1621, liv. II, p. 12, d'après les Bénédictins aussi et le Père Anselme. Suivant ces auteurs, Renaud aurait été l'arrière-arrière-petit-fils de Gauthier, chevalier, seigneur vers l'an 1060 de Châtillon-sur-Marne et Bazoche, dans le Soissonnais, l'arrière-petit-fils de Guy, successeur de Gauthier en 1076, le petit-fils de Gauthier ou Gaucher, successeur de Guy en 1089, le fils de Henri enfin, cinquième seigneur de Châtillon-sur-Marne et Montjay (voy. *Hist. occid. des Croisades*, t. II, p. 26, note 1). Ce Henri, de sa femme Ermengarde de Montigny, eut trois fils : un autre Gauthier ou Gaucher II, seigneur de Châtillon, également parti pour la Croisade avec Louis VII et tué à Laodicée par les Sarrasins; Gervais, seigneur de Pacy ou Passy, et un dernier qui aurait été notre Renaud, dont André Duchesne cite une lettre adressée à Louis VII sur les affaires d'Orient. L'opinion de Du Cange, qui fait de notre Renaud un seigneur de Châtillon-sur-Loing, me semble devoir être préférée, à cause de deux témoignages très importants, celui de la *Chronique* d'Albéric DES TROIS-FONTAINES, qui à l'année 1167 le cite comme tel, celui également d'Ernoul et de Bernard, trésorier de Corbie, qui le désignent, on l'a vu, comme « le frère au seigneur de Gien-sur-Loire » (p. 22 de l'édit. des deux chroniqueurs, publiée par le comte L. de Mas Latrie). Du Cange a seulement fait erreur en désignant Renaud comme seigneur de Gien alors qu'il n'était en réalité que le frère du seigneur de ce lieu.

hauts barons de cette époque en France. Nous ne savons rien non plus de l'âge précis qu'il avait lorsqu'il partit pour la Terre Sainte, ni de la date exacte de ce départ. Seulement les chroniqueurs disent qu'il vint en Orient à la suite du roi Louis VII. Il fit donc partie de cette expédition fameuse qui, à la voix de saint Bernard, après les célèbres prédications de Vézelay, entraîna à la suite de l'ardent jeune souverain français, de la reine Éléonore de Guyenne et de l'empereur germanique Conrad, toute la chevalerie de France et d'Allemagne par delà le Danube et Byzance lointaine, jusque vers la brûlante Syrie, qui, après bien des hauts faits, bien des désastres aussi, vint avorter définitivement dans les vertes campagnes de Damas, ombragées de milliers de palmiers.

La première fois que le nom de Renaud se trouve mentionné dans les antiques chroniques qui ont porté jusqu'à nous les prouesses, les souffrances et la gloire des guerriers de la Croix, c'est au terrible siège d'Ascalon, en l'an 1153 de dolente mémoire, qui correspond environ à l'année 548 de l'hégire musulmane. Le jeune seigneur servait pour lors, nous dit-on, à Antioche, sous la bannière et à la solde du non moins jeune roi de Jérusalem, Baudouin III, parmi les troupes que ce prince entretenait dans cette place en qualité de baile et de protecteur de la principauté, à la suite de la mort violente du dernier prince de ce lieu, le brillant et chevaleresque Raymond de Poitiers (1). Il est probable que dès avant le départ de Terre Sainte de Louis VII, qui s'était embarqué à Saint-Jean d'Acre pour l'Europe au printemps de l'année 1149, Renaud s'était rendu à Antioche pour y prendre du service auprès de Raymond, qui lui donna un fief de soudée. Peut-être avait-il pris part de sa personne à ce furieux combat fatal de « *Fons muratus* », entre Apamée et Rugia (2), qui, dans les derniers jours de juin

---

(1) Guillaume de Tyr dit positivement que Renaud était « à la solde » du roi, « *miles gregarius* », mercenaire. La *Chronique* d'Ernoul toutefois l'appelle « haus hom et bons chevaliers », et un autre chroniqueur dit de lui qu'il était « leiaus bachelers et chevaliers bons ».

(2) Aujourd'hui Er-Roudj. Les Croisés disaient Ruge, Châtel-Ruge.

de cette même année, coûta la vie au vaillant prince poitevin, tué par l'émir Aced ed-Dîn, un des lieutenants du fameux Nour ed-Dîn (1). Après la mort de Raymond, Renaud continua à compter parmi les défenseurs d'Antioche, tout en passant au service du roi. C'est parmi ceux-ci que nous allons le retrouver, quatre ans plus tard, au siège d'Ascalon.

Raymond de Poitiers, de l'illustre famille des comtes de ce nom, était le fils cadet de Guillaume IX, duc de Guyenne, et de Philippine de Toulouse. Né à Toulouse, ayant longtemps vécu en Angleterre, devenu prince d'Antioche par son mariage, en 1136, avec la jeune princesse Constance, fille unique du dernier souverain, Bohémond II, et héritière de cette principauté, il avait été un des plus vaillants, un des plus beaux, un des plus courtois guerriers

---

(1) D'après Ibn el-Athîr (*Hist. atab.*, 177-178), les chrétiens auraient subi à ce moment une seconde défaite dans laquelle « le futur époux de la veuve du prince Raymond », c'est-à-dire Renaud de Châtillon, aurait été fait prisonnier. Il aurait été presque aussitôt remis en liberté après la conclusion de la paix avec Nour ed-Dîn. Ibn el-Athîr est seul à donner cette indication.

de la Croisade. Ami des lettres, magnifique, libéral, « nouveau Macchabée », ainsi que l'appelle un chroniqueur, « autre Hercule », ainsi que le nomme l'historien grec Kinnamos. Ses exploits furent vantés même par ses adversaires musulmans, et l'émir arabe Ousâma ibn-Mounkidh, fils du prince de Scheïzar, dans ses souvenirs si curieux publiés récemment (1), y a fait plus d'une fois allusion. Malheureusement, ce parfait chevalier était d'humeur emportée, prompt à céder à de terribles colères. Il perdit, malgré son grand courage, la superbe plaine de Cilicie avec toutes ses places fortes, qui appartenait depuis quarante années aux princes d'Antioche et que le basileus Jean Comnène lui reprit. Il dut même subir l'humiliation de prêter serment de vassalité à ce dernier, et quand son vainqueur mourut, en 1143, il dut se rendre de sa personne à Constantinople pour y rendre hommage lige au nouveau basileus Manuel, au Palais Sacré. Un fonctionnaire byzan-

---

(1) H. Derenbourg, *Vie d'Ousâma*. Paris, 1886-1893.

tin, un duc, fut installé à ses côtés dans sa propre capitale. A la fin de 1147, Raymond avait fait à Antioche un brillant accueil à Louis VII et à la reine Éléonore, sa propre nièce, fille de son frère le duc Guillaume X de Guyenne. Les comtesses de Toulouse, de Blois, de Flandre, plusieurs autres hautes dames de France assistèrent à ces fêtes.

« Raymond, dit le chroniqueur alépitain Kémal ed-Dîn, était un des plus forts parmi les Francs. On raconte de lui qu'il prenait un étrier de fer et le pliait d'une seule main. On raconte de même qu'il passa un jour, monté sur un vigoureux étalon, sous une voûte dans laquelle se trouvait un anneau. Il s'y suspendit par les mains, serra son cheval entre ses cuisses et l'empêcha d'avancer. »

Le cadavre mutilé de Raymond, rapporté à Antioche par ses fidèles guerriers, fut inhumé au vestibule de l'église cathédrale de Saint-Pierre de cette ville, « au tombeau de ses prédécesseurs ». Sa tête et sa main droite coupées avaient été envoyées en guise de trophées par

Nour ed-Dîn au sultan. La mort de ce vaillant mit en joie toutes les cités sarrasines de Syrie, et nous possédons encore le texte d'une *kaçida* célèbre, pièce de vers composée par le poète arabe Ibn el-Kaïcerani, en l'honneur de Nour ed-Dîn et de cet exploit si heureux pour les armes musulmanes (1). « Chaque jour, crie le poète à son héros, la fortune élève quelque nouveau monument à ta gloire; en ce moment, elle t'a érigé un dôme qui a les étoiles pour appui. Ton glaive vient de frapper sur les Francs un coup qui a fait tressaillir le cœur de Rome la Grande. Tu as déchargé sur leur chef une massue qui lui a brisé les reins et qui a abattu les croix. Tu as purifié le sol des chrétiens avec leur sang, et ce sang a coulé avec une telle abondance qu'il n'y a pas d'épée qui n'en ait été souillée. »

Raymond avait laissé une veuve toute jeune encore, âgée de vingt-deux ans à peine, Constance, la fille unique de Bohémond II, et trois

---

(1) *Hist. gr. des Croisades*, t. I, p. 477.

enfants en bas âge, dont l'aîné était le futur Bohémond III (1).

Dans les années douloureuses qui suivirent la mort funeste de ce héros, les sauvages escadrons de Nour ed-Dîn, le sultan ou atâbec d'Alep, le plus farouche adversaire des chrétiens de Syrie à cette époque, ne quittèrent pour ainsi dire pas le territoire de la malheureuse principauté, qu'ils ravagèrent affreusement. Le roi régnant de Jérusalem, Baudouin III, le fils du chevaleresque roi Foulques et de la reine Mélissende, accouru par deux fois à Antioche pour porter secours en ces terribles conjonctures à sa gracieuse vassale, l'avait, à chaque fois, avant de s'en retourner vers le sud en sa très sainte cité, adjurée de se remarier, de donner ainsi à sa principauté, tant

---

(1) Les autres furent deux filles : Philippa, qui, mariée d'abord à Andronic Comnène, futur basileus d'Orient, épousa, après son divorce d'avec ce prince, Humfroy de Toron, connétable du royaume de Jérusalem (voy. les extraordinaires aventures de cette princesse dans LEBEAU, *Hist. du Bas-Empire*, t. XVI, p. 228), et Marie. Celle-ci, surnommée par les Grecs Xéné, mariée en 1161 au basileus d'Orient, Manuel Comnène, fut impératrice de Constantinople.

exposée au péril sarrasin, le bras viril indispensable à sa défense en ces temps si troublés. Il proposa plusieurs partis à la princesse, conversant familièrement avec la jeune femme en son rude palais syrien; mais celle-ci, infiniment amoureuse de son indépendance, se refusait obstinément à contracter une nouvelle union. C'est ainsi que, bien que s'étant placée, elle et sa seigneurie, sous la protection du basileus Manuel et lui ayant prêté hommage à cet effet, elle repoussa la main d'un haut personnage d'illustre origine normande d'Italie, allié à la famille impériale de Byzance, le césar Jean Roger de Sorrente (1), veuf de Marie Comnène, fille aînée du basileus Jean, le trouvant trop âgé pour elle, redoutant par-dessus tout, d'accord avec les principaux de ses conseillers, que ce mariage ne vînt mettre sa princée sous la trop complète domination des basileis. Roger s'en était retourné à Constantinople fort marri et s'y était fait moine. Ainsi encore Constance avait

---

(1) *Hist. gr. des Croisades*, t. II, p. 283.

refusé un autre césar, lui aussi Byzantin, Andronic-Jean Comnène, bien que ce prétendant lui eût été proposé par le basileus Manuel en personne (1). Enfin, en 1153, quatre ans après la mort du prince Raymond, Constance, prenant très subitement, semble-t-il, cette grande décision, dédaigneuse de tant de personnages de haut rang qui briguaient sa main, probablement férue d'amour pour le hardi jeune chevalier dont elle s'était éprise, jeta, sans même en donner avis au basileus, son dévolu sur Renaud de Châtillon. Nous ignorons, hélas! tous les détails. Probablement Renaud était de fière mine, tel du reste que le font supposer ses étourdissants exploits. « Jeune chevalier était, beau et courtois », dit l'archevêque Guillaume de Tyr, son contemporain. Il dut plaire aisément à la princesse, qui ne craignit pas de

(1) Jadis, avant son premier mariage, encore enfant, elle avait été proposée au basileus Jean Comnène pour son fils et héritier, ce même Manuel, mais elle avait été refusée par la cour orgueilleuse du Palais Sacré. Ces refus réciproques, toutes ces blessures d'amour-propre, n'avaient pas peu contribué à créer entre Grecs de Byzance et Latins d'Orient une inimitié mortelle.

placer sa petite main dans cette rude main de guerrier. Seulement, avant de conclure définitivement, peut-être bien après des fiançailles secrètes, Constance exigea d'avoir le consentement de son autre suzerain plus direct, en même temps son tuteur, le roi Baudouin, également son cousin, qui, pour lors, avec toutes les forces du royaume, assiégeait Ascalon. Le mariage ne pouvait être célébré sans son royal assentiment. Renaud, ébloui, ivre d'espoir en face de cette fortune inespérée, courut au camp royal.

Ascalon, alors encore aux mains du khalife du Kaire, était une forteresse syrienne puissante au bord de la mer, à égale distance de Gaza et d'Ibelin. Sa nombreuse et turbulente garnison sarrasine, constamment renouvelée par des renforts venus d'Égypte, se signalait par d'incessantes incursions en terre chrétienne. Cette cité du moyen âge avait remplacé l'ancienne Ascalon phénicienne, une des cinq villes royales des Philistins, aux murailles énormes, la patrie aussi d'Hérode le Grand.

Son nom figure souvent dans les imprécations des prophètes. A l'époque païenne, ses habitants avaient adoré Dercéto, la déesse-poisson, et fait figurer sur leurs monnaies sa mystérieuse effigie. Au commencement de ce présent douzième siècle, il y avait plus de cinquante années déjà, Godefroy de Bouillon et les guerriers dévots de la première Croisade avaient remporté sous ses murs une victoire éclatante sur le khalife fatimite El-Mostanser-Billah, mais Ascalon n'en était pas moins demeurée jusqu'ici inviolée (1) aux mains des infidèles, la dernière cité de la côte syrienne qui appartînt encore au soudan d'Égypte. Le roi Baudouin avait décidé de la prendre. Il était venu l'investir, à la tête de toutes les forces du royaume chrétien, et ce siège célèbre avait commencé dont le vieux prélat Guillaume de Tyr, en son naïf et beau langage, nous a raconté les émouvantes péripéties.

La description que nous a faite de ces lieux

---

(1) Les Sarrasins l'appelaient fièrement la « Vierge de Syrie ».

l'archevêque de Tyr est toujours fort exacte. Au milieu des jardins envahis par les sables gisent encore aujourd'hui, à demi enfouies, les ruines de la cité médiévale dressées en amphithéâtre au bord méditerranéen. Les hautes falaises du rivage forment en cet endroit un vaste hémicycle de rochers dont la crête est couronnée par les anciennes murailles. Celles-ci étaient flanquées de place en place de tours carrées, au nombre de cent cinquante, parmi lesquelles celles défendant les portes étaient les plus fortes. Outre ce rempart proprement dit, qui était formidable, il y avait un avant-mur. Aujourd'hui encore ces murailles ruinées présentent un singulier aspect de désolation et de grandeur déchue, amoncellements de blocs écroulés énormes composés de pierres réunies par un ciment indestructible. A l'intérieur ce n'est qu'un poétique désert de jardins incultes et de monceaux de décombres. Dans ces jardins, d'humbles cultivateurs font pousser encore l'échalote, cet oignon ascalonitain dont les croisés rapportèrent en France la culture avec le nom tout phénicien. En 1815, la célèbre lady Stanhope ajouta à toutes ses folies celle de faire exécuter des fouilles parmi ces débris pour y retrouver le prétendu trésor de Vénus Astarté.

Donc le roi Baudouin III, perpétuellement attaqué par la garnison égyptienne d'Ascalon, avait résolu d'en finir avec l'inquiétante cité. Les hérauts d'armes blasonnés aux couleurs de Jérusalem convoquèrent le ban et l'arrière-ban des vassaux du royaume. Par tout le pays de la Croisade, par toute la Palestine et la Syrie l'enthousiasme guerrier éclata soudain, immense, formidable. Le jour de la Conversion de monseigneur saint Paul, vingt-cinquième jour du mois de janvier de l'an 1153, les guerriers latins jurèrent sur les Saintes Reliques qu'ils ne rentreraient pas dans leurs foyers avant que la diabolique cité eût été conquise. Le roi, faisant porter devant lui le bois de la Sainte Croix, le belliqueux patriarche de Jérusalem Foulques, presque centenaire, guidaient l'armée. Avec eux marchaient à la tête de leurs gens de guerre les archevêques et évêques de Tyr, de Césarée, de Sajète, qui est Sidon, de Nazareth, de Saint-Jean d'Acre, de Bethléem, avec presque tous leurs abbés, puis les maîtres du Temple et de l'Hôpital avec tous leurs chevaliers, les sires d'Ibelin, de Naplouse, du Toron, de Tibériade, de Sajète, de Barut, qui est Beyrouth, de Montréal, Gauthier de Saint-Omer, une foule d'autres.

Ascalon présentait du côté de la terre une ceinture de murailles et de tours en apparence inexpugnable. On ne pouvait pénétrer dans la ville que par quatre portes. Tous les habitants y étaient journellement exercés au métier des armes, car cette belliqueuse population était tout entière aux gages du soudan d'Égypte, qui pour lors était le Fatimite Ed-Dafer bi Amr Illah, sur le trône depuis l'an 1149. Cette illustre cité étant considérée par tous les musulmans comme la clef de cette contrée du côté de la Syrie, le soudan et son vizir, Ibn es-Sellar-El-A'del, qui gouvernait en son nom et portait, comme l'émir El-Omerâ, le titre de sultan, la faisaient ravitailler quatre fois par an par terre et par mer.

Aussi, tout le long du siège, la garnison fut-elle deux fois supérieure en nombre aux agresseurs. Le roi, le patriarche, les évêques, les princes firent dresser leurs pavillons au pied de la muraille. Sur mer, Gérard de Sagète, avec quinze galères armées d'éperons monstrueux, secondait leurs efforts. Bientôt les assauts des assiégeants, les sorties des assiégés se succédèrent sans interruption. Les guerriers chrétiens menaient assez douce vie sous leurs vastes tentes, « aussi confortables que des maisons ». Un grand marché établi dans le camp était perpétuellement approvisionné de viande fraîche. Par contre, la situation des assiégés devint rapidement fort pénible. Le service des remparts, exigeant un nombre considérable de défenseurs, était pour eux cause de fatigues extrêmes. Des patrouilles faisaient des rondes incessantes. Tout le long des murailles, sans aucune interruption, des lampes de verre éclairées à l'huile, échelonnées de créneaux en créneaux, illuminaient chaque point de l'enceinte toute la nuit durant. Il était complètement impossible de circuler inaperçu au pied du rempart.

Les chrétiens, dans leur camp, se gardaient de même soigneusement pour éviter toute surprise. Vers la fête de Pâques, « comme c'était chaque année, à cette époque, la coutume au pays d'outre-mer », il y eut « grande réclame » et arrivée de nouveaux croisés affluant de tous les pays et de tous les ports d'Occident. Attirés par le renom de ce siège unique où on pouvait espérer donner et recevoir de si beaux coups d'épée, ces milliers de pieux pèlerins accouraient joyeusement tout vibrants d'un saint enthousiasme.

Les Francs, raconte l'archevêque de Tyr, construisirent avec des mâts de navires un énorme château de bois qu'ils poussèrent à grands cris, pleins d'archers et d'arbalétriers. Du haut de cette gigantesque machine de guerre on pouvait, par-dessus les murailles, tout voir dans la ville, tirer sur les gens dans les rues, rendre la défense du rempart impossible. De son côté, le soudan d'Égypte envoya au secours de sa chère cité, si grièvement assaillie, une flotte de soixante-dix galères et dromons qui, malgré Gérard de Sagète, réussit à aborder, apportant, à la grande joie des assiégés, des renforts de toutes sortes. On continua à s'entre-tuer chaque jour.

« Si comme les choses allaient, raconte l'illustre prélat Guillaume de Tyr, entour le siège d'Escalonne, Madame Constance, la princesse d'Antioche, qui maint grand baron de haute affaire avait refusé, s'accorda en son cœur à un jeune bachelier de France qui n'était pas moult riche homme (moult sage était et courtois et de bonne affaire, loyal bachelier et bon chevalier), Renaud de Châtillon était appelé. Mais elle ne voulut mie faire le mariage jusqu'à ce qu'elle eut le congé et la volonté du roi qui était son cousin germain et qui avait en sa garde la princée d'Antioche, dans laquelle ce Renaud se trouvait à la solde du roi, au moment où il apprit que la princesse s'accordait à lui ; mais la chose ne pouvait être parfaite sinon par le roi. Il ne fut mie paresseux de si grande chose pourchasser, ainsi se mit en route hâtivement et vint au siège d'Escalonne où le roi était (1). Il tomba à ses pieds et le pria très humblement de ne pas lui refuser un si grand honneur, car avec l'aide de Dieu et l'appui du roi, il se faisait fort de défendre la terre d'Antioche et toujours serait à son commandement. Quand le roi ouït ceci, bien le voulut et en fut tout joyeux, car il pensait que cela ferait bien et volontiers se déchargea de la terre d'Antioche qui était loin (2). Renaud s'en retourna à grande joie emportant des lettres du roi à la princesse qui disaient que le roi voulait bien de ce mariage et l'en priait. En Antioche s'en revint, tantôt épousa la dame qui moult le désirait. Maintes gens s'en émerveillèrent et grandes paroles en firent par le pays, mais toutefois fut Renaud prince d'Antioche. »

(1) On n'est pas tout à fait d'accord sur la date du siège d'Ascalon, que certains placent en 1154. Dans ce cas, Renaud n'aurait été marié qu'en cette année. M. Rœhricht, qui fait autorité, donne la date de 1153 (*Gesch. des Kœnigr. Jerus.*, p. 273).

(2) D'après la *Chronique* d'ERNOUL (*op. cit.*, p. 22-23), il semblerait que le roi ait eu la première idée de ce mariage.

Ce cadet de famille, ce soldat de fortune, bien que de bonne maison, qui épousait une des plus grandes princesses de la Croisade, maîtresse de la seconde cité du royaume de Terre Sainte, peut-être la plus puissante forteresse des Francs en Orient, fut un objet d'étonnement, presque de stupeur, pour cette société cependant si accoutumée aux plus brusques, aux plus étourdissants changements de fortune.

Le mariage, tenu probablement quelques jours secret, semble avoir été conclu presque aussitôt, en tout cas antérieurement au mois de mai de cette année 1153, puisque nous connaissons un acte en date de ce mois dans lequel nous voyons déjà Renaud agir en qualité de prince d'Antioche, de concert avec sa femme Constance.

Nous n'avons aucun détail sur la personne de la jeune princesse d'Antioche, pas plus que sur son union avec Renaud, qui dut être célébrée dans Antioche avec cette pompe étrange où le mélange des cérémonies latines et des traditions orientales, sous ce ciel de feu, sous les voûtes à fond d'or de l'antique cathédrale byzantine de Saint-Pierre, dut présenter un aspect aussi original qu'éblouissant.

En l'absence de Renaud, parti pour rejoindre son auguste et chère fiancée (1), le siège d'Ascalon fut vigoureusement poursuivi. Je ne puis m'attarder davantage à ce grand fait d'armes, certainement un des plus émouvants épisodes de la glorieuse histoire du royaume latin de Jérusalem. Je rappellerai seulement qu'il se termina par la complète victoire des chrétiens, après les plus pénibles échecs, dont celui de la prise des quarante chevaliers du Temple fut le plus célèbre et le plus douloureux. Leur âpreté au pillage avait fait leur perte. Les gens d'Ascalon qui les avaient saisis les pendirent tous aux créneaux en face du camp

(1) Les *Chroniques* de Michel le Grand et d'Aboulfaradj, mentionnent la part brillante que Renaud aurait prise à l'assaut de cette ville, le 15 août 1153 (*Chronique* de Michel le Grand, traduct. V. Langlois, p. 310. — Aboulfaradj, *Chron. syrienne*, édit. de Leyde, p. 348-349.) Il y a contradiction, dit M. E. Rey (*Hist. des pr. d'Ant.*, dans la *Rev. de l'O. L.*, t. IV, p. 370), dans ce que Guillaume de Tyr écrit aux p. 796 et 802 du t. I des *Hist.- occid. des Crois.*, relativement à Renaud et au siège d'Ascalon.

chrétien. La ville prise après presque sept mois de siège devint cité du royaume. La population musulmane survivante obtint de se retirer en Égypte, et les vainqueurs firent convoi à ces tristes émigrés jusqu'à El-Arish, la cité frontière du désert. Plus loin, les infortunés Ascalonitains furent complètement pillés par les Bédouins, leurs coreligionnaires. Le dimanche 16 août 1153 (1), les guerriers de la Croix avaient fait leur entrée dans Ascalon au milieu d'une dévote allégresse, pieds nus, récitant à haute voix des oraisons, pleurant de joie, chantant des actions de grâce. La grande mosquée où si longtemps avaient retenti la clameur monotone du muezzim, ou l'appel des ulémas fanatiques invitant les fidèles au bon combat pour la Foi, devint l'église de « monseigneur saint Paul », où fut installé pieusement le bois de la Vraie Croix. Un certain Absalon, chanoine du Saint-Sépulcre, fut nommé évêque. On lui

(1) Voy. sur cette date : *Hist. armén. des Croisades*, t. I, p. 184, note 1. C'est une date probable. Cependant, voy. RŒHRICHT, *Amalrich I*, p. 1, note 3, et surtout *Gesch. d. Kœnigr. Jerus.*, p. 277.

constitua sur l'heure un chapitre. La seigneurie de la cité conquise fut donnée par le roi à son frère, le comte Amaury de Jaffe. « On rapporte, dit le rédacteur arabe du *Livre des deux jardins,* qu'il se trouva dans Ascalon une telle quantité d'engins de guerre, d'argent, de munitions et de vivres, qu'on n'aurait su ni en fixer l'évaluation, ni en conserver le souvenir. »

Laissons le roi Baudouin et ses barons sous les remparts d'Ascalon et retournons à Renaud de Châtillon, devenu l'heureux époux de la princesse Constance. Durant les premières années qui suivirent son mariage, le nouveau souverain de fortune mena la rude vie de tous les seigneurs d'outre-mer à cette époque, vie passée sous la tente, vie de lutte armée presque incessante sur la mouvante frontière contre l'éternel ennemi sarrasin. Aucun guerrier franc ne semble avoir adoré plus que Renaud ce métier de la guerre syrienne, la plus dure, la plus fatigante. « Depuis qu'il fut prince d'Antioche, dit le chroniqueur Ernoul, oncques ne vêtit drap de soie de couleur ou de vair ni de gris. Toujours il porta la cotte de mailles et le justaucorps de cuir. » Toujours il était prêt à monter en selle pour courir sus aux envahisseurs : soldats sarrasins réguliers des armées de Nour ed-Dîn, le grand sultan d'Alep, ou Bédouins du désert.

Cette ville d'Antioche, confiée à la garde de ce vaillant, était à cette époque la seconde cité du royaume chrétien de Jérusalem et sa première forteresse. De tout temps elle avait été la reine des places fortes de Syrie. Depuis sa fondation, trois siècles avant Jésus-Christ, par Séleucus Nicator, premier des Séleucides, elle avait joué un rôle constamment prépondérant. Célèbre dans l'antiquité pour son immensité, ses richesses, ses somptueux édifices, ses hautes murailles contournant la crête des monts, son sanctuaire de Daphné, où le culte gracieux d'Apollon se célébrait avec toute la pompe lascive de l'Orient, célèbre dans les premiers siècles de l'Église parce que saint Pierre en fut le premier patriarche, parce que saint Paul y vécut, y écrivit ses épîtres, parce que les apôtres y prirent pour la première fois le nom de chrétiens, parce que rien qu'en un siècle dix conciles y furent tenus, parce que saint Jean Chrysostome, le parfait orateur oriental, y naquit, cette auguste cité était demeurée sous les premiers basileis byzantins à la fois la métropole religieuse de l'Asie, siège du second patriarcat, et le grand boulevard de l'empire contre les agressions de ses ennemis orientaux.

Procope encore la nomme la première des villes romaines d'Orient par sa richesse, son étendue, sa population, la beauté de ses monuments. Saint Antoine, martyr, s'étonne du luxe infini qui y règne. Une première fois ravagée et pillée par les barbares guerriers de Chosroès, elle était tombée en l'an 637, sous le règne d'Héraclius, aux mains des Arabes. Trois cent trente-deux ans durant, elle avait vécu sous leur dur joug, devenue cité sarrasine avec ses églises transformées en mosquées, ses monastères en écuries. Puis en l'an 969, après un siège mémorable et une surprise nocturne, elle était retombée aux mains des lieutenants du basileus Nicéphore Phocas, l'amant, puis l'époux de la belle Théophano, surnommé, lui aussi, le marteau des infidèles. De nouveau la Croix avait reparu aux frontons de ses temples. Des ducs byzantins, chefs guerriers aux noms étranges, chefs arméniens, grecs, même arabes renégats, avaient gouverné au nom des basileis Antioche, la « Ville de Dieu », la « grande Théoupolis », ainsi qu'on la désignait officiellement alors. Puis était venu, cent seize années plus tard, un nouveau triomphe des musulmans. Soliman sultan, chef des Turks seldjoukides, à la tête de ses sauvages escadrons, de ses cavaliers innombrables à la noire et lisse chevelure flottante, armés d'arcs, de massues, de cimeterres, avait arraché une fois de plus la belle Antioche aux chrétiens. Mais ce nouvel esclavage avait été de courte durée, et, le 3 juin 1098, après un des plus fameux sièges de l'histoire, Antioche était tombée au pouvoir des bandes de la première Croisade et des enthousiastes guerriers de Godefroy de Bouillon et de Bohémond, le prince de Tarente. Il y avait maintenant cinquante-cinq années que la vieille capitale des Séleucides appartenait aux Francs. Plus que jamais on pouvait dire qu'elle était la clef de leur puissance en Syrie.

Après le roi, le prince d'Antioche tenait le premier rang au pays de Terre Sainte. Ses vassaux particuliers étaient nombreux et puissants. On comptait parmi eux les seigneurs de Sahone, de Margat, de Cafartab, d'Albin, de Hazart, de Harem ou Harrenc, de Cérep, du Soudin, du Sermin, de Berzieh, de Zerdana, de Marésie, une foule d'autres que nous voyons figurer dans les actes du temps (1). Ses forteresses, immenses et splendides constructions maçonnées, parfaitement établies, magnifiques citadelles dont les débris colossaux nous frappent encore aujourd'hui d'admiration, couronnaient les cimes des monts ou défendaient les côtes de l'antique Phénicie comme les plaines sablonneuses à perte de vue du plateau d'Alep.

(1) G. Rey, *Étude sur les monuments de l'architecture militaire des Croisés en Syrie et dans l'île de Chypre*, p. 203, et *Histoire des Pr. d'Ant.* (*Rev. de l'O. L.*, t. IV, p. 322.)

Sa cour nombreuse, guerrière, brillante, presque élégante, était organisée sur le modèle des cours chevaleresques d'Occident, sur le modèle aussi de celle de son royal suzerain de Jérusalem. Dans le palais fortifié, au décor tout oriental, où jadis avaient commandé les ducs et les sébastocrators byzantins, puis les lieutenants du Seldjoukide, sultan des Turks, on voyait aujourd'hui un maréchal latin, un chancelier, un connétable, un sénéchal, des chambellans, des bouteillers, un vicomte, un trésorier d'Antioche !

La position d'Antioche était extrêmement forte. Ses remparts célèbres, d'une puissance extraordinaire, que le temps a respectés jusqu'à nos jours, puisqu'il a fallu la barbarie brutale d'un Méhémet-Ali pour les détruire, en faisaient une place presque inexpugnable par un assaut régulier. Ce fut toujours par surprise ou trahison que les soldats de Chosroès, comme ceux de Nicéphore Phocas, de Soliman le Seldjoukide ou de Godefroy de Bouillon et de Bohémond y pénétrèrent. Ces murailles, à l'époque dont je parle, limitaient une enceinte immense, égale à celle de nos plus grandes villes modernes, de deux milles de longueur sur un mille et demi de largeur environ. La chétive petite cité actuelle, dernier vestige de la splendide résidence des vieux rois syriens, semble un point perdu en ce vaste espace qu'occupait encore aux temps de Renaud de Châtillon une population très considérable, comptant peut-être plusieurs centaines de mille habitants.

Antioche est située sur la rive gauche de l'impétueux Oronte, un peu au-dessus du coude où, rompant brusquement sa course vers le nord, ce roi des fleuves de Syrie s'infléchit à l'ouest, passant entre les croupes septentrionales du Liban Ansarièh et la base sauvage de l'Amanos, pour aller par un court trajet se jeter dans la mer à l'ancien port de Séleucie. A la hauteur d'Antioche, la vallée, plutôt la plaine, est fort large. La ville actuelle est bâtie surtout dans la partie basse, bordant la rive gauche du fleuve. Jadis elle allait s'étageant sur les collines escarpées, dont la plus haute, le célèbre

Bonfils, phot.

ANTIOCHE. — ÉTAT ACTUEL
Les débris de l'enceinte se distinguent sur la crête du mont.

mont Silpius, a donné son nom à l'ensemble. Cet énorme massif montagneux, qui couvrait Antioche du côté du sud, lui était d'une force immense. La magnifique muraille romaine, sarrasine et byzantine, défendue par de nombreuses grosses tours, qui enserrait toute la ville après l'avoir séparée du fleuve, dont un beau pont joignait les deux rives, grimpait le long des flancs abrupts de la montagne, descendant et remontant les plus profonds, les plus inaccessibles ravins. Ses tours superbes, bâties en parfait appareil, se commandaient toutes, un immense chemin de circonvallation les unissant. De leurs terrasses crénelées, la vue plongeait à l'orient sur le mont Cassius, au nord et à l'ouest sur le mont Amanos lointain, qui séparait la Syrie de la Cilicie ou principauté de Petite-Arménie, sur le défilé des Portes ciliciennes, sur le cours de l'Oronte, le grand lac d'Antioche et la vaste et fertile plaine environnante.

De très nombreuses églises, de grands et florissants monastères, qui avaient été jadis byzantins, encombraient la cité. On remarquait alors, entre tous ces temples, la basilique de l'apôtre Pierre, église patriarcale ou cathédrale des Latins, dont les ruines subsistaient encore en 1745, et qui devait contenir au treizième siècle le tombeau du grand empereur Frédéric Barberousse, noyé aux rives de Cilicie, dans les glaciales eaux du fleuve Calycadnos; puis l'église circulaire de la Vierge, splendide édifice hexagonal; enfin, vers l'extrémité orientale de la ville, sur les plus basses pentes de la montagne, le « moustier de monseigneur saint Paul », célèbre par une petite crypte ornée de mosaïques à fond d'or où, d'après la tradition, saint Paul écrivit ses épîtres. Des tombeaux illustres avaient été construits devant la porte de cette chapelle très vénérée. Le Cabinet des médailles de la ville de Munich possède le sceau d'un des abbés du treizième siècle de ce monastère fameux.

Les maisons mêmes d'Antioche, comme c'était presque constamment le cas dans les villes orientales, n'avaient aucune apparence extérieure. Il en était tout autrement au dedans. « Chose digne de remarque, dit Willebrand d'Oldenbourg, voyageur du treizième siècle, les maisons et les palais d'Antioche, qui au dehors semblent de boue, sont, au dedans, d'un luxe éblouissant. Les habitants, comme j'ai pu m'en convaincre, ont l'habitude de passer leur temps à se rafraîchir et à se baigner dans les eaux jaillissantes, au milieu des jardins abondants en fruits les plus variés. » C'étaient ces jardins innombrables qui faisaient, à l'époque de la Croisade, la gloire et la renommée d'Antioche, vastes et superbes vergers arrosés d'eaux courantes amenées par de nombreux aqueducs, sans compter les infinies dérivations de l'Oronte. Quant au luxe intérieur, il devait être à cette époque tout oriental. Les revêtements de belles faïences arabes aux dessins multicolores constituaient un des principaux motifs de décoration.

La ville était divisée en quartiers ou *vici*, qui prenaient leurs noms des principaux édifices qui s'y élevaient ou des races qui les occupaient : quartiers des Amalfitains, des Génois, des Vénitiens, etc. Toutes les nations commerçantes de la Méditerranée s'étaient donné rendez-vous en ce lieu. On se ferait difficilement idée aujourd'hui de ce que devait être une ville comme Antioche vers le commencement de cette seconde moitié du douzième siècle. Quel pittoresque et voyant mélange de tous les peuples de l'univers devait animer d'un mouvement incessant les rues de cette grande cité, à la fois place de guerre colossale, tenue sans cesse en éveil par l'éternelle lutte sarrasine si proche, et vaste entrepôt commercial faisant, par son port de Saint-Syméon, l'antique Séleucie, communiquer toutes les flottes chrétiennes des marchands d'Occident avec toutes les caravanes innombrables accourues sur ses marchés par tous les chemins poudreux de la mystérieuse Asie !

Cherchons à nous représenter ce fouillis pittoresque des rues et des places de l'étrange et lumineuse cité, grouillante d'une population sans cesse agitée par mille poursuites diverses.

Ici c'est une troupe martiale qui s'assemble pour voler au combat. Les signaux de guerre, les feux de bois énormes allumés de proche en proche au sommet des tours et des monts par des gardiens toujours attentifs ont annoncé, sur la mouvante frontière orientale des terres chrétiennes, une incursion des cavaliers aux rapides juments de Nour ed-Dîn, le sultan d'Alep, le mortel ennemi du Christ. Il faut sitôt leur courir sus, empêcher qu'ils ne pillent les villages, qu'ils ne brûlent les moissons, qu'ils n'emportent à l'arçon de leurs selles les épouses chrétiennes aux marchés d'esclaves des cités de l'Euphrate. Il faut partir en hâte. Quelques chevaliers, de nombreux hommes d'armes ont déjà enfourché leurs montures en cet accoutrement pittoresque où le vêtement fait de mailles de métal des gens d'Occident se mêle aux molles étoffes d'Orient, où, pour éviter les mortelles atteintes d'un soleil de feu, le heaume de fer de forme conique se recouvre du vaste turban aux replis sinueux. Les chevaux de guerre, comme les mules de somme, sont harnachés à l'orientale. Des écuyers nègres ou syriens, armés de longues lances flexibles, les retiennent. On installe en hâte les gros bagages, les vivres surtout, sur les chameaux difformes. De nombreux auxiliaires bédouins et turcoples — on appelle ainsi les milices musulmanes au service des chrétiens — vont suivre les soldats réguliers. Tous à cheval, armés eux aussi de la lance à la hampe de bois dur d'une longueur extraordinaire, ces rudes mécréants forment un groupe pittoresque et sauvage au parler rauque et bruyant.

Que d'autres scènes étranges dans ces rues étroites sans cesse sillonnées par la foule multicolore! Ici encore c'est le cortège funèbre d'un moine revenu moribond de quelque course lointaine pour le rachat d'humbles captifs. Il a expiré dans sa froide cellule, et la lente théorie de ses frères encapuchonnés le porte en terre. Leur longue file, sombre et monochrome, se déroule parmi les troncs grêles des palmiers éclatants, toute semblable à celle qui parcourt les brumeuses cités du Nord, et les chants pieux, les lugubres litanies, qu'on est accoutumé d'entendre sous les voûtes glaciales et noires des cathédrales d'Occident, font un effet bizarre sous ce ciel enflammé, entre ces haies de cactus et d'aloès en fleur.

Voici qu'à la porte massive qui défend les abords du pont sur l'Oronte se presse un groupe martial et poudreux. Ce sont de nouveaux croisés qui arrivent en Terre Sainte, ayant abordé au port Saint-Syméon, aux bouches de l'Oronte ; avec eux, des pèlerins pauvres, des mendiants, des moines errants. Ils viennent de débarquer, ils ont quitté depuis peu les rives paisibles du Languedoc ou de Provence ; ils se hâtent d'offrir l'aide de leur bras au vaillant prince Renaud, dont la guerrière renommée commence à se faire jour en Occident. Ils sont pressés de verser leur sang pour la plus noble des causes, pour la défense du Saint-Sépulcre de notre benoît Seigneur Jésus-Christ. Un émir rallié dont Nour ed-Dîn a mis la tête à prix, réfugié chez le prince d'Antioche, passe au galop de son fin cheval arabe, le faucon encapuchonné sur le poing, suivi de quelques serviteurs au burnous flottant. Ils vont chasser dans la plaine brûlante la gazelle plaintive.

Des cris, des exclamations, des vivats retentissent soudain. Des serviteurs aux vêtements éclatants, armés de bâtons ferrés, font ranger la foule. C'est la toute gracieuse princesse Constance d'Antioche, très jeune encore, bien que mariée pour la seconde fois, qui revient de la cathédrale montée sur une haquenée blanche. Un long et gai cortège la suit. A ses côtés le patriarche latin, vieillard vénérable à la grande barbe blanche, chemine sur une mule pacifique. Tous les passants se retournent pour saluer et admirer la haute dame bellement accoutrée. Peut-être a-t-elle en un jour comme celui-ci, comme aujourd'hui au retour de la messe, distingué pour la première fois dans la rue le jeune chevalier des bords de la Loire, l'élégant soldat de fortune dont elle vient de faire son second époux?

Le soleil est haut déjà à l'horizon, ses rayons

brûlent, et cependant la foule encombre toujours les rues, étonnant mélange de tant de races. Le fin marchand d'Amalfi ou de Gênes, de Venise surtout, au riche costume, à la physionomie intelligente autant qu'éveillée, coudoie le blond guerrier scandinave, quelque fils de Viking, quelque descendant des rois de la mer venu avec ses compagnons gigantesques combattre le bon combat pour la Foi. Voici des nègres du Soudan, brutes à la face bestiale. Voici des sectaires farouches du mont Liban, des Haschischin, émissaires mystérieux du Vieux de la Montagne, à la physionomie inquiétante. Voici de libres Bédouins du désert de Tadmor, sveltes guerriers au blanc vêtement, habitants des grandes tentes; des mercenaires arméniens descendus de leur lointain kastron des crêtes du Taurus; des archontes byzantins vêtus du riche scaramangion, mielleux et discrets envoyés du basileus de Roum. A côté d'eux circulent des chevaliers anglais hauts de six pieds, des cadets de Béarn, des aventuriers catalans ou napolitains, de rudes barons allemands, de pauvres pèlerins de Paris, des Juifs, des lépreux. Une prodigieuse activité emplit les rues. C'est que, je l'ai dit, Antioche est un caravansérail immense, et, malgré la guerre de frontières qui ne cesse jamais, les caravanes de Mossoul, de Bagdad, du Diarbékir ou de la lointaine Arménie, lents convois circulant à travers les plaines sans fin de la Mésopotamie, franchissant l'Euphrate à Rakka et à Bâlis, franchissant ensuite les plateaux syriens, faisant halte à leur dernier relais d'Alep, vaste marché de soieries, y apportent tous les jours les plus riches produits du pays des *Mille et une Nuits,* toutes les admirables productions de l'art oriental que les galères de Gênes et de Venise transporteront ensuite par tous les ports d'Occident. Il n'est pas jusqu'aux marchandises de l'Inde presque fabuleuse qui, remontant le golfe Persique, puis le Tigre, n'y arrivent aussi. Les manufactures de soie sont très nombreuses dans Antioche. On y travaille ces superbes étoffes alors si recherchées en Europe sous le nom de draps d'Antioche, étoffes toutes de soie (1). Les croisés en avaient trouvé en quantité lors de prise de la ville en 1098. Ils les admirèrent tant qu'ils continuèrent à les faire fabriquer en divers lieux. A Tripoli, il y eut jusqu'à quatre mille métiers de tisserands de soie en activité. La culture du mûrier et du ver à soie se poursuivait un peu partout. La vallée de l'Oronte fournissait la garance. La scammonée, sève d'un convolvulus, un des plus fameux purgatifs du moyen âge, dont le nom revient à chaque instant dans les textes, était également cultivée en ces parages. Celle d'Antioche passait pour la meilleure. Antioche faisait encore le commerce de l'or, de l'argent, des pierres précieuses, des perles, des brocarts, des étoffes communes pour le vêtement, des toiles de lin, des drogues aromatiques. A cette époque, elle possédait aussi des écoles qui brillèrent d'un vif éclat durant tout le temps des Croisades. Des maîtres syriens et jaco-

(1) De tout temps, lors de sa plus éclatante prospérité sous le sceptre de Byzance, Antioche avait expédié des soies brutes ou travaillées aux gynécées de Constantinople. La soie brute était ensuite travaillée au Palais Sacré par des esclaves spéciaux.

bites y professaient la philosophie d'Aristote.

J'ai dit que, durant les premières années de sa souveraineté à Antioche, l'heureux époux de la princesse Constance eut pour principal adversaire le fameux Nour ed-Dîn, qui fut sultan ou atâbec d'Alep de 1146 à 1173. Ce célèbre prince musulman, grand bâtisseur, grand protecteur des sciences et des lettres, fut le plus énergique, le plus obstiné, le plus intraitable ennemi des chrétiens de Syrie. Son nom vrai était Mahmoud Nour ed-Dîn. Il était né en l'an 551 de l'hégire, le 11 février 1118, étant le second fils de Zenghi Eïmad ed-Dîn, premier atâbec d'Alep et de Mossoul, le fameux héros musulman, bras droit de l'Islam contre les croisés, célèbre par son acharnement pieux contre les Francs, auxquels il enleva Edesse, le 23 décembre 1144. Zenghi mourut assassiné par un de ses eunuques au siège de Kalaat-Djabar, dans la nuit du 14 au 15 septembre 1146, à la consternation de tous les Sarrasins. Tandis que l'aîné de ses fils lui succédait à Mossoul, le second, Nour ed-Dîn, régna à sa place sur

Alep, les provinces de l'Euphrate et le reste de la Syrie demeuré aux mains des musulmans. La joie qu'éprouvèrent tous les chrétiens de la mort de Zenghi avait été de courte durée. Pour son début, Nour ed-Dîn les avait chassés à nouveau, dès la fin de cette même année 1146, de la grande cité d'Edesse qu'ils venaient de reprendre, boulevard des possessions franques vers le nord-est.

Trente mille habitants de cette ville infortunée avaient été tués, douze mille autres réduits en esclavage. Le comte Josselin avait échappé à grand'peine au massacre. Ce désastre, dont la nouvelle avait consterné l'Occident, avait même été la cause déterminante de la seconde Croisade. Mais là ne s'étaient pas arrêtés les succès de Nour ed-Dîn. Quand, dans l'été de 1148, les débris de l'armée de Louis VII et de l'empereur Conrad eurent misérablement échoué à ce siège de Damas où Saladin, alors âgé de onze ans, fit ses premières armes, l'atâbec et son frère, massés à Homs avec toute leur cavalerie, avaient vu venir les événements, partageant la joie orgueilleuse de tous les Sarrasins d'Asie à voir se rembarquer piteusement pour l'Occident tous ces rois et princes chrétiens dégoûtés à jamais de cette terre de Syrie, où la fortune s'était si cruellement jouée de leurs espérances. Dès le printemps suivant, Nour ed-Dîn avait à nouveau envahi la terre d'Antioche. C'est même à cette occasion que Raymond de Poitiers avait péri, dans les derniers jours de juin 1149, dans une embuscade, avec ses meilleurs chevaliers. Le sultan d'Alep s'était ensuite avancé jusque sous les murailles d'Antioche et jusqu'aux rives de la Méditerranée, dans laquelle il s'était baigné. En s'en retournant il avait pris le fort château de Harem, et puis Apamée. L'an d'après il avait fait prisonnier son mortel ennemi, le comte Josselin d'Édesse, qu'il garda captif jusqu'à sa mort; puis il avait ravagé affreusement et définitivement conquis toute la principauté de ce seigneur. Enfin était venu le siège d'Ascalon, qui avait porté un coup sensible aux affaires des Sarrasins. Dès l'année suivante, — 549 de l'hégire (1), — Nour ed-Dîn avait repris les armes et s'était emparé de Damas (2). Le prince ou gouverneur de cette ville, Modjir ed-Dîn, par son indolence pleine de duplicité, avait été pour les musulmans la cause peut-être principale de la chute d'Ascalon. La conquête de cette reine des cités syriennes avait achevé de faire de Nour ed-Dîn l'arbitre unique, incontesté, des destinées du monde arabe entre l'Euphrate et les rives de Phénicie, l'adversaire tout-puissant des principautés chrétiennes en Orient.

« Nour ed-Dîn, dit l'auteur arabe du *Livre des deux jardins*, a eu l'initiative de tout ce qui s'est fait de bien à son époque; il a rétabli l'ordre partout, grâce à son équité, à son courage, au respect qu'il inspirait à tout le royaume, et cela, malgré de rudes revers et des désastres étendus. Il trouva dans les pays qu'il conquit les ressources nécessaires pour continuer la

---

(1) Année 1154-1155 de J.-C. Voy. Kémal ed-Dîn, *Histoire d'Alep*. (*Rev. de l'O. L.*, t. III, p. 527.)

(2) Le 26 avril 1154, suivant Ibn el-Athîr. Rœhricht, *Gesch. d. Kœnigr. Jerus.*, p. 282.

guerre sainte, de sorte qu'en vérité il devint facile pour ses successeurs de suivre la même voie. Il établit à Alep la doctrine orthodoxe, abolit les innovations impies que les habitants avaient introduites dans l'appel à la prière et anéantit l'hérésie chiite. Il dota cette ville de collèges et de fondations pieuses et y fit fleurir la justice. Lorsqu'il eut définitivement conquis Damas, il y rétablit l'ordre, l'entoura d'une enceinte de remparts, bâtit des collèges et des mosquées, répara les routes, agrandit les marchés. Il punit sévèrement l'usage du vin. A la guerre il se distinguait par sa fermeté, par son adresse au tir de l'arc et la vigueur avec laquelle il maniait l'épée; il marchait à la tête de ses officiers, s'offrant ainsi au martyre, et suppliait Dieu de ne pas permettre que son corps devînt la pâture des animaux féroces ou des oiseaux de proie. Il établit des fondations à perpétuité en faveur des malades, pour l'entretien des maîtres qui enseignaient l'écriture et le Coran et pour les habitants des deux villes saintes. Il acheva les murailles de Médine. Il bâtit des postes-casernes sur les frontières, des ponts, des caravansérails, répara les canaux de plusieurs fontaines publiques.

« Ce n'est pas seulement Damas qu'il dota de ses bienfaits; les autres villes de son royaume en eurent leur part. Il légua beaucoup de livres aux bibliothèques. Plusieurs princes francs furent ses prisonniers. Il défit les Grecs, les Arméniens et les Francs à Harem (1), où ils étaient réunis au nombre de trente mille. Puis il s'empara de cette ville, conquit une partie du territoire d'Antioche et l'Égypte, qui était sur le point de tomber au pouvoir des ennemis. Il y rétablit l'orthoxie et abolit les innovations impies. Nour ed-Dîn avait une belle écriture. Il se plaisait à la lecture des livres de religion et se conformait aux traditions du Prophète. Assidu aux prières faites en commun, il assistait régulièrement à la récitation du Coran. Il s'attachait avec ardeur à faire le bien; il usait avec sobriété des plaisirs de la table et du

---

(1) Voy. p. 46.

harem ; était modéré dans ses dépenses, très simple dans sa nourriture et sa mise. Qu'il fût gai ou triste, jamais il ne prononçait une parole inconvenante, et rien ne lui était plus agréable que d'entendre le langage de la vérité ou d'être ramené à la coutume orthodoxe par de sages directions. »

Revenons à Renaud de Châtillon. De très rares documents, dont les originaux ou les copies sont venus jusqu'à nous, nous montrent le jeune seigneur exerçant, de concert avec sa femme, les droits de souveraineté. Au mois de mai 1153, par conséquent presque aussitôt après leur mariage, les nouveaux époux accordent aux Vénitiens en résidence dans la principauté un privilège confirmant ceux déjà accordés par les princes leurs prédécesseurs, Bohémond Ier et Bohémond II, par Tancrède et par Raymond de Poitiers, diminuant les droits sur les soieries et autres étoffes de 5 à 4 pour 100 et des autres marchandises de 7 à 5 pour 100 (1).

---

(1) TAFEL et THOMAS, *Urk. z. œlt. H. u. St. Gesch. d. R. Ven.*, t. I, p. 133-135.

L'an d'après, le 10 mai 1154, Renaud et Constance, par privilège daté de leur palais d'Antioche, accordent de même à l'archevêque et à la commune de Pise une diminution de péage avec cession d'un terrain à Laodicée et d'une maison sise en Antioche (1).

Le premier épisode de la vie de Renaud que nous connaissions avec quelque détail témoigne d'une nature extraordinairement violente, aussi d'un caractère souple, mais peu honorable, du moins pour notre conception moderne du droit et du bien. Le patriarche d'Antioche, Amaury (2), originaire de Limoges, avait vu avec le plus grand déplaisir la haute fortune de Renaud, ce mariage surtout fait contre son consentement. Ce prélat était riche, puissant, fort écouté, mais illettré, de caractère bien peu

(1) TRONCI, *Memorie storiche*, p. 88; FL. DAL BORGO, *Racc. di. sc. dipl. pis.*, p. 86-87; G. MÜLLER, *Doc. toscani*, p. 6; *Annal. Pisani*, t. I, p. 264-265. Voyez un autre document en date de 1155, au nom de Renaud et Constance, confirmant une donation de moulins faite aux Hospitaliers d'Antioche par un bourgeois de cette ville. PAOLI, *Cod. dipl.*, t. I, p. 34, n° 31.
(2) Ou Amalric.

évangélique, semble-t-il, « menant même une vie quelque peu licencieuse », au dire de Guillaume de Tyr (1). Il ne se gêna point pour s'exprimer très librement sur le compte du prince et lui fit l'opposition la plus vive. Ses propos méchants furent rapportés à Renaud, qui en éprouva une colère violente. Le prince, dit l'archevêque de Tyr, en fut si courroucé et troublé qu'il agit comme s'il était hors de son bon sens, car il fit arrêter le patriarche, qui fut enfermé au château d'Antioche. Il commit une « diablerie bien plus grande ». Il fit, après l'avoir fait cruellement fustiger, attacher entièrement nu sur le plus haut sommet de la tour le vieux prélat malade. Oubliant entièrement dans sa fureur le caractère sacré de sa victime, il ordonna qu'on oignit de miel la tête chauve du malheureux vieillard, ainsi que les blessures causées par le fouet, et qu'on l'abandonnât ainsi tout le jour exposé à cette terrible canicule de l'été syrien. Amaury, torturé par les piqûres

---

(1) Amaury avait été élu patriarche en 1142.

d'essaims de mouches et de guêpes autant que par les rayons brûlants du soleil, éprouva d'abominables tourments. L'historien byzantin Kinnamos dit que ce fut pour lui arracher ses grandes richesses que Renaud traita aussi cruellement ce vieillard et que, lassé par tant de souffrances, Amaury les livra toutes à son brutal bourreau. Elles servirent à payer l'expédition de Chypre.

Ceci se passait en 1153, presque aussitôt après le mariage et l'élévation de Renaud. Lorsque le roi Baudouin eut été informé de cet acte scandaleux, il en conçut contre son vassal une exaspération profonde et lui dépêcha Raoul, chancelier du royaume, et l'évêque Frédéric d'Acre, porteurs d'une lettre infligeant au prince le blâme le plus sévère. Les deux envoyés avaient mission de contraindre Renaud à mettre immédiatement en liberté son prisonnier et à lui restituer les biens du patriarcat dont il l'avait dépouillé. Amaury, délivré de son infâme prison, n'eut qu'un désir : quitter cette cité d'Antioche où il venait de tant souffrir. Il courut chercher un refuge à Jérusalem (1), où le roi, la reine mère, « la bonne dame Mélissende », son confrère le patriarche de Jérusalem, et les autres prélats du royaume le reçurent à grand honneur et à grande joie. Il vécut longtemps encore parmi eux, heureux d'être quitte à si bon compte de sa terrible aventure (2). Je possède dans ma collection de sceaux de hauts

(1) Kinnamos, édit. Bonn, p. 182, dit qu'auparavant, pour tenter de calmer le ressentiment de sa victime, Renaud, faisant revêtir à Amaury monté sur un palefroi ses habits pontificaux, le conduisit lui-même par toute la cité, guidant à pied son cheval par la bride, la main à la courroie de la selle. Il ne réussit point pour cela à pacifier le rancunier prélat, qui ne cherchait qu'une occasion de se venger et ne cessait de faire savoir au basileus Manuel qu'il était prêt à lui livrer le prince son ennemi. Mais, dit Kinnamos, Manuel, préférant s'emparer plus noblement de Renaud les armes à la main, refusa les offres du patriarche, qui dut renoncer à son projet.

(2) Du Cange dit que le patriarche Amaury se retira probablement à Jérusalem, parce que, « par le traité que Renaud conclut presque aussitôt après avec l'empereur Manuel, ce dernier obligea le prince d'Antioche de recevoir un patriarche grec qui lui serait envoyé par lui; quoiqu'il y ait lieu de douter que cet article ait eu effet, non plus du reste que celui du traité qui avait été fait, l'an 1107, entre Alexis, aïeul de Manuel, et Bohémond Ier, par lequel ce prince avait accordé à Alexis de recevoir à Antioche un patriarche grec qui lui serait envoyé par cet empereur, et que le patriarche latin serait tenu de lui céder la place ». *Fam. d'outremer*, édit. E.-G. Rey, p. 742.

personnages de la Croisade une bulle de plomb de ce prélat, bulle encore munie du cordonnet de soie par lequel elle était suspendue au document qu'elle scellait et dont elle fut depuis violemment arrachée. Ce précieux petit monument porte au droit l'effigie du pauvre patriarche, victime des colères de Renaud. Amaury, coiffé de la mitre basse, lève la dextre pour bénir, et tient la croix de la main gauche. Au revers du sceau figure « monseigneur saint Pierre », patron de la cité d'Antioche, avec ses attributs accoutumés et cette légende en latin : *Sceau de saint Pierre, apôtre.*

CHAPITRE II

Thoros d'Arménie. — Ses conquêtes en Cilicie. — Ses guerres contre le basileus Manuel Comnène. — Expédition de Renaud de Châtillon contre Thoros pour le compte de Manuel. — Rupture entre Renaud et Manuel. — Renaud de Châtillon saccage l'île de Chypre. — Luttes des Francs contre Nour ed-Dîn. — Défaite des Francs en juin 1157. — Sièges de Scheïzar et de Harem.

Au nord-ouest de l'Amanos, ce haut chaînon latéral que la grande chaîne médiane du Taurus projette au sud jusqu'à l'extrémité du golfe d'Alexandrette, s'étend la vaste plaine de Cilicie, aujourd'hui en grande partie inculte et fiévreuse, naguère radieuse, couverte au temps dont j'écris l'histoire de riches cultures merveilleusement irriguées, semée de places fortes aux énormes murailles médiévales qui avaient nom Tarsous, Mamistra, Anazarbos, etc. Arrachés aux Arabes par le glorieux Nicéphore Phocas, restaurateur de la grandeur byzantine, conquis sur les Grecs par les premiers croisés, qui en avaient fait une dépendance de la principauté d'Antioche, ces fertiles territoires venaient de faire retour une fois de plus à l'empire des basileis depuis que Manuel Comnène les avait confisqués de force sur le prince Raymond de Poitiers. Entre temps et depuis bien des années déjà, les hautes vallées de la chaîne du Taurus, qui bornait au nord cette plaine cilicienne, avaient vu arriver par milliers d'aventureux fugitifs appartenant à la race arménienne, fuyant leur contrée natale des rives du haut Euphrate, affreusement ravagée par les conquérants turks. Peu à peu ces rustiques émigrants, montagnards énergiques, avides d'indépendance, après avoir garni de leurs forteresses crénelées et de leurs blockhaus massifs les cimes des monts comme les cols des passages et les débouchés des vallées, étaient descendus dans la plaine. De plus en plus, malgré les efforts des garnisons byzantines, leur race devenait dominante dans cette région sauvage, accidentée, de défense infiniment facile. Des chefs audacieux, issus de cette infortunée dynastie nationale des Pagratides d'Arménie, dont le dernier descendant direct, Kakig II, avait expiré dans sa ville royale d'Ani, non loin du Caucase, victime lamentable des Byzantins, s'étaient mis à la tête de ces farouches peuplades des montagnes. Le premier de ces princes, Roupen, celui que les croisés nommèrent Rupin de la Montagne, fondateur véritable de cette lignée nouvelle qui, plus tard, devait régner glorieusement sur ce petit néo-royaume d'Arménie, avait eu pour successeur Constantin, le contemporain de la première Croisade, l'allié des Bohémond et des Godefroy de Bouillon au siège fameux d'Antioche. Livon Ier ou Léon, fils et successeur de Constantin, battu par les troupes byzantines, était mort en 1141 à Constantinople, captif mélancolique du basileus Jean Comnène. Thoros II, enfin, ou Théodore, le fils de Livon, lui aussi prisonnier des Grecs, avait réussi, dès l'année suivante (1), à s'échapper de cette ville sous le

---

(1) Peut-être seulement en 1143.

costume d'un marchand. Il avait d'abord couru à Antioche pour y réclamer l'appui des Francs, puis il avait reparu en Cilicie. Il y avait aussitôt été reconnu pour chef suprême par toute cette belliqueuse population arménienne retranchée en ces montagnes sur les limites de la plaine et, avec l'aide du patriarche jacobite Athanase, s'était incontinent soulevé contre les Grecs. Il était encore sur le trône quand Renaud devint prince d'Antioche.

Thoros II de Petite-Arménie, « haut et puissant homme d'Arménie », comme l'appelle Guillaume de Tyr, s'était promptement révélé comme un véritable héros national, nature généreuse, ardente autant qu'intrépide, chef de partisans en même temps que fondateur de dynastie. A plusieurs reprises, à partir de son évasion, il s'était attiré les armes du basileus Comnène, anxieux de le voir installer audacieusement sa principauté nouvelle en plein territoire de l'empire. Finalement, confiant dans l'éloignement de l'empereur, dans la sécurité de ses hautes retraites, de ses repaires des montagnes, il n'avait pas craint d'envahir et d'occuper la riche plaine de Cilicie, reconquise par les Grecs sur le prince d'Antioche. Du haut des plus inaccessibles vallées du Taurus jusqu'aux approches de la Méditerranée son pavillon flottait maintenant. La petite seigneurie indépendante, noyau de ce qui devait être bientôt le glorieux royaume chrétien de Petite-Arménie, était fondée.

Manuel Comnène envoya vers les premiers mois de l'année 1152, contre l'heureux aventurier, son trop fameux cousin Andronic Comnène, futur empereur de ce nom. Au siège de Massissa, celui-ci se fit battre honteusement et dut se réfugier à Antioche. Le sébaste Théodore Contostéphanos fut tué. Thoros et ses frères Sdéph' ané (1) et Mélé surtout, chacun à la tête de ses contingents, poursuivant leurs agressions incessantes, profitant de ce que le basileus Manuel était retenu au loin par les affaires d'Occident, réussirent à s'emparer petit

(1) Étienne.

à petit de presque toutes les dernières places de Cilicie, celles de la plaine comme celles des montagnes. Tarsous, jadis résidence somptueuse des satrapes, célèbre plus tard par les amours voluptueuses d'Antoine et de Cléopâtre; Anazarbos, blottie au pied de son formidable rocher couronné par son immense kastron, Adana, Massissa, l'antique Mopsueste, Longinias, Sis, Vagha, tombèrent successivement dans leurs mains. La Cilicie presque entière fut ainsi conquise depuis les villes murées jusqu'au plus petit kastron. L'énergie, la fantastique audace de Thoros, sa maëstria, sa rapidité de décision, sa promptitude inouïe à saisir les occasions favorables, faisaient l'admiration de tous.

Les incessantes incursions de cet homme infatigable sur le territoire de l'empire, ses progrès constants furent une des causes principales qui ramenèrent enfin le basileus Manuel en Asie. Fort embarrassé de venir à bout de ce chef de partisans en apparence si chétif, en réalité si redoutable, il le fit cette fois attaquer par le sultan seldjoukide d'Iconium, Mes'oud Ier, fils et second successeur du fameux Kilidj-Arslân, l'opiniâtre adversaire des croisés à Nicée. Mes'oud se fit cruellement battre par le rude seigneur des montagnes. Alors le basileus Manuel s'adressa à Renaud d'Antioche. Celui-ci, au dire des chroniqueurs grecs, dès son union avec la princesse Constance, avait cherché à se rapprocher de son puissant voisin, son suzerain nominal, que son mariage, à propos duquel le conseil de l'empire n'avait pas été consulté, avait si fort indisposé.

Renaud avait, en termes très humbles, sollicité la bienveillance du basileus. Ce Franc intrépide était un mélange étrange de bravoure surhumaine et de bassesse. Pour se faire bien venir de ce basileus schismatique, il ne craignit point de se faire son exécuteur contre un prince chrétien. Manuel, en effet, exigea du souverain d'Antioche, pour preuve de son attachement, qu'il fît la guerre à Thoros et débarrassât l'empire de ce grave péril. Le basileus s'engageait en revanche à acquitter tous les frais de la campagne (1). C'était en 1154 ou au commencement de 1155. Le négociateur de ces arrangements fut un grand seigneur byzantin, Alexis Giffard. D'autres historiens (2), qui donnent à cette lutte impie entre Arméniens et Latins une origine quelque peu différente, affirment qu'elle n'aurait éclaté que parce que Thoros se refusait à restituer aux frères du Temple le puissant château de Gastoun (3), très forte place de l'Ordre, à quelque distance du défilé de la Portella, sur le revers oriental de la chaîne de l'Amanos, dans la proximité d'Antioche, aux confins du territoire de cette principauté. Ce château, si souvent mentionné par les chroniqueurs de la Croisade, dont le site n'a pu encore

(1) Kinnamos ne souffle mot de cette intervention de Renaud sollicitée par l'empereur. Après avoir dit le mariage de l'heureux aventurier avec la princesse Constance, qui avait refusé la main du césar Roger, le chroniqueur grec passe de suite au récit du pillage de l'île de Chypre. Voy. E. REY, *Hist. des pr. d'Antioche.* (*Rev. de l'O. L.*, t. IV, p. 370.)

(2) MICHEL LE SYRIEN, *Hist. armén. des Crois.*, t. I, p. 349. — ABOULFARADJ, *ibid,* p. 172, note.

(3) Gastim, Gaston, Gastein, Guasto, Gastun ou Gastum. Voy. *Hist. armén. des Crois.*, t. 1, p. 171, note 2.

être identifié (1), avait une très grande importance, parce qu'il commandait ce fameux défilé si resserré de Portella ou des Portes Ciliciennes qui, après avoir contourné le rivage du golfe d'Alexandrette, franchissait ces montagnes. C'était l'unique et périlleuse voie par laquelle une armée venant d'Asie Mineure, armée byzantine, arménienne ou turque, pouvait envahir les terres franques de Syrie, et avant tout leur sentinelle avancée de ce côté, la principauté d'Antioche. Toutes les armées pénétrant en Syrie par le nord, armées de l'antiquité ou du moyen âge, armées de la Croisade, de Byzance ou du Croissant, ont passé par là. Sur le bord de la mer s'élevait une porte de marbre blanc et poli, magnifiquement ornée, au haut de laquelle, suivant la tradition, reposaient les ossements d'Alexandre le Grand.

On conçoit combien Thoros tenait à conserver ce château de Gastoun qui, jadis, avait été repris aux Templiers par les Byzantins et que

(2) *Hist. arméu. des Crois.*, t. I, p. XXVIII et 171, note 1.

lui-même avait enlevé à ceux-ci. Renaud d'Antioche, dit le chroniqueur Michel le Syrien, avait envoyé au chef arménien ce fier message : « Les Frères combattent pour la cause commune des chrétiens. Rends-leur ce qui leur appartient. »

Bref, la guerre éclata entre les deux princes. Un violent combat fut livré entre Arméniens et Francs d'Antioche, près de cette porte de marbre dite Synkraton, dans les environs d'Iskenderoun qui est l'Alexandrette d'aujourd'hui. Beaucoup de braves soldats périrent des deux côtés. Les historiens ne sont pas d'accord sur l'issue de cette lutte furieuse. Tandis qu'Aboulfaradj raconte que Renaud vainquit Thoros, le contraignit de fuir avec ses troupes débandées dans les gorges les plus inaccessibles du Taurus et lui imposa la paix au prix de la restitution aux Templiers des forteresses que les Arméniens détenaient injustement, Michel le Syrien, chroniqueur arménien, dit tout au contraire que Renaud, complètement battu, fut forcé de s'en retourner chez lui couvert de honte. Le même auteur ajoute toutefois que, plus tard, le prince arménien restitua de lui-même aux Frères du Temple les forteresses en litige. « Il y eut dès lors paix et alliance, poursuit Michel, entre les Arméniens et les Frères, qui firent serment de secourir ceux-ci dans toutes les occasions où ils en auraient besoin, même jusqu'à la mort, et de partager toutes leurs peines. » Si l'issue du combat d'Iskenderoun demeure douteuse, ses suites immédiates se trouvent du moins rapportées sous une forme identique par tous les historiens. Les Templiers rentrèrent en possession de leurs places de guerre (1).

(1) C'est sans doute après cet accord que les Templiers firent alliance avec le prince Sdéph'ané, frère de Thoros, contre les Turks. Ceux-ci, sous la conduite de Ya' Koub, un des lieutenants de Kilidj-Arslân, avaient, au nombre de trois mille, envahi la principauté d'Antioche. Ils furent exterminés par les forces chrétiennes combinées. « Leur chef, dit Grégoire le Prêtre, atteint d'un trait qui lui perça le foie, exhala son âme impie en poussant de douloureux gémissements. » Sdéph'ané, plus tard, pris par les Byzantins dans une embuscade, périt d'une mort horrible, précipité par ses vainqueurs dans une chaudière d'eau bouillante.
En cette même année 1155, Renaud et Constance confirmèrent la donation du casal de Saloria faite aux Hospitaliers d'Antioche par une dame nommée Adeline. PAOLI, Cod. dipl., t. I, p. 34.
En cette même année 1155 encore, sur la plainte des Génois, le

CHAPITRE II.

Vers ce même temps, le prince Renaud d'Antioche écrivit au roi de France, Louis VII, pour lui demander de secourir la Terre Sainte et le prier de chercher des époux pour les deux filles de son prédécesseur, feu le prince Raymond de Poitiers (1).

Cette expédition contre Thoros avait coûté gros au prince d'Antioche. Il réclama de l'empereur Manuel les sommes promises par celui-ci pour solder le compte de ces dépenses, mais, comme on devait s'y attendre d'un basileus byzantin, Manuel fit force difficultés. Refusa-t-il de régler son dû, ou voulut-il simplement traîner les choses en longueur? Le résultat demeura pareil. Renaud, l'homme le moins patient qu'il y eût sur terre, exaspéré de ces lenteurs déloyales, résolut de passer outre et de se dédommager directement de ses déboursés aux dépens de son débiteur.

---

pape Hadrien IV avisa le patriarche Amaury d'avoir à excommunier le prince Renaud, au cas où ce dernier refuserait de faire droit aux justes réclamations de ceux-ci. Voy. CAFFARUS *in Monum. Germ.*, SS. XVIII, 23-24.

(1) RŒHRICHT, *Regesta regni hierosolymit.*, p. 81.

Changeant brusquement d'attitude, avec la désinvolture inouïe de tous les personnages politiques de l'Orient à cette époque, le prince Renaud fit alliance avec ce même Thoros qu'il venait de combattre. Enchanté de trouver contre l'ennemi byzantin un pareil adversaire, le téméraire seigneur ne craignit pas d'entrer en lutte avec son suzerain, le grand empereur de Roum. D'abord, durant quelques semaines, soutenu par les bandes arméniennes, il poursuivit dans la plaine et les monts de Cilicie une lutte de partisans contre les troupes byzantines, enlevant à celles-ci les quelques places de cette région qu'elles tenaient encore. Puis, avec la rapidité de décision qui le caractérisait, il résolut subitement de porter la lutte sur un autre terrain.

Une des plus belles provinces, un des joyaux de l'empire grec à cette époque, était la radieuse île de Chypre. Protégée par les vastes étendues maritimes qui l'environnaient, celle-ci avait échappé depuis de longues années à toutes les causes de ruine, de désastre, à toutes les guerres, les invasions, les pillages qui désolaient sans trêve ni merci ses infortunées voisines, la Syrie, la Cilicie, l'Asie Mineure entière. A aucune époque, elle n'avait été plus florissante, comblée, sous son ciel éclatant, des plus beaux dons de la nature. Ses fertiles campagnes, cultivées par une population nombreuse, intelligente, laborieuse, lui fournissaient l'abondance, même le luxe. Les demeures spacieuses de ses vieilles familles d'archontes, les trésors de ses innombrables églises aux coupoles à fond d'or, de ses antiques monastères aux bâtiments immenses, regorgeaient de richesses. L'empire grec, qui avait besoin de tous ses soldats sur le continent d'Asie pour réprimer l'agression constante des Arméniens ou les attaques non moins incessantes et bien autrement redoutables des Turks seldjoukides, n'entretenait dans cette île bénie qu'un très faible contingent, suffisant pour repousser les incursions des corsaires sarrasins venus d'Égypte ou de la côte libyque. Sous ce rapport, la conquête déjà plus que demi-séculaire du littoral syrien par les Francs de la Croisade avait été une fortune suprême pour Chypre, qui jadis voyait chaque jour les légers bâtiments arabes s'élancer des ports de l'antique Phénicie pour venir dévaster ses rives et repartir chargés de butin et d'esclaves. Maintenant tous ces ports étaient aux mains, sinon d'alliés fidèles, du moins de coreligionnaires. Il n'y avait plus que l'Afrique, l'Égypte surtout, qui pouvaient demeurer une crainte.

L'opulente et molle population chypriote s'endormait donc dans une sécurité trompeuse sous le gouvernement relativement paternel des lieutenants du basileus, lorsqu'une affreuse aventure lui causa soudain un réveil terrible. Le prince Renaud, furieux contre l'empereur Manuel qui l'avait joué, tenu parfaitement au courant par tant de navigateurs qui se rendaient presque journellement à Chypre, du peu de soldats qui se trouvaient dans cette île, des richesses de toutes sortes qu'elle renfermait, résolut de l'aller piller. Officiellement, la principauté d'Antioche était en paix avec le basileus son suzerain. C'était donc un acte infâme de piraterie que Renaud allait commettre. Mais le prince d'Antioche n'était pas homme à s'arrêter pour si peu. Il allait, pour la première fois, donner la mesure de ce qu'il serait toute sa vie, un terrible homme de guerre, un merveilleux adversaire des infidèles, mais aussi un ennemi déloyal de ses propres coreligionnaires, pillard de grands chemins, avide et brutal, surtout un homme pour qui les traités, les paroles données ne comptaient pas. Cette duplicité fatale devait, en un jour encore lointain, lui coûter la vie.

S'alliant plus étroitement encore avec ce Thoros qu'il venait de vaincre, Renaud déclara la guerre au basileus et, sur l'instigation, semble-t-il, de son allié arménien, n'hésita pas à s'attaquer à cette belle île de Chypre, sans défense, dans le but avoué de s'y dédommager des sommes dont il prétendait que Manuel était son débiteur. Il semble du reste avoir été à ce moment dans une véritable détresse financière en sa pauvre et rude principauté. Naturellement, pour atténuer l'odieux d'une telle agression, le prince franc invoquait maint autre grief. Les Francs établis dans l'île ou qui y abordaient pour faire le négoce étaient, paraît-il, en butte aux mauvais traitements des fonctionnaires impériaux et de la population indigène. Puis encore, pour mieux probablement se concilier l'alliance de Thoros, on racontait à Antioche que les Grecs incitaient partout en Asie les Turks à tomber sur les Arméniens pour les massacrer (1).

Une flotte, rapidement assemblée, transporta le prince et ses bandes, ses bons chevaliers, ses hommes d'armes, ses mercenaires de toute race et de toute religion, Turcoples, Bédouins ou Druses, sur la rive chypriote. C'était pour de bons voiliers l'affaire de quelques heures. A côté de ces troupes d'aspect si varié et si pittoresque figuraient les contingents arméniens de Thoros. Ces libres montagnards étaient alors de parfaits combattants, bien différents des malheureux Arméniens, très dégénérés de nos

(1) Michel le Syrien, écrivain arménien, indique ce double motif de l'agression de Renaud.

jours, qui se laissent assommer par les portefaix turcs de Stamboul et de Galata (1).

Il serait infiniment curieux de pouvoir se représenter en imagination tous ces éléments si divers de cette expédition criminelle qui, sous les yeux des nations sarrasines ravies, allait donner le spectacle d'une lutte impie entre les deux principales races chrétiennes établies en cette région de l'Orient. Malheureusement, nous n'avons aucune donnée. Les chroniqueurs ne nous ont laissé de ces faits si curieux que le plus bref récit en quelques mots.

Le secret de l'expédition avait été bien gardé. La version latine, comme les versions grecque et arabe, sont d'accord pour dire que la population chypriote fut surprise sans défense, en pleine sécurité. L'attaque des Francs fut effroyable, subite au delà de toute expression. Jamais les

(1) Les historiens arméniens contemporains disent que Thoros, à la tête de ses contingents, accompagnait le prince d'Antioche. Elmaçin, Guillaume de Tyr, Aboulfaradj, Kinnamos même, se taisent sur ce point, qui demeure douteux. Il semblerait plutôt que, presque aussitôt après l'expédition de Renaud, Thoros et son frère Mélé aient à leur tour fait dans l'île de Chypre une incursion dévastatrice.

Sarrasins n'avaient été plus cruellement traités par les guerriers de la Croix que ne le furent les Grecs insulaires par les rudes soldats du prince d'Antioche. « Ils se conduisirent envers eux comme envers des Turks », dit un chroniqueur d'Arménie. Ils mirent littéralement à feu et à sang l'île entière. C'étaient pour la plupart de terribles soudards, les pires des aventuriers, écume de tant d'années de guerres syriennes, bandits, renégats latins ou sarrasins, vendant leurs services au plus offrant, ne vivant que de rapines, aimant le meurtre pour le sang répandu, le pillage pour le gain.

Au dire du chroniqueur grec Kinnamos, le gouverneur, ou plutôt, suivant son vrai titre byzantin, le duc de Chypre (1), le protosébastos Jean Comnène, propre neveu du basileus, fils de son frère défunt le sébastocrator Andronic (2), guerrier valeureux (3), puis aussi Michel Bra-

---

(1) Le duc de Chypre était constamment un fort haut personnage, très souvent un membre de la famille impériale.
(2) Celui-ci était mort en Cilicie.
(3) Celui-là même dont nous possédons un interminable épithalame composé par le poète de cour Théodore Prodrôme, à

nas, commandant en chef les forces militaires dans l'île (1), celui-là même qui jadis avait été envoyé par Manuel aux frontières de l'empire pour y recevoir les chefs de la seconde Croïsade, le roi Louis et l'empereur Conrad, enfin les autres fonctionnaires byzantins préposés à la garde de ce thème insulaire, rassemblant en hâte le peu de troupes dont ils disposaient, étaient accourus à la rencontre des envahisseurs aussitôt qu'ils avaient été prévenus du débarquement par leurs concitoyens établis à Antioche. Vainqueurs dans une première affaire (2), les chefs byzantins commirent l'imprudence de poursuivre les guerriers latins avec ce petit nombre d'hommes jusque dans la capitale de l'île, cette charmante et poétique Leucosie qui devait bientôt devenir, pour de

---

l'occasion de ses noces. Voyez *Hist. gr. des Crois.*, t. II, p. 288 et suiv.

(1) Kinnamos vante à plusieurs reprises les vertus guerrières de ce personnage.

(2) Guillaume de Tyr ne parle pas de ce premier succès des Grecs. Il dit seulement que les Chypriotes, accourus sur le rivage à la rencontre des envahisseurs, furent battus par les chevaliers et les sergents du prince d'Antioche.

longs siècles, la résidence des rois Lusignans, et qui, avec les ruines de ses églises et de ses monastères gothiques, semble aujourd'hui encore un coin de l'Occident médiéval, exilé sous le ciel étincelant de l'Orient.

C'était Michel Branas qui avait pris l'initiative de cette poursuite téméraire. Le protosébastos Jean Comnène sortit de Leucosie, à la rencontre des Francs, pour lui prêter main-forte (1). Un nouveau et violent combat s'engagea en ce lieu, qui tourna à l'avantage des Latins, probablement beaucoup plus nombreux, certainement plus déterminés. Nous ne connaissons ces faits que par de très sommaires récits. Il nous faut en quelque sorte les deviner. Les deux chefs byzantins, le protosébastos et Michel Branas, furent faits prisonniers. Les Francs victorieux, poursuivant les débris des forces grecques, les acculèrent de nouveau à la mer. Les Byzantins, forcés de se rendre à composition, durent s'engager à payer, pour leur

(1) *Hist. gr. des Crois.*, t. I, p. 269.

rançon et celle de l'île, une somme énorme.

Chypre entière, privée de ses défenseurs, était maintenant à la merci du cruel soudard Renaud et de ses bandes. Ce fut une catastrophe lamentable, une horrible tragédie. D'après le peu que nous en ont dit les historiens, aucune dévastation ne fut jamais plus complète, plus impitoyable, et les paysans chypriotes ne perdirent jamais la mémoire de ces terribles étrangers vêtus de fer, accourus de l'Orient pour les massacrer. Tous ceux qui ne livrèrent pas immédiatement tout ce qu'ils possédaient furent égorgés, torturés, mutilés avec des raffinements inouïs. Les soldats de Renaud coupaient les mains, les pieds, le nez et les oreilles aux archontes, aux primats grecs, surtout aux évêques, aux prêtres, aux moines. Les femmes furent violées, les enfants égorgés, les populations chassées en masse dans la campagne, les villages pillés puis incendiés, les trésors des couvents et des églises forcés et saccagés, les arbres à fruit sciés ou brûlés. Rien ne semblait à dédaigner pour ces brigands qui voulaient tout emporter. Ils se disposaient à emmener jusqu'aux immenses troupeaux de buffles et de moutons, mais les Grecs, par la convention qui mit fin à la résistance, rachetèrent à gros prix tout ce bétail indispensable.

Durant des jours et des jours ce carnage infernal se poursuivit, pendant que les populations éperdues se réfugiaient dans la montagne. Enfin, quand tout eut été razzié, saccagé, brûlé, quand on put redouter aussi l'arrivée de quelque flotte impériale de secours, les Francs se rembarquèrent emportant ce royal butin, or et argent monnayés en quantité prodigieuse, richesses de toute espèce, étoffes précieuses, dépouilles de tout genre. Outre les deux grands chefs, Renaud emmenait à Antioche de très nombreux otages : tout le haut clergé de l'île, les évêques, les abbés des monastères, tous les principaux archontes et primats avec leurs familles, les hauts magistrats, les grands propriétaires, les marchands riches. Tous ces infortunés ne seraient rendus à la liberté que lorsque la colossale rançon stipulée aurait été entièrement payée. Même, s'il faut en croire les chroniqueurs italiens, quelques-uns parmi les malheureux mutilés furent expédiés par dérision jusqu'à Constantinople.

« Les Francs », dit le vieil archevêque Guillaume de Tyr, regagnèrent Antioche chargés de richesses, mais ces biens mal acquis aussitôt dépensés ne leur profitèrent guère. » Les infortunés habitants de cette île adorable, dépouillés de tout, virent avec un indicible soulagement la dernière galère du brutal prince d'Antioche disparaître à l'horizon oriental. La date de ce grand crime contre le droit des gens semble être l'an 1155 (1). « Renaud, dit encore le prélat historien, rentra dans Antioche maudit des Grecs comme des Latins, qui jusqu'à lui avaient vécu en bonne harmonie avec les Chypriotes, mais immensément enrichi (2). »

(1) C'est la date que donne Guillaume de Tyr. Voy. aussi Rœhricht, *Gesch. d. K. J.*, p. 286, note 1. Aboulféda donne celle de l'année de l'hégire 551 (fév. 1156-fév. 1157).

(2) En cette année 1155 Renaud de Châtillon, nous l'avons vu, s'adressa par écrit au roi Louis VII pour obtenir des partis convenables pour les petites princesses Marie et Philippa, filles du

Les années qui suivirent se passèrent pour notre héros en luttes obscures autant que incessantes contre Nour ed-Dîn. En l'an 551 de l'hégire, qui correspond environ à l'année 1156 de Jésus-Christ, celui-ci attaqua à nouveau la forteresse de Harem, qui avait été reprise par les chrétiens. Bientôt il eut réduit les habitants à la dernière extrémité. « Les Francs, dit Kémal ed-Dîn (1), se réunirent alors pour attaquer l'atâbec. Mais leur coreligionnaire, le gouverneur de Harem, leur écrivit qu'il était en force et qu'au lieu de marcher contre Nour ed-Dîn et de risquer de se faire battre par lui, on ferait mieux de faire traîner les choses en longueur. Les Francs députèrent alors vers l'atâbec, qui accorda une trêve d'un an à condition qu'on lui céderait la moitié du territoire de Harem. A ce prix il consentit à lever le siège et à s'en retourner dans sa capitale. Un grand nombre de têtes de Francs

premier lit de son épouse la princesse Constance. RŒHRICHT, *Reg.*, p. 319.

(1) RŒHRICHT, *Beitræge zur Gesch. der Kreuzzüge*, t. I, p. 319. KÉMAL ED-DÎN, *Hist. d'Alep.* (*Rev. de l'O. L.*, t. III, p. 529.)

furent à cette occasion promenées dans les rues de Damas et d'Alep.

L'année suivante (1) fut marquée par d'effroyables tremblements de terre qui, durant plus de quatorze mois, désolèrent toute la Syrie, principalement les villes d'Alep, de Hamah, de Sheïzar, et renversèrent les murailles et les édifices des cités tant chrétiennes que sarrasines. A Sheïzar, où le prince de la ville donnait un festin à l'occasion de la circoncision de son fils, tout ce qui se trouvait dans la cité périt, sauf une femme.

L'année 1157 vit une nouvelle campagne de Nour ed-Dîn contre les Francs. La prise par ses troupes de Bânias, le 9 juin, fut suivie dix jours après d'une grande défaite des chrétiens (2). Le roi Baudouin, le prince Renaud, le comte de Tripoli et les autres seigneurs latins, voulant profiter de la présence en Syrie du comte Thierry de Flandre (3) et de tant et

(1) A. H. 552 (13 fév. 1157-3 fév. 1158).
(2) Voy., sur tous les combats de cette année 1157, le t. IV des *Hist. or. des Croisades,* p. 84 et suiv.
(3) Rœhricht, *Beitræge,* etc., t. II, p. 105. Thierry avait

de si hauts chevaliers qui l'accompagnaient, décidèrent alors, « la grâce divine les inspirant », de se porter avec toutes leurs forces sur les confins de la principauté d'Antioche. Au jour convenu, dans le mois de djoumada premier, qui correspond environ à la seconde moitié de juin et à la première moitié de juillet, l'armée chrétienne envahit la terre ennemie. Le point de concentration avait été la Boquée, sur le territoire de la comté de Tripoli. Mais cette fois encore le succès ne répondit pas à l'attente des guerriers francs. La puissante forteresse de Châtel-Ruge, parfaitement défendue, résista à toutes leurs attaques. Sur le conseil de Châtillon, les chrétiens rentrèrent à Antioche.

Voici le récit plein de saveur de ce grand combat du mois de juin qu'on lit dans la compilation arabe intitulée le *Livre des deux jardins* (1) : « Le neuvième jour de djoumada

débarqué au printemps de 1157 à Baruth avec sa femme, la comtesse Sibylle, sœur de Baudouin III, et quatre cents chevaliers. C'était la première fois qu'il visitait la Terre Sainte.

(1) *Hist. or. des Croisades*, t. IV, p. 88 et suiv.

premier (1), on recueillit des pigeons voyageurs venus du camp de Nour ed-Dîn (que Dieu augmente sa puissance) annonçant que celui-ci, à la nouvelle que l'armée des Francs infidèles était campée à la saline située entre Tibériade et Bânias, avait pris le commandement de sa glorieuse armée de Turks et d'Arabes, s'était avancé à marches forcées et avait atteint les infidèles alors qu'ils ne se doutaient de rien. Ceux-ci, voyant les étendards mulsumans qui les entouraient de tous côtés, s'armèrent en toute hâte et montèrent à cheval; ils se divisèrent en quatre corps et chargèrent les musulmans. A ce moment, Nour ed-Dîn et ses vaillants compagnons mirent pied à terre et, à coups de flèches et de lances, firent lâcher pied à l'ennemi. Dieu décida de la victoire en faveur des musulmans, qui tuèrent ou prirent les cavaliers et les fantassins formant une masse considérable. Quant à l'armée de l'Islam, elle ne perdit que deux hommes, l'un qui était un

(1) 19 juin 1157.

champion célèbre et qui fut tué parce que l'heure de son trépas avait sonné; l'autre, un étranger inconnu. Tous deux périrent martyrs de leur foi. Quatre des braves chevaliers infidèles furent tués dans le combat. Les soldats musulmans s'emparèrent d'un grand nombre de chevaux, de munitions, de bêtes de somme, etc. L'église avec toutes ses richesses tomba aux mains de Nour ed-Dîn. En un mot, ce fut une victoire éclatante et un glorieux succès. Les prisonniers et les têtes coupées arrivèrent à Damas un dimanche, le lendemain du jour de la victoire. Chaque chameau portait deux guerriers francs qui tenaient un étendard déployé et encore souillé de peaux de crânes et de cheveux. Chaque seigneur franc ou gouverneur de forteresse ou de district prisonnier s'avançait à cheval, couvert de son armure, casque en tête et un étendard en main. Quant aux fantassins, ils étaient liés avec des cordes par groupes de trois ou quatre. Les habitants de la ville, vieillards et jeunes gens, femmes et enfants, sortirent en foule pour jouir du spectacle dont Dieu gratifiait le monde musulman à la suite de cet éclatant succès. Tous répétaient à l'envi leurs actions de grâces à Dieu et leurs vœux pour Nour ed-Dîn, qui les avait protégés contre l'ennemi et les en avait débarrassés. On n'entendait partout que l'éloge des vertus de ce prince et le récit de ses prouesses; on composait à ce sujet des poésies dont voici un fragment :

« Jamais nous n'avions vu, dans les temps
« passés, une journée d'une beauté aussi par-
« faite, d'un éclat aussi grand.

« Une journée comme celle où les Francs
« ont été couverts de l'opprobre de la captivité,
« du désastre et de la ruine.

« Montés sur des chameaux roux, leurs éten-
« dards à la main, ils ont été promenés avilis,
« atterrés et captifs,

« Après avoir été puissants et après que
« leur renommée eut semé la terreur dans les
« rangs des armées et sur les champs de ba-
« taille.

« C'est ainsi, oui, c'est ainsi que devaient

« périr ces ennemis qui ont fait l'expédition
« du fourré (1).

« L'infamie qu'ils ont commise en s'empa-
« rant alors des troupeaux, les enveloppera de
« honte, nuit et jour.

« Ils ont, dans leur aveuglement, rompu le
« pacte de la trêve après avoir juré qu'ils l'ob-
« serveraient fidèlement.

« Aussi ont-ils trouvé le châtiment de leur
« mauvaise foi pour tout le mal et le dommage
« que leur aveuglement leur a fait commettre.

« Puisse Dieu ne pas permettre que ce peuple
« dispersé se réunisse jamais, même après une
« limite qui dépasserait la limite des temps.

« L'incrédulité a pour sanction la mort et la
« captivité, tandis que la foi obtient la meil-
« leure des récompenses. »

« Nour ed-Dîn, poursuit le chroniqueur arabe, commença dès lors à prendre de plus en plus l'offensive contre les Francs. »

« Dans cette même année, dit par contre un

---

(1) Allusion à l'attaque dirigée par l'armée chrétienne dans les bois qui avoisinent Bânias.

chroniqueur franc, Notre Seigneur amenda les affaires des chrétiens. Le prince Renaud, qui moult savait de guerre, parla au roi et aux barons qui s'en allèrent en Antioche pour y deviser sur le parti à prendre. »

Durant que les princes se trouvaient dans cette ville, dans le courant d'octobre, une grande et heureuse nouvelle leur arriva, celle de la grave maladie de Nour ed-Dîn, qui pour lors assiégeait le château de Népa (1). Même quelques-uns annonçaient sa mort et comme quoi ses gardes avaient commencé par piller son royal pavillon au milieu de la consternation générale des infidèles. Son frère cadet aussi, le croyant moribond, s'était déjà emparé d'Alep, sauf de la citadelle. La nouvelle de la mort était fausse, mais point celle d'une très violente maladie qui mit vraiment Nour ed-Dîn aux portes du tombeau. L'allégresse des princes, des barons, de tout l'ost chrétien fut extrême. On convoqua à Antioche

(1) Kémal ed-Dîn dit au contraire que l'atâbec fut attaqué de cette maladie dans le château d'Alep.

Thoros l'Arménien, qui accourut avec ses contingents et fut reçu à grande joie. L'armée tout entière, durant que Nour ed-Dîn gisait sur son lit de douleur, s'en alla attaquer Césaire sur l'Oronte, que Guillaume de Tyr appelle le « fleuve del Fer ». Cette ville forte était l'antique Césarée de biblique mémoire. Les Arabes la nomment Scheïzar. On se rappelle que ses murs avaient été renversés vers les derniers jours d'août par un tremblement de terre, dans lequel avaient péri les princes mounkidites de cette ville (1).

On assaillit Scheïzar avec force engins. Les princes et les barons excitaient l'enthousiasme belliqueux de leurs hommes. Cette cité marchande, grand et florissant entrepôt du commerce entre la côte syrienne et l'intérieur de l'Asie, était mal préparée à une aussi vive attaque. Bientôt les Francs, ayant mis les échelles au rempart, enlevèrent d'assaut la ville basse, nommée Gistrum par les historiens latins, le Pont des Mounkidites par les historiens arabes.

---

(1) H. DERENBOURG, *Vie d'Ousâma*, p. 281.

C'était un grand succès. Les Francs firent un prodigieux butin, de nombreux prisonniers. Tout ce qui ne put se réfugier dans la forteresse fut tué ou pris.

Restait cette citadelle que sa position élevée rendait susceptible d'une longue défense, malgré les récents dégâts du tremblement de terre. Ce fut, hélas, la pierre d'achoppement. On aurait pu la forcer facilement, car, bien que si richement munie, elle était encombrée de bouches inutiles. Mais « le diable mit la dispute au cœur des chrétiens pour les détourner de la bonne besogne ». Au lieu d'attaquer le château, on se mit à discuter sur qui posséderait la conquête nouvelle.

Le roi voulait donner Césaire en fief au comte de Flandre, qui était riche en hommes et en argent. La plupart des barons étaient de cet avis. Mais le prince Renaud, qui était fort ambitieux, prétendait que Césaire ne pouvait relever que de sa principauté et que, si on la donnait au comte de Flandre, celui-ci devrait être tenu de lui en faire hommage. Thierry répondit que volontiers il gouvernerait la ville, mais qu'il était trop haut homme pour en faire hommage à quiconque, sauf à un roi. La dispute s'envenima affreusement, les uns tenant pour le roi et le comte, les autres pour le prince Renaud. La fin de tout cela fut qu'on s'en alla sans prendre le château, alors que cette besogne était plus qu'à demi faite. Chacun, prenant son butin, s'en retourna à Antioche chargé de dépouilles, mais sans avoir rien accompli de définitif.

Le compilateur arabe du *Livre des deux jardins,* Abou Chamah, dit, d'autre part, que ce furent les Ismaéliens qui, assemblés de divers côtés, attaquèrent les Francs, en tuèrent quelques-uns et les chassèrent de Césaire (1).

Toujours dans cette même année 1157, Nour ed-Dîn n'étant pas encore remis de sa maladie, le roi et les princes s'en allèrent tous ensemble attaquer une fois encore Harem (2), qui venait d'être repris par les soldats de l'atâbec. Après

---

(1) *Hist. or. des Croisades,* t. IV, p. 37, note.
(2) Ou Harenc.

que les mangonneaux eurent battu sans relâche la muraille à coups de boulets de pierre, le chef qui y commandait ayant été tué, la forteresse se rendit au premier assaut, dans les premiers jours de février 1158. « Le roi donna Harem à Renaud de Châtillon, parce que cette forteresse était de sa princée, et celui-ci la fit garnir et refaire richement. » Puis l'armée retourna à Antioche et les barons se séparèrent, chacun s'en allant chez soi. « Ce succès, dit l'auteur du *Livre des deux jardins,* accuse la hardiesse des Francs (que Dieu les abandonne!). » Je passe sous silence une foule d'autres combats racontés par divers chroniqueurs.

CHAPITRE III

Invasion subite de la Cilicie par le basileus Manuel Comnène. — Soumission de Thoros. — Manuel s'apprête à tirer vengeance du prince d'Antioche. — Humiliation de Renaud de Châtillon au camp impérial de Massissa. — Entrevue de Manuel Comnène et du roi Baudouin III de Jérusalem. — Réception de Manuel à Antioche au printemps de 1159. — Fêtes, joûtes et chasses. — Accident survenu au roi Baudouin. — Le basileus et les princes francs marchent sur Alep. — Nour ed-Dîn déjoue ce grave danger en livrant ses prisonniers chrétiens. — Retraite de l'armée franque. — Incidents du retour de Manuel dans ses États.

Cependant, un orage redoutable s'amassait vers le nord, menaçant directement la terre d'Antioche. Les agissements de Thoros et de Renaud, les conquêtes du premier en Cilicie, l'odieuse agression du second contre Chypre avaient excité vivement la colère du basileus Manuel, peu accoutumé à supporter de pareilles injures. On imagine facilement quelle avait dû être la fureur de l'altier Comnène à la nouvelle de cet inique attentat commis par celui qu'il ne considérait que comme un misérable vassal. La préférence accordée à Renaud par la princesse Constance, au détriment du césar Jean Roger, avait déjà violemment irrité ce basileus à l'âme haute et guerrière, profondément imbu de sa grandeur et de sa puissance. Le pillage de Chypre porta à son comble son ressentiment. Tous les esprits à Byzance furent de même exaspérés. L'opinion publique réclama un châtiment exemplaire, et le basileus résolut de saisir le premier moment opportun. Il dut attendre cette occasion près de trois années, mais quand il la tint enfin, il n'hésita pas à prendre une fois de plus en personne le commandement de ses soldats.

Pour atteindre Antioche et son orgueilleux prince franc, il fallait avant tout que l'armée grecque franchît les gorges du Taurus, occupées par les guerriers de Thoros, et reconquît les places fortes de la plaine de Cilicie sur le hardi dynaste arménien. Manuel gardait également rancune à celui-ci pour avoir battu ses troupes et s'être taillé une souveraineté en plein territoire de l'empire, aussi pour avoir prêté main-forte à Renaud lors du pillage de Chypre. La petite armée du prince arménien indisciplinée, mais héroïque, n'était du reste point un adversaire à dédaigner.

Manuel quitta Constantinople dans les premiers mois de l'an 1158 (1), à la tête d'une très nombreuse armée, prenant la route du Sud. Il passa quelque temps à guerroyer contre les Turks en Phrygie. Vers la fin de l'été, il se trouvait à Attalia ou Sattalie, port important de l'empire sur la côte de Pamphylie, par lequel ses troupes pouvaient se ravitailler facilement. En apparence le basileus semblait n'avoir d'autre dessein que de se battre encore contre ces opiniâtres adversaires. En réalité, il se disposait à surprendre Thoros pour le mieux écraser, pour écraser ensuite aussi Renaud. Il écrivit en secret à Alexis Kassianos, gouverneur ou stratigos de Selewkia, l'antique Séleucie du Calycadnos, où

(1) *Hist. or. des Croisades*, t. IV, p. 102. Au mois de dou'l-hiddja de l'an 553 de l'hégire (24 décembre 1158-23 janvier 1159).

CHAPITRE III. 95

les Byzantins tenaient encore, de faire prendre les armes à tous les contingents de ce district, gens accoutumés à faire aux Arméniens une guerre de partisans, et de les tenir prêts à partir au premier signal. Lui-même, pour mieux tromper Thoros, laissant à Attalia le gros de son armée, partit en avant avec cinq cents hommes d'élite d'infanterie légère. La cavalerie ne pouvait malheureusement servir, le mauvais état des chemins de la montagne, semés de roches et de cailloux, ayant abîmé les pieds des chevaux au point que presque tous étaient malades.

Au dire de Guillaume de Tyr, l'apparition du basileus et de ses soldats au revers des monts fut subite au delà de toute expression. « Manuel entra si soudainement en Cilicie, dit l'écrivain latin (1), en telle manière qu'à peine pouvait-on croire qu'il fût venu à si grand hâte. Moult s'en merveillèrent et esbahirent tuit cil de la terre. La reson par que il vint à si grand haste qu'il

---

(1) *Hist. occid. des Croisades*, t. I, p. 859. Dans l'armée de l'empereur figurait Jean Phocas, connu par une description fort intéressante des Lieux Saints à cette époque.

ne vost mie que l'en aperceust sa venue fut ceste... qu'il poïst seurprandre Thoros, si que celui-ci ne se poïst estre garniz por deffendre ne apareillier de fouir. »

Manuel, qui comptait prendre Thoros à revers, tandis que son lieutenant Kassianos l'attaquerait de front, arriva par cette marche foudroyante à Sélewkia avec sa faible escorte. Mais Alexis Kassianos, chef indigne, avait négligé d'obéir aux ordres de son souverain. Le basileus ne trouva dans cette ville aucune force organisée. Sans perdre courage, il résolut de marcher quand même de suite à l'ennemi, ne voulant pas lui laisser le temps de se reprendre. Se faisant précéder par Kassianos à la tête d'une portion de la garnison de Sélewkia, il le suivit de près avec ses cinq cents fantassins, espérant surprendre Thoros dans Tarsous. En même temps il expédiait à Attalia au gros de l'armée l'ordre de le suivre. Guillaume de Tyr dit que celle-ci comptait cinquante mille hommes. On sait combien ces indications de chiffres dans les chroniqueurs du moyen âge sont forcément sujettes à caution (1).

Ce n'en était pas moins un orage formidable qui fondait sur la petite principauté du vaillant dynaste arménien. Avec les faibles moyens dont Thoros disposait, il ne pouvait songer à résister à pareille tourmente. En habile tacticien, il céda devant le nombre. A la première et terrifiante nouvelle de l'approche du basileus, nouvelle à laquelle il ne s'attendait nullement, comme il n'avait même pas auprès de lui son second frère Mélé, il n'hésita pas à fuir. Kinnamos raconte qu'il fut prévenu de l'arrivée de l'empereur par un de ces pèlerins latins mendiants qui, du fond de l'Europe, surtout depuis le commencement de l'ère des Croisades, se rendaient en foule à pied à Jérusalem par tous les chemins des immensités de l'Asie Mineure. Cet humble adversaire des Grecs, ayant rencontré le basileus en marche et accepté son aumône, n'en courut pas moins de suite

(1) Grégoire le Prêtre va jusqu'à donner le chiffre fantastique de cinq cent mille combattants.

auprès du prince arménien pour soutirer de celui-ci une seconde charité en le prévenant du danger qui le menaçait.

Thoros n'avait eu que le temps de réunir ses trésors et de se sauver dans les gorges les plus perdues du Taurus avec sa femme, ses fils, ses chevaux, ses richesses, les grands de sa seigneurie, chacun emportant ce qu'il avait de plus précieux. La petite cour fugitive cacha soigneusement sa retraite à tous, disent les chroniqueurs arméniens, excepté aux deux amis de Thoros, Thomas et Korké (1), certainement deux de ses plus fidèles lieutenants. Thomas était peut-être son neveu de ce nom, fils de sa sœur, qui fut, après sa mort, tuteur pour son fils encore mineur (2).

« Thoros se réfugia, dit le chroniqueur national Grégoire le Prêtre, qui nous fait ce récit, auprès du rocher appelé Dadjig, où depuis les temps les plus reculés et de mémoire d'homme personne n'avait habité ou cherché un abri. »

(1) « Georges » en arménien.
(2) Voy. *Hist. gr. des Croisades*, t. II, p. 297.

Il avait oublié, poursuit le sentencieux narrateur, l'avis du sage qui dit : « Ne t'attaque pas à plus fort que toi. » A la tête de sa cavalerie il évitait de stationner dans un lieu déterminé. Il errait dans des endroits boisés de difficile accès, espérant en la miséricorde divine, comptant pour lui et son allié le régent d'Antioche Renaud sur la médiation du roi de Jérusalem auprès du basileus, car, paraît-il, ce dernier avait mis dans ses projets actuels de réaliser son engagement fait à Baudouin d'aller en personne au secours de la ville sainte. On sait que Baudouin allait devenir, au mois de septembre de cette même année, le propre neveu de l'empereur par son mariage avec la belle princesse Théodora, fille du sébastocrator Isaac, frère de Manuel (1).

Thoros, du fond de ses hautes retraites

(1) Voy. le récit de ce mariage dans GUILLAUME DE TYR, *Hist. occid. des Crois.*, t. I, p. 857. Théodora, qui n'avait que treize ans lors de son union avec Baudouin, n'eut pas d'enfants de lui. Après la mort de son royal époux, elle entretint des relations criminelles avec son cousin, le trop fameux Andronic Comnène, dont elle eut un fils, Alexis, et une fille, Irène. Voy. *Hist. arm. des Croisades*, t. I, p. 186, note 1.

alpestres, défiait toutes les attaques. Manuel ne se risqua point à l'y chercher. Il s'en prit aux faibles garnisons laissées par le chef arménien dans les places de la plaine cilicienne. Celles-ci ne purent tenir contre un aussi soudain et puissant effort. Deux jours après avoir franchi la frontière par ces effroyables chemins du Taurus et gagné ainsi Sélewkia, le gros de l'armée impériale, qui avait rejoint l'avant-garde commandée par le basileus, se présenta devant le fort kastron de Lamos. Celui-ci se rendit sans coup férir. Puis ce fut le tour de Cistramos, localité que je ne suis pas parvenu à identifier, puis des villes d'Anazarbe, de Tell-Hamdoun et de Lonjinias (1).

Enfin, durant que le basileus en personne allait prendre Til (2), il expédia contre Tarsous, à la tête d'un corps détaché, son beau-frère, mari de sa sœur, Théodore Vatatzès; de l'illustre famille byzantine de ce nom, originaire d'An-

---

(1) C'est de Kinnamos que nous tenons ces détails.
(2) Τῦλε, autre localité non identifiée. De « Tell », château, en arabe? Voy. *Hist. gr. des Croisades*, t. II, p. 298 C.

drinople. A l'approche de celui-ci, les Arméniens retranchés dans Tarsous, épouvantés, — tel est du moins le récit probablement fort exagéré du chroniqueur grec, — s'imaginant que le basileus venait les attaquer en personne, se précipitèrent du haut des tours, et la ville se rendit !

Tarsous était environnée d'un rempart célèbre pour sa force et sa beauté. Le petit nombre de ses défenseurs fut la raison véritable de sa reddition.

Le basileus Manuel, devenu en quelques jours maître de toute la plaine de Cilicie, traita, dit Kinnamos, les habitants avec mansuétude et ne leur fit aucun mal. On était alors aux premiers jours de novembre.

Cependant Thoros n'était pas le seul à trembler de ce formidable voisinage. Renaud, qui avait si gravement offensé l'empereur, était mortellement inquiet, ne sachant comment rentrer en grâce et éviter le châtiment qui l'attendait. N'osant envoyer directement à Manuel justement irrité des ambassadeurs pour implorer leur pardon, les deux princes s'adressèrent d'abord, au dire de Kinnamos, à ses plus proches parents qui l'accompagnaient. Mais ce fut sans succès. La mauvaise saison étant venue, Manuel, décidé à hiverner dans ces plaines fertiles, fixa son quartier général à Tarsous. Qu'il serait curieux de pouvoir reconstituer l'existence de ce grand empereur guerrier en cet hiver de 1158 à 1159, en cette lointaine cité d'Asie jadis résidence de satrapes, fondée par Sardanapale, puis patrie de saint Paul, sise dans cette molle et riche plaine du Cydnus paresseux, alors ville étrange, mi-sarrasine, mi-byzantine! Hélas! avec le petit nombre de documents dont nous disposons, une semblable restitution demeure forcément impossible.

Le premier soin du basileus fut de faire sa paix avec Thoros, qu'il jugeait suffisamment puni. Le chef des montagnes, trop faible pour poursuivre la lutte, ne demandait qu'à entrer en négociations. Il réclama à cet effet la médiation du roi Baudouin et des autres princes francs de

Syrie. Manuel, avec sa mansuétude accoutumée, lui accorda sa grâce. Le chef arménien, après avoir prêté serment de vassalité, fut confirmé par chrysobulle impérial écrit au cinabre, bullé de la bulle d'or, dans la possession de ses agrestes États. Les chroniqueurs arméniens font de leur hardi compatriote le plus bel éloge.

Restait la vengeance à tirer du prince Renaud. Sur ce point Manuel semblait devoir demeurer inexorable. Ennemi de toute lâcheté, le basileus avait, il est vrai, noblement repoussé les offres du rancuneux patriarche Amaury, qui, dans sa haine pour son bourreau, s'offrait à lui faire livrer le prince d'Antioche par trahison (1). De même le basileus avait refusé de se rendre aux sollicitations de ceux de ses parents que Renaud avait mis dans ses intérêts à force de présents. On attendait aussi au camp impérial le roi Baudouin, qui s'annonçait depuis longtemps. Le jeune souverain de Jérusalem

---

(1) Voy. p. 54, note 1.

venait saluer le puissant basileus, propre oncle de la nouvelle reine sa femme. Il voulait surtout se concerter avec lui pour amener en Terre Sainte le triomphe définitif des armées chrétiennes contre Nour ed-Dîn, ce dont, en réalité, Manuel se souciait fort peu, ne tenant point à faire le jeu des Francs, qu'il persistait à considérer comme des intrus dans ces antiques provinces du vieil empire romain. Mais Baudouin, profondément irrité contre son vassal d'Antioche à cause de sa conduite envers le patriarche Amaury, tardait à se montrer, et Renaud craignait d'être anéanti par cette avalanche du Nord avant que son suzerain pût survenir pour plaider sa cause.

Tremblant chaque jour davantage de voir briller aux crêtes de l'Amanos les étendards des forces impériales vengeresses, le prince d'Antioche se décida enfin à faire offrir au basileus de lui livrer, en échange de son pardon, la citadelle même d'Antioche, clef de sa puissance, ce château réputé imprenable qui avait d'ordinaire nom Kouba. C'était pour le prince franc la pire humiliation. C'était aussi se mettre véritablement aux mains de son ennemi. Jamais pareille offre n'avait été faite jusqu'ici par un régent latin d'Antioche, même quand le père du basileus actuel, l'autocrator Jean Comnène, avait été admis dans cette cité aux temps du prince Raymond. Manuel n'en répondit pas moins par un refus catégorique aux propositions de Châtillon.

Alors, comme le danger était véritablement pressant, comme on annonçait d'heure en heure la marche de l'armée impériale vers les Portes de Cilicie, Renaud, ayant dans son angoisse convoqué ses fidèles, se résigna à suivre l'avis de son conseiller préféré, le discret et prudent archevêque Gérard de Laodicée, qui l'engageait à prévenir le basileus en courant à son camp impérial se jeter humblement à sa merci. S'abandonner sans réserve à un ennemi généreux est parfois l'unique moyen de le désarmer. L'avis pouvait sembler téméraire, « mais l'archevêque Gérard connaissait bien, dit le chroniqueur, l'orgueil des Grecs, qui ne demandaient qu'à être honorés, se payant de phrases, moult bobanciers ».

Renaud, pour cette expédition d'un succès douteux, emmenait avec lui l'archevêque de Laodicée et les principaux personnages de sa capitale. Après qu'on eut franchi l'Amanos, Gérard partit en avant pour préparer le terrain. Le vaillant messager ne tarda pas à rencontrer le basileus avec toute l'armée grecque en marche sur Antioche. Manuel était encore fort en colère, mais le prélat franc était beau parleur, plein de souplesse et de courage. Il réussit rapidement, semble-t-il, à calmer le ressentiment du basileus, qui consentit à cette entrevue si flatteuse pour son amour-propre, si douloureuse pour celui du prince d'Antioche.

Ce fut dans une prairie fameuse, aux portes de Massissa, aujourd'hui nommée Messis, la Mamistra des Croisés, l'antique Mopsueste asiatique, cité alors encore considérable, ceinte de hauts murs, sur les rives du fabuleux Pyrame, presque à l'extrémité orientale de la Cilicie, sur la route qui mène de Tarse aux Portes

CHAPITRE III.

de ce nom et aux défilés de l'Amanos, que Renaud de Châtillon, prince d'Antioche, parut en suppliant devant le grand Comnène. Nu-pieds, les manches de son pourpoint relevées au coude, la hart au col, tenant de la main gauche par la pointe son épée nue dont il devait présenter la poignée à l'empereur, le chef humilié traversa en ce triste appareil toute la cité, « buvant une grande honte », « *summa ignominie et populi nostri confusione* », s'écrie l'archevêque de Tyr.

Le poète et écrivain de cour Théodore Prodrôme, en d'interminables poèmes en l'honneur de son protecteur le basileus Manuel, poèmes venus jusqu'à nous, a chanté l'humiliation du prince d'Antioche (1). Mais on se tromperait fort, hélas ! en espérant retrouver, parmi ce fatras indigeste et cette répétition monotone des mêmes énumérations, quelque détail historique intéressant ou précis. Les paroles mêmes que le poète courtisan met dans

(1) *Hist. gr. des Croisades*, t. II, p. 303 et suiv.

la bouche de Renaud sont de convention. Cet écrivain famélique n'avait d'autre but, en rédigeant ses épîtres aux basileis de la dynastie des Comnènes et aux personnages de leur maison, que de venir en aide à son infime pauvreté. Il se souciait peu de donner à la postérité une juste idée des cérémonies étranges qu'il décrit de sa plume prétentieuse et intarissable. De cette masse de vers, il ressort cependant ce fait très saillant de l'humiliation complète du prince d'Antioche. Renaud s'était fait suivre des principaux personnages de sa seigneurie dans le même accoutrement misérable, ainsi que d'une longue théorie de moines pleurant et gémissant, aussi tête et pieds nus. Sur tout le parcours de ce larmoyant cortège se pressait une foule immense, toute la population de la cité cilicienne accourue pour se repaître de ce spectacle inattendu de l'ignominie de l'arrogant prince franc, toute l'armée grecque aussi qui, joyeuse, faisait la haie. Arrivé devant le basileus assis sur un trône somptueux fait de coussins et de tapis de soie dressé devant le pavillon splendide, en présence des soldats scandinaves de la garde sous les armes, Renaud, buvant la coupe jusqu'à la lie, dut, à distance, se prosterner jusqu'à terre. Dans cette très humble attitude, il dut, ô honte, demeurer longtemps immobile, présentant la poignée de son glaive au basileus, attendant que celui-ci lui permît de se relever. Quelles minutes affreuses pour une âme aussi fière, aussi violente! « En même temps, dit Guillaume de Tyr, Renaud criait merci, et il cria si longtemps que tous en eurent la nausée et que maint Français l'en dédaigna et blâma. » Les moines qui suivaient le prince, s'étant aussi jetés à genoux, pleurant d'abondantes larmes, levant les bras, criaient miséricorde.

Longtemps, par calcul, pour mieux impressionner les âmes simples de cette multitude, le basileus, conservant son attitude irritée, se refusa obstinément à jeter les yeux sur le prince prosterné dans la poussière et à entendre ses plaintes. Longtemps il laissa le malheureux dans cette posture. Enfin, quand les mânes des infortunés massacrés dans les campagnes de Chypre parurent suffisamment vengées, Manuel, après avoir, en un bref et impérieux langage, dicté ses conditions, qui furent incontinent acceptées, releva par la main son ennemi terrassé. « Il le reçut en grâce et l'admit, dit Kinnamos, parmi les vassaux de l'empire (1). » « Ceci, s'écrie l'ardent archevêque de Tyr, fut à la honte de la Latinité. » Jamais chevalier franc n'avait subi pareille honte de la part d'un basileus byzantin en face d'une armée impériale! Il semble étrange à nos idées actuelles qu'un aussi brave, un aussi parfait guerrier, ait pu se résigner à subir une pareille ignominie par simple considération d'ordre politique (2).

Renaud jura sur les Saintes Reliques, par de terribles serments, d'exécuter fidèlement les conditions imposées par le basileus. Celles-ci se réduisaient à deux, car Manuel s'était montré adversaire généreux. Il fut stipulé que la

---

(1) « Δούλοις τῶν Ῥωμαίων ἐνέγραψε. »
(2) Plusieurs historiens affirment que le véritable médiateur de cette paix fut le roi de Jérusalem.

principauté d'Antioche fournirait au basileus, à la première réquisition, un certain nombre de chevaliers et d'hommes d'armes, et qu'elle accepterait de ses mains un patriarche grec qui serait sur un pied d'égalité avec son collègue latin. Pour cette clause dernière on en revenait simplement aux conventions primitives conclues lors de la prise d'Antioche sur les Sarrasins entre le gouvernement grec et les conquérants croisés, conventions qui avaient été jusqu'ici fort mal observées (1).

« L'humiliation du prince d'Antioche, poursuit Guillaume de Tyr, eut encore pour spectateurs les envoyés d'une foule de nations asiatiques chrétiennes ou infidèles accourues au camp de Massissa pour saluer avant son départ le puissant basileus de Roum. Cette scène rendit les Latins méprisables dans toute l'Asie. » Et le Grec Kinnamos cite parmi ces députés, dont les somptueux ou pittoresques accoutrements jetaient leur note étrange dans ce spectacle

(1) *Hist. gr. des Croisades*, t. II, p. 310.

inoubliable, « ceux de Kharizm, de Suse (1), de toute la Médie (2), de Babylone (3), du pays des Abasges et des Ibériens (4), de la Palestine et de l'Arménie, ceux de l'atâbec Nour ed-Dîn, qu'il nomme le satrape de Berrhœa (5), de Ia'koub-Arslan, enfin, phylarque des Perses (6).

L'infortuné Renaud de Châtillon, à peine de retour dans sa capitale, y reçut enfin la visite de son suzerain naturel, le roi Baudouin III. C'était toujours dans ce même hiver de 1158 à 1159. La conduite du roi de Jérusalem semble avoir été louche dans toute cette affaire. Très irrité contre Renaud, en particulier pour le traitement infligé au patriarche Amaury, il espérait, au dire de Kinnamos, se faire oc-

---

(1) Simple amplification de rhétorique.
(2) *Id.*
(3) Bagdad. Le sultan des Turks seldjoukides, maître à Bagdad et dans toute la Perse.
(4) Nations chrétiennes du Caucase.
(5) Alep. — Nour ed-Dîn était également le maître de Mossoul et de Damas.
(6) Ἰαγουπασᾶν. Encore un Seldjoukide, maître d'une portion du sultanat d'Iconium.

troyer par le basileus la principauté d'Antioche, dont il convoitait fort la possession. Il paraît avoir vivement intrigué à ce sujet contre Renaud. Quoi qu'il en soit, on le vit enfin arriver à Antioche, en route pour aller saluer Manuel, oncle de sa femme. Il avait laissé au royaume le comte Thierry de Flandre, qui désirait profiter du prochain passage pour rentrer enfin chez lui. Le frère de Baudouin, Amaury, comte de Jaffe et d'Ascalon, et les plus hauts hommes du règne, faisaient cortège au souverain.

D'Antioche, le roi latin envoya auprès du Comnène Geoffroy, abbé du Temple de Notre-Seigneur, « qui bien savait le langage des Grecs », et un haut baron qui avait nom Jocelins Pisiaus (1). Ces envoyés saluèrent Manuel au nom de leur maître. En apparence ces personnages venaient surtout intercéder en faveur du prince d'Antioche. Mais Baudouin, qui espérait encore profiter du mécontentement de l'empereur pour ajouter à ses États la seigneu-

---

(1) Ou « Joscelinus Pessel », ou encore « Pisellus ».

rie de Renaud, leur avait donné pour commission secrète de rendre Manuel inexorable. En attendant, pour se concilier les esprits à Antioche, Baudouin comblait d'attentions les habitants, leur faisant valoir son zèle pour leurs intérêts, leur promettant tous les services qu'ils pouvaient attendre de son crédit auprès du basileus, son allié et son ami.

Les envoyés de Baudouin demandèrent pour lui une entrevue à Manuel, lui annonçant que le roi de Jérusalem était venu jusqu'à Antioche « encontre lui, pour savoir sa volonté de faire son commandement si prêt estoit de venir à lui si son plesir estoit ou lui atendre où il lui pléroit ». L'empereur refusa d'abord, prétextant les nécessités militaires et la dure vie des camps qui s'opposaient à ces entrevues, puis il finit par céder.

Ceci est le récit de Kinnamos, qui est tout à fait en opposition avec ce que nous savons d'autre part sur le caractère très loyal du roi Baudouin. Suivant Guillaume de Tyr, l'empereur aurait fait répondre à celui-ci, dès son arrivée à Antioche, d'avoir à venir aussitôt que possible auprès de lui, dépêchant à sa rencontre un très illustre personnage de sa cour, un apocrisiaire (1).

Le roi latin sortit d'Antioche au milieu des instances des habitants, qui le suppliaient d'adoucir les conditions relativement onéreuses imposées par l'empereur à leur prince. Lui leur promettait tout ce qu'ils demandaient. « Avec lui, dit Grégoire le Prêtre, marchaient les Frères du Temple, cette milice du Christ, et aussi Renaud, qui avait fait sa paix avec l'empereur. »

Quand le roi Baudouin, ce moderne successeur des David et des Salomon, fut tout proche du camp impérial, qui n'avait pas encore quitté Massissa, l'empereur envoya encore à sa rencontre de moindres seigneurs de sa cour deux par deux, puis au fur et à mesure de sa marche en avant, de plus grands, puis de plus grands encore, toujours par paires, deux membres de la famille impériale enfin, deux neveux à lui, le

(1) Ou envoyé impérial.

protosébastos Jean Comnène (1) et le protostrator (2) Alexios, fils du fameux grand domestique Jean Axouch, un des principaux personnages de l'empire, marié à la nièce du basileus, fille de son frère aîné Alexis. Avec ces deux hauts hommes chevauchaient à l'encontre du roi beaucoup d'autres dignitaires byzantins. Tous firent à Baudouin le plus bel accueil et l'amenèrent à grande joie au basileus. Celui-ci le reçut de la manière la plus gracieuse, paraissant ravi de rencontrer ce neveu par alliance qu'il ne connaissait point encore. Toutefois un incident faillit tout brouiller dès le début. Baudouin, après avoir passé fièrement au travers des rangs de la garde scandinave et du corps des manglabites, et pénétré jusque dans l'enceinte réservée, ne voulut descendre de cheval qu'à la porte du pavillon impérial, quoique l'usage fût que le seul basileus avançât jusque-là (3).

(1) Celui-là même qui s'était fait battre par Renaud de Châtillon à Chypre.
(2) Grand écuyer.
(3) Personne, en dehors du basileus, n'avait le droit de s'avancer à cheval aussi loin dans le palais ou le pavillon impérial. On

Cette prétention déplut fort à l'empereur. Il donna cependant au roi le baiser de paix et fit asseoir à ses côtés le successeur de David sur un siège très orné, moins élevé toutefois que son trône à lui. De même il reçut à grand honneur les barons francs de la suite royale, s'informant gracieusement de chacun, témoignant par son attitude de la joie de les voir.

Bien qu'empreint de cordialité, l'accueil du basileus demeura plein d'une réserve que Kinnamos attribue à l'attitude hautaine du roi à son arrivée. « Manuel omit à cause de cela, dit-il, beaucoup d'honneurs. » Baudouin comprit enfin qu'il faisait fausse route et renonça à poursuivre ses desseins contre Renaud. « Se faisant, dit fort bien Lebeau, un mérite de la nécessité, il prit le parti d'agir de bonne foi en faveur des gens d'Antioche, qu'il présenta comme des suppliants à Manuel. » Ceux-ci imploraient surtout une diminution sur le nombre

---

eut toutes les peines du monde à empêcher Jean Paléologue de faire son entrée à cheval au concile de Florence. Il s'y fit porter à bras, pour ne pas toucher terre comme le reste des assistants.

des troupes que le basileus exigeait d'eux, nombre trop considérable pour leurs moyens si diminués. Manuel fit des concessions sur ce premier article (1). Il demeura par contre intraitable sur cette question du patriarche grec, qui froissait tant l'orgueil franc. Néanmoins les envoyés du peuple d'Antioche s'en allèrent satisfaits. Naturellement les historiens grecs affirment que Baudouin fut reçu par le basileus au nombre de ses vassaux, des « esclaves (2) de l'empire romain », suivant la formule consacrée à Byzance.

Dix jours s'écoulèrent de la sorte en entretiens privés ou en audiences publiques, en repas de gala aussi à la table impériale. Le jeune roi franc sut gagner chaque jour davantage l'amitié de son tout-puissant oncle et suzerain par le charme de son commerce, la grâce de ses manières. Manuel l'aima comme un fils.

(1) Kinnamos raconte plus loin (p. 285) que Manuel usa de ce droit de réclamer l'assistance de ses vassaux latins. Il envoya Jean Kontostéphanos en Syrie réclamer de Baudouin III, de Châtillon et de Thoros, des troupes de secours contre Rhodes.
(2) « Δοῦλοι », ou encore « Esclaves du despote philochrist ».

Toute la cour raffolait de lui. « Depuis sa mort, s'écrie un chroniqueur byzantin, on parle encore bien de lui jusqu'à aujourd'hui chez les Grecs. »

Le roi Baudouin tenait à se rendre agréable à son puissant voisin. Ne pouvant aller attaquer l'indomptable Thoros dans ses repaires des montagnes, il résolut d'user de l'influence que lui donnaient une religion et des intérêts communs pour amener celui-ci à composition, car le dynaste arménien manifestait à nouveau des velléités d'indépendance. La séduction que le jeune souverain exerçait sur tous s'exerça de même sur le farouche prince des monts de Cilicie. Thoros, habilement circonvenu, consentit à venir trouver Baudouin, qui réussit à pacifier définitivement cette âme altière. « Tant lui parla, qu'il l'amena devant l'empereur à merci. Il rendit à l'empereur les châteaux que celui-là voulut, puis lui fit hommage lige et reçut amour et grâce de l'empereur. » Les historiens arméniens ajoutent quelques détails : Thoros, qui avait apporté de magnifiques présents au basileus, reçut le titre palatin fort prisé de pansébastos. Tous ses États de Cilicie lui furent de même confirmés sous la suzeraineté impériale. D'ennemi de l'empire, il devenait un feudataire dévoué.

Naturellement les Arméniens racontent les choses tout en faveur de leur héros. « Une foule de chrétiens, dit Grégoire le Prêtre, accourus vers Manuel pour le motif qui a été énoncé plus haut, le supplièrent avec les plus pressantes instances de calmer la colère qui l'animait contre Thoros. Comme les Grecs nourrissaient des sentiments de haine contre les Arméniens, quoiqu'ils n'eussent rien à leur reprocher, il n'accepta qu'en apparence la médiation et la garantie du roi de Jérusalem et des Frères du Temple. Lorsque Thoros se fut rendu auprès de lui, il fut d'abord exclu de sa table. Mais la Providence voulut qu'il plût à Manuel, qui, charmé de sa bonne mine, adressa de vifs reproches aux calomniateurs qui avaient noirci Thoros. Le prince arménien, étant resté au camp quelques jours, voulut s'en retourner chez lui. L'empereur y consentit, à condition qu'il reviendrait immédiatement. Thoros, réfléchissant judicieusement aux besoins de l'armée, ramena un convoi considérable de brebis, de buffles et de chevaux arabes; puis il retourna auprès de l'empereur et lui offrit ces présents venus dans un moment si favorable. Manuel, étonné et enchanté de voir une telle abondance de vivres, loua hautement la prudence de Thoros en présence des grands officiers du camp et des ennemis du prince arménien; il le gratifia de trésors d'or et d'argent et d'un vêtement d'honneur et lui pardonna du fond du cœur sa rébellion. Thoros, de son côté, lui promit soumission pleine et entière, et il tint parole (1). »

La paix avec Thoros était un bienfait pour l'empire. « Les Grecs, dit l'évêque de Tyr, en aimèrent encore davantage le roi, qui prit

(1) Nicétas Akominatos Choniates, qui laisse percer la haine vouée par les Grecs aux Arméniens, assure au contraire que Thoros, qu'il représente comme un homme d'une profonde astuce, abusa l'empereur par la duplicité de son langage, et trahit ensuite ses serments.

congé de l'empereur pour retourner en sa terre. » L'empereur lui fit des dons magnifiques, ainsi qu'à toute sa compagnie. Baudouin, pour lui seul, reçut vingt-deux mille besants hyperpres en or monnayé, — c'était la monnaie courante de l'empire de Roum à cette époque, — et trois mille marcs d'argent, sans compter les étoffes de soie, les vêtements d'apparat, les vases remplis de gemmes et de pierres précieuses. Puis les deux princes se séparèrent, le basileus toujours plus enchanté de l'époux qu'il avait donné à sa nièce. Sur la route, Baudouin trouva venant à sa rencontre son frère le comte de Jaffe et d'Ascalon et Hugues d'Ibelin, nouvellement racheté de sa prison chez les Turks. Eux aussi allèrent saluer l'empereur, puis les princes francs firent tous ensemble leur entrée dans Antioche.

Après avoir célébré les fêtes de Pâques de l'an 1159, après avoir, au dire de Grégoire le Prêtre, passé sept mois entiers au camp de Massissa, le basileus, quittant enfin la Cilicie avec sa belle armée, franchissant les crêtes de l'Amanos, parut devant Antioche. Il avait fait annoncer au prince Renaud son arrivée par un fonctionnaire de haute importance, le grand logothète du drôme Jean Kamatéros, celui-là même qui devait jouer plus tard un rôle considérable jusque sous le règne du terrible tyran Andronic (1). Les historiens grecs racontent qu'on avait fait dans cette ville tous les efforts pour dissuader le basileus de cette entreprise. Naturellement on y redoutait fort sa venue, surtout l'entrée de ses troupes. On fit à cette occasion courir les bruits les plus capables de l'en détourner. On lui rappela l'attitude insolente de la population de cette grande ville, qui avait obligé son père le basileus Jean à une prompte retraite. On l'avertit que des conjurés avaient juré de l'assassiner quand il ferait sans armes son entrée solennelle. Manuel était brave. Méprisant ces sinistres augures, comptant sur sa fidèle garde varangue, sur le courage de ces gigantesques soldats scandinaves qui

---

(1) Sur la famille des Kamatéros et sur ce Jean Kamatéros en particulier, voy. *Hist. gr. des Croisades*, t. II, p. 334.

l'entouraient incessamment (1), il se présenta résolument aux portes de la cité latine. Il avait la tête ceinte du stemma ou diadème impérial à pendeloques.

Le roi Baudouin, son frère le comte Amaury, le prince Renaud, tous les autres seigneurs francs, montés sur leurs plus beaux chevaux, revêtus d'éclatants costumes de soie, sortirent à la rencontre de leur puissant visiteur. Le vieux patriarche Amaury les suivait avec son innombrable clergé, chacun ayant endossé sa plus belle chape, chacun portant cierges allumés, crucifix, croix gemmées et ornées, évangéliaires aux couvertures métalliques étincelantes de pierreries, reliques les plus vénérées. Tous, prêtres, clercs et moines chantaient des hymnes de circonstance (2). Les cloches et les trompettes sonnaient, ainsi que les « tabors » et les timbres. Les places, les rues étaient semées de rameaux verts et de fleurs. Aux fe-

(1) Grégoire le Prêtre dit que Manuel, avant de faire son entrée, exigea des otages.
(2) Les auteurs ne disent rien ici du patriarche grec imposé par les récentes conventions.

nêtres, aux balcons, aux sommets des toits on avait exposé des guirlandes de verdure, les plus beaux tapis, les plus somptueuses étoffes. En cette allégresse universelle, en cette cité transformée en un vaste jardin, la princesse Constance était certainement présente avec ses dames, chevauchant leurs haquenées syriennes.

Les princes francs et leur suite éblouissante conduisirent à travers Antioche ainsi fleurie et gaiement parée, au milieu d'une foule immense, mélange inouï de tous les peuples d'Asie et d'Europe, le basileus jusqu'au moûtier Saint-Pierre, l'antique cathédrale, l'église patriarcale d'Antioche, dédiée au prince des Apôtres, elle aussi admirablement ornée, temple auguste où l'apôtre Pierre avait siégé comme premier patriarche. On y montrait à la vénération des fidèles, dit Willebrand d'Oldenbourg, qui y vint en 1211, son siège épiscopal et la prison où il fut renfermé (1). On y

---

(1) Ce qui est une erreur, car Pierre fut captif à Jérusalem.

vit plus tard son sarcophage, don de l'empereur Frédéric Barberousse.

Le patriarche, tout son clergé, mitres en tête, croix en main, reçurent le basileus schismatique sur le seuil du temple au chant solennel des hymnes. Manuel était de haute stature, légèrement voûté, de beauté mâle et gracieuse à la fois. Son regard était plein de douceur, de bonté, son teint vif et animé. C'était un superbe cavalier. Il portait par précaution, à cause des menaces qu'il avait reçues, une double cotte de mailles dissimulée sous un justaucorps de drap d'or, raide à force d'être cousu de perles et de pierreries. La pesanteur de ce vêtement éclatant n'empêcha pas le basileus de sauter à bas de son destrier, devant le porche de la cathédrale, aussi légèrement que l'eût fait un cavalier sans armes. Le *Te Deum* achevé, il remonta de même avec une merveilleuse prestesse en présence de la foule pâmée d'admiration pour la splendeur de son accoutrement, l'agilité de ses allures, la grâce de son maintien.

C'était en une journée du mois de mai 1159. De la cathédrale, à travers cette multitude, à travers les fleurs, les rameaux, les parfums des aromates d'Arabie et des encensoirs incessamment agités, au bruit de mille fanfares de tous les instruments de musique de l'Occident et de l'Orient, le cortège impérial et royal gagna le palais du prince d'Antioche. La foule était composée de cent races diverses. Tous les chroniqueurs insistent sur cette variété infinie. On était accouru de partout pour jouir du spectacle de cette pompe unique. « Vous auriez pu voir à la fois, s'écrie le Grec Nicétas Akominatos en son style ampoulé, le brigand d'Isaurie, le Syrien rapace, le pirate cilicien, non pas un, mais tous, et à leur côté le cavalier italien porte-lance suivant cette pompe à pied ! »

Le roi Baudouin, couronne en tête, mais sans autre attribut de la souveraineté, lui aussi sans armes, chevauchait seul à longue distance du basileus. Le prince Renaud, le comte Amaury et les autres seigneurs francs tant d'Antioche que du royaume, sans armes, à pied, se hâtaient aux côtés de Manuel, la main à l'étrier et aux courroies de sa selle, lui faisant escorte. C'était le plus grand honneur qu'un prince pût rendre à un royal visiteur de remplir ainsi auprès de lui les fonctions d'écuyer. Le bataillon varangue, ces fantassins gigantesques « hauts comme des palmiers », aux cheveux blonds, aux haches brillantes, aux immenses boucliers, la plus magnifique garde qui fût jamais, environnait le basileus de toute part, lui faisant un rempart infranchissable. L'admiration populaire était sans bornes pour cet impérial cavalier, paraissant un dieu antique dans l'éclat de sa gloire, qu'escortaient si humblement d'aussi illustres personnages. Telle fut cette entrée triomphale, étrange entre toutes, d'un basileus byzantin venant visiter dans une des plus célèbres, des plus antiques cités de jadis de son immense empire, son vassal latin, successeur dans Antioche des émirs sarrasins. Jadis déjà, plusieurs années auparavant, Raymond de Poitiers, prince d'Antioche, et Josselin d'Édesse avaient, dans des

CHAPITRE III.

circonstances analogues, couru de même à pied aux côtés de la monture du basileus Jean Comnène, le père de Manuel, lors de l'entrée de ce prince dans cette même cité. Théodore Prodrôme, le poète parasite de la cour des Comnènes dont j'ai parlé déjà, nous a laissé un long et malheureusement insignifiant poème sur cet épisode glorieux si pittoresque du règne du basileus Manuel (1). L'intarissable versificateur décrit en son style prétentieux au point qu'il en devient insupportable, l'exaltation de son glorieux maître, l'humiliation des princes latins, les épisodes multiples de cette entrée splendide. Hélas! telle est la banalité voulue de cette plate élucubration que, parmi ces trois cent cinquante vers, il ne s'en trouve pas un qui nous fournisse quelque détail précieux ou simplement inédit. Chacune des phrases de ce récit pourrait s'appliquer aussi bien à n'importe quelle entrée de souverain dans n'importe quelle capitale orientale de cette époque.

(1) Publié par feu E. MILLER à la p. 319 du t. II des *Hist. gr. des Croisades.*

Le séjour du basileus à Antioche dura huit jours. Manuel logeait au palais. « Les nobles personnages, dit l'archevêque de Tyr, se divertirent fort, prenant plaisir aux bains et autres délices du corps. » « Telle fut l'humilité déployée par les Latins, s'écrie fièrement le Grec Kinnamos, uniquement occupé à célébrer la gloire de son héros, telle fut leur courtisanerie que, durant tout le temps que Manuel fut l'hôte du prince Renaud, dans tous les tribunaux francs d'Antioche, la justice fut rendue au nom du seul basileus, les juges du prince ayant momentanément cessé de siéger (1). » Il ne faut voir ici, en réalité, qu'un acte de pure courtoisie de vassal à suzerain.

L'armée byzantine, très nombreuse, campait en dehors de la ville. Durant ces huit jours, les fêtes, les réjouissances ne cessèrent point. Le basileus fit distribuer à la foule antiochitaine des sommes énormes, d'immenses largesses, souvenir des anciens congiaires romains. Cheva-

---

(1) *Hist. gr. des Croisades,* t. II, p. 278.

liers francs et patrices byzantins, sous ce ciel de feu, sous ce soleil étincelant de Syrie, se mesurèrent en d'éclatants tournois, et l'on vit, en de vertes prairies sur les rives de l'Oronte, sous les noirs regards des Sarrasins et des Arméniens stupéfaits, renaître les plus brillants décors des joutes guerrières des bords de la Seine ou de la Loire. Les Francs se piquaient de supériorité en ces beaux exercices, dont ils étaient les initiateurs. Manuel fut heureux de leur montrer que la noblesse byzantine, archontes et jeunes patrices, ne leur cédait en rien dans ces luttes courtoises pas plus que sur les champs de bataille. Il choisit parmi les officiers de sa maison et les jeunes chefs de l'armée les plus hardis cavaliers, leur fit endosser d'admirables vêtements et veilla à ce qu'ils fussent armés de toutes pièces somptueusement. Ce fut aux bords de l'Oronte, sous les gais pavillons chamarrés d'or et de soie, sous les yeux des beautés d'Antioche costumées à la franque, avec ce je ne sais quoi d'oriental qui donnait à ces belles créatures un charme de plus, ce fut, dis-je, un spectacle sans pareil. Le basileus en personne, en costume éblouissant, souriant et gracieux, le manteau relevé par une fibule dégageant le bras droit, caracolant sur un cheval tout phaléré d'or, à la crinière ornée, au col nerveux, plein de feu et d'ardeur, conduisait le quadrille des patrices d'Orient, sous les yeux de la princesse d'Antioche. Renaud de Châtillon, sur un cheval blanc comme la neige, vêtu d'une longue et superbe tunique ouverte sur le devant, coiffé d'une sorte de tiare tout en or, paradait à la tête des chevaliers latins, tous admirables de martiale élégance, armés de lances sans fer. Longtemps, sous les regards de cette foule brillante, au bruit argentin des eaux du fleuve, les deux partis se disputèrent la victoire. Nicétas Akominatos Choniates a longuement décrit ce combat fertile en magnifiques exploits. Ce fut le basileus Manuel qui finit par l'emporter. Il abattit à lui seul deux chevaliers francs parmi les plus braves. Le peuple antiochitain admira bruyamment sa vaillance.

CHAPITRE III.

Puis le basileus exprima le désir de chasser dans la montagne, probablement sur les flancs de la vallée de l'Oronte. Le roi et les princes lui firent escorte. Le jour de l'Ascension, le 21 mai, Baudouin éprouva un grave accident. Voulant faire montre devant son hôte de ses qualités de parfait écuyer, il fit exécuter à son cheval divers exercices. C'était une bête rétive, à la bouche très dure. Le roi, pour la lancer au galop, lui donna de l'éperon. Le cheval commença par s'emballer, puis s'abattit soudain des quatre pieds sur une roche. Le roi, rudement projeté, demeura gisant, un bras brisé. Le basileus, aussitôt prévenu, accourut désolé. Alors les patrices de sa suite assistèrent à un spectacle tel qu'ils n'en avaient jamais vu, qui les plongea dans la stupeur. Le basileus, l'isapostole, l'égal de Dieu sur la terre, n'avait pas craint de descendre précipitamment de son cheval et de s'agenouiller auprès du roi latin ! Manuel avait étudié la chirurgie et en possédait, paraît-il, les notions principales. Aidant Baudouin à se relever, il posa lui-même le premier appareil. Les gens de sa cour ne pouvaient en croire leurs yeux d'une semblable dérogation à l'étiquette. Quand le pansement impérial fut terminé et que l'auguste patient eut pris quelque repos, les souverains rentrèrent dans Antioche. Tant que le roi fut souffrant, Manuel le visita chaque jour, le pansant de ses mains, rajustant l'appareil, appliquant les onguents. Les chroniqueurs affirment que la guérison fut rapide. Ils ont négligé de dire si le bras fut convenablement remis.

Cependant, Manuel n'était point venu si loin dans le but unique d'humilier quelques chevaliers francs au jeu du tournoi occidental. Le basileus et le roi étaient convenus d'aller ensemble, à la tête de leurs armées, attaquer Nour ed-Dîn, cet ennemi vraiment infatigable, qui ne laissait pas une heure de répit aux guerriers francs de Syrie. Les princes latins désiraient ardemment en finir avec ce terrible atâbec, cet adversaire éternel sans cesse envahissant la frontière, menace constante pour leur tranquillité, pour celle de la principauté d'Antioche surtout, que ses incursions tenaient dans de continuelles alarmes. Ils espéraient surtout réduire Alep, sa capitale. Malheureusement, il n'y avait entre Latins et Grecs aucune amitié vraie, mais seulement haine et jalousie secrète. Nour ed-Dîn était le plus fin des adversaires. Il comprit qu'il fallait paraître plier devant l'orage qui se préparait.

Dès que le roi de Jérusalem fut en état de monter à cheval, les princes syriens et leur hôte impérial sortirent d'Antioche aussi solennellement qu'ils y étaient entrés, au bruit des cloches, des fanfares, des trompes et des petits tambours. Les Frères du Temple, cette précieuse milice, palladium des établissements chrétiens de Syrie à cette époque, Thoros d'Arménie et ses contingents, accompagnaient l'empereur Manuel, le roi Baudouin, le prince Renaud. Tous, animés en apparence de la plus généreuse ardeur, avaient juré de mourir, sinon de ramener les innombrables captifs chrétiens qui gémissaient dans les prisons de l'atâbec à Damas et à Alep, attendant une rançon qui ne venait jamais. Toute la Syrie chrétienne exultait à l'ouïe de cette ligue formidable. Le monde sarrasin tremblait. Les princes prirent la direction d'Alep (1).

L'habileté de Nour ed-Dîn déjoua presque instantanément ce grave danger. Après un jour de marche, l'armée coalisée, traînant à sa suite l'immense parc de siège du basileus, d'énormes catapultes destinées à jeter bas les murailles des cités sarrasines, vint camper au fameux gué de l'Oronte, dit de la Baleine (2). On était là à quelques heures seulement de la capitale de l'atâbec, cette blanche Alep étendue mollement au pied de sa citadelle, parmi les vastes jardins arrosés par le Kowaïk. En ce lieu

(1) Voy. dans la *Chronique* ou plutôt compilation arabe connue sous le nom de *Livre des deux jardins* (*Hist. or. des Croisades*, t. IV, p. 102), le récit de l'arrivée de l'empereur avec son armée à Moroudj-ed-Dibadj, des mesures prises par Nour ed-Dîn pour parer à cette redoutable invasion, des ambassades et des cadeaux échangés entre les deux princes. « On racontait, dit le chroniqueur arabe, que le prince des Francs avait traité avec l'empereur des Grecs et qu'une trêve avait été conclue entre ces deux princes. Puisse Dieu refouler la méchanceté de chacun de ces princes dans leur cœur et leur infliger le châtiment dû à leur trahison et à leur perfidie ! »

(2) *Vadum Baleneæ* ou plutôt *Balani*.

si fréquemment mentionné dans l'histoire des Croisades (1), on vit arriver aussitôt en grand appareil de hauts personnages sarrasins étrangement enturbannés, vêtus à l'orientale, de blanc, de soie et d'or. C'étaient des cheiks, des émirs, des ulémas, qui venaient en ambassade de la part de Nour ed-Dîn. L'atâbec, rentré dans sa capitale, de nouveau fort malade, désespérant de résister à toutes les forces chrétiennes réunies contre lui, offrait, pour obtenir le renouvellement des trêves, les conditions les plus larges. Avant tout, il proposait de remettre au basileus la totalité des captifs chrétiens qu'il tenait depuis de longues années dans les geôles d'Alep. La délivrance de cette foule de malheureux était, il le savait bien, un des buts principaux de cette campagne. Les princes francs avaient

---

(1) M. E. REY, *Hist. des pr. d'Antioche* (*Rev. de l'O. L.*, t. IV, p. 372), croit retrouver ce *Vadum Balani* dans une dépression située sur la route de Djiser-esch-Schogr à Edlip, un peu à l'ouest de cette ville. C'est une plaine encaissée portant aujourd'hui le nom de Ouady-Bala et qui, dans la carte de Rousseau, est appelée Belâa.

promis à leurs sujets de ne pas laisser souffrir davantage dans d'infinies tortures tant de milliers de leurs frères. Nour ed-Dîn proposait d'en rendre plus de six mille, Grégoire le Prêtre dit même dix mille, en majeure partie gens du commun, la plupart, au dire des chroniqueurs grecs, gens de pied de France et principalement d'Allemagne, infortunés débris des ultimes désastres de la seconde Croisade, bien plutôt, suivant moi, victimes des incessants combats livrés depuis dix ans sur la mouvante frontière orientale contre les troupes de l'atâbec, surtout lors de la fameuse déroute de ce même gué de Jacob, treize ans auparavant. Parmi ceux de ces prisonniers qui étaient de marque, on distinguait entre tous deux illustres victimes : le grand maître du Temple, Bertrand de Blanquefort, pris précisément au gué de Jacob, à la grande bataille du lac Merom, le 19 juin 1157, et le comte Bertrand, le fils naturel d'Alphonse Jourdain, lui-même fils cadet du fameux comte de Saint-Gilles et de Toulouse. Ce Bertrand avait été pris par ruse à

Arimah en 1149, avec sa sœur. Celle-ci, d'après la légende, serait devenue la femme de Nour ed-Dîn et lui aurait donné un fils. Outre ces deux notables personnages et cette foule populaire, Nour ed-Dîn offrait de restituer une foule d'autres hauts hommes et de chevaliers, feudataires des diverses principautés franques de Syrie. Les historiens grecs ajoutent que l'atâbec promettait de suivre et d'aider le basileus de Roum dans toutes les guerres que celui-ci entreprendrait dorénavant en Asie, c'est-à-dire contre le sultan seldjoukide d'Iconium ou ses lieutenants. Naturellement, à l'encontre des Grecs et des Latins, les historiens arabes affirment que les premières ouvertures vinrent de Manuel et des princes francs, anxieux d'obtenir ce qu'ils désiraient si vivement, sans être forcés de recourir aux armes.

Manuel ne comptait guère sur la promesse de l'atâbec de l'aider à vaincre le Seldjoukide, mais diverses considérations fort graves, peut-être bien aussi le désir sincère de délivrer tant d'infortunés chrétiens, firent que lui et ses alliés acceptèrent les propositions de Nour ed-Dîn, se résignant de suite à cette paix un peu prompte et honteuse après un si beau départ. De somptueuses ambassades, de non moins somptueux cadeaux furent échangés entre Alep et le camp chrétien. Kinnamos, parmi ceux offerts par le basileus à l'atâbec, mentionne des étoffes de brocart de diverses sortes en nombre immense, des perles de prix, un pavillon ou tente d'apparat également en étoffe de brocart d'une valeur considérable, de superbes chevaux du Djebel. Quant aux présents envoyés par Nour ed-Dîn au basileus et au roi Baudouin, ils consistaient certainement dans les plus beaux produits des bazars alors si riches d'Alep et de Damas : verres émaillés, cuivres damasquinés surtout, admirables échantillons de ces industries alors à leur apogée, objets d'orfèvrerie aussi, parfums et aromates.

Puis les prisonniers chrétiens amenés en longues files au camp chrétien, lavés, vêtus à neuf par les soins de l'atâbec, furent livrés à leurs frères. Ce dut être un de ces spectacles dramatiques si communs à cette époque cruelle et tourmentée, spectacle touchant sur lequel nous n'avons, hélas! aucun détail. Que de scènes de joie! Que de surprises douloureuses aussi! Quelle allégresse après tant de malheurs! Que de pauvres visages, depuis si longtemps crispés par la douleur, mouillés aujourd'hui de larmes joyeuses!

Après que les trêves eurent été formellement renouvelées, l'armée chrétienne reprit la route d'Antioche, laissant Nour ed-Dîn en paisible possession d'Alep. L'unique bénéfice de ce puissant effort était la mise en liberté de quelques milliers de captifs. Cet avortement pitoyable si rapide de cette grande entreprise détermina, dans le monde chrétien, parmi les Francs de Syrie surtout, une explosion d'indignation. Ce n'est que par les chroniqueurs grecs que nous en connaissons la cause vraie. Au camp de l'Oronte, Manuel avait reçu les plus graves nouvelles de sa capitale. On lui mandait la conspiration du fameux Théodore Stypiote et de son complice Pyrrhogeorgios (1)! L'égoïste souverain n'hésita pas à sacrifier les intérêts de la chrétienté à ceux de sa couronne. C'était d'une politique peu honorable, mais certainement très pratique. La libération des captifs servit à masquer quelque peu l'ignominie de cette retraite avant toute lutte. Grégoire le Prêtre, chroniqueur arménien, ne sait, naturellement, assez s'indigner de ce qu'il appelle cette trahison lâche des Grecs. Il dit que le départ subit de Manuel désespéra les chrétiens de Syrie, qu'on le supplia de demeurer au moins trois jours devant Alep, mais qu'il ne voulut rien entendre. Le même écrivain ajoute que Nour ed-Dîn avait traité ses captifs avec la dernière rigueur, et que ces infortunés arrivèrent en pitoyable état, dans le plus affreux dénuement, au camp latin. Grégoire dit encore, avec grande exagération certainement, que sur dix mille prisonniers que l'atâbec avait promis de livrer, on n'en remit pas plus de cinquante à

---

(1) Voy. entre autres, *Hist. arm. des Crois.*, t. I, p. 190, note 2.

CHAPITRE III.

Manuel, qui s'en contenta, tant il avait hâte de s'en aller, et que les autres furent indignement retenus. Ce détail, que cet écrivain est seul à nous fournir, me semble peu conforme à la réalité des faits.

« Les Grecs, s'écrie le fougueux Arménien, se retirèrent pareils à des renards. » Manuel ne fut du reste pas long à s'apercevoir qu'il n'y avait pas de paix solide possible avec les infidèles. Malgré les trêves nouvelles, les fourrageurs de l'armée impériale furent, ce même jour, fort malmenés par des partis de coureurs sarrasins. On dit, il est vrai, que ceci se passa à l'insu de Nour ed-Dîn. Le basileus eut sa revanche dès la matinée du lendemain. A l'aube, il surprit ces rôdeurs dans une embuscade qu'il avait en personne disposée et eut la joie de les anéantir.

Débarrassé de cette tourbe d'adversaires gênants, le basileus voulut, sur la route du retour, vers Antioche, se livrer une fois de plus à son plaisir favori de la chasse. C'était dans cette région essentiellement montagneuse de la haute Syrie qui forme, entre le pays d'Alep et le territoire d'Antioche, la vallée de l'Oronte, contrée affreusement déserte et sauvage, chaos de rochers couverts de forêts qui séparaient la principauté d'Antioche de la Syrie Euphratèse proprement dite. « Imprudence dont la seule idée nous fait encore trembler, s'écrie Kinnamos en son langage apprêté, le basileus ne prit avec lui que six traqueurs pour débusquer les fauves ! » A peine ceux-ci avaient-ils fait quelques pas dans la brousse qu'une vingtaine de cavaliers sarrasins armés se montrèrent, cherchant à cerner la faible troupe. Le basileus était à quelque distance de ses hommes, qui, pour couper au plus court en évitant l'ennemi, se jetèrent à l'eau, franchissant l'Oronte à la nage. De son côté, Manuel, loin de se montrer troublé par le petit nombre de ses hommes, leur crie qu'il faut courir sus aux Sarrasins. Durant qu'ils hésitent, il précipite son cheval d'une course furieuse dans la direction des cavaliers ennemis. Comme il approche d'eux, il aperçoit de toutes les hauteurs une foule d'autres Arabes qui, au

CHAPITRE III.

grand galop de leurs chevaux, accourent se joindre aux premiers. Il n'en continue pas moins sa marche folle et se rue sur ses adversaires sans les compter. Il les met en fuite et les chasse vivement jusque dans un des repaires fortifiés qui abondaient en ces régions frontières. Naturellement Kinnamos ajoute qu'il joncha la terre de leurs cadavres. Je veux bien admettre ces prouesses du basileus, mais certainement il avait été rejoint par les siens, tandis que Kinnamos, uniquement désireux de chanter la gloire de son héros, semble admettre que lui seul, renouvelant les exploits des demi-dieux antiques, serait venu à bout de tant d'ennemis, un contre tous.

De retour au camp, le basileus, furieux de la traîtrise des infidèles, songea un moment à rompre les engagements pris avec l'atâbec, mais les nouvelles de Constantinople, de plus en plus mauvaises, le forcèrent à poursuivre sa retraite vers le Nord. Il y eut donc pour quelque temps, en cette année 1159 (1),

---

(1) Lebeau et Muralt donnent à tort la date de 1156.

une sorte de trêve bien momentanée entre les Latins, les Byzantins, les Arméniens d'une part, les sujets de Nour ed-Dîn de l'autre. La retraite des forces chrétiennes coalisées se fit à la vive joie de l'atâbec, car la marche de l'armée gréco-latine sur sa capitale l'avait grandement troublé. Les princes chrétiens reprirent, chacun avec ses contingents, le chemin de leurs États. Baudouin regagna sa sainte cité de Jérusalem, Renaud sa ville d'Antioche. Le retour de l'empereur fut plus mouvementé. Tout à la satisfaction d'avoir recouvré les forteresses de Cilicie et rétabli, du moins en apparence, dans Antioche, la suzeraineté impériale, laissant de côté la route ordinaire de Pamphylie, que son père, le basileus Jean, avait créée et constamment suivie dans ses campagnes asiatiques, Manuel ne craignit pas de prendre celle plus directe par les gorges de Podandos, principal défilé du Taurus, puis à travers les sauvages campagnes de Lycaonie. C'était en plein pays hostile, incessamment parcouru par les partis de cavalerie du sultan d'Iconium, Kilidj-Arslân II.

Ces audacieux guerriers turkomans firent à l'armée impériale une conduite fort pénible. Sans cesse repoussés, ils revenaient sans cesse à la charge, couvrant les forces grecques de leurs flèches meurtrières.

Manuel, très irrité par ces agressions qui humiliaient son orgueil, atteignit néanmoins sans encombre sa capitale. Il y fut reçu en triomphe par la population urbaine et alla en grande pompe remercier, dans le temple auguste des Blachernes, la Vierge toute sainte et le Dieu des victoires.

CHAPITRE IV

Renaud de Châtillon, au retour d'une expédition de pillage sur le territoire de l'ancien comté d'Edesse, est battu et fait prisonnier, en novembre 1160, par Medj ed-Dîn, frère de Nour ed-Dîn et son gouverneur à Alep. — Il est conduit enchaîné dans cette ville, où il demeure près de seize années. — Récit de cette douloureuse captivité. — Renaud, en 1164, voit arriver à Alep son beau-fils le prince Bohémond d'Antioche et les autres chefs chrétiens faits prisonniers à la déroute de Harem. — En 1176 enfin, Renaud parvient à se racheter. Il rentre dans Antioche, où règne son beau-fils Bohémond III, fils du premier mariage de sa femme, la princesse Constance.

Tout à la fin de l'année suivante 1160 (1), le 23 novembre, il arriva au prince Renaud une aventure terrible, qui devait le plonger durant de longues années dans le malheur et qui bou-

(1) En 1161 pour Kémal ed-Dîn, aussi pour Grégoire le Prêtre. Voy. RŒHRICHT, *Beitr. z. Gesch. d. Kreuzz.*, t. I, p. 320. Au mois de mars de cette année 1160, Renaud, du consentement de la princesse Constance, sa femme, confirma en qualité de prince d'Antioche, aux Frères du Temple, la vente de deux gastines à eux faite par Renaud II, seigneur de Margat : « *Datum per manum Gaulterii, capellani principis.* » (RŒHRICHT, *Regesta*, p. 91.) — Au mois de septembre précédent, toujours d'accord avec son épouse, le prince d'Antioche avait donné à l'Ordre de l'Hôpital divers biens voisins de la maison que celui-ci possédait à Laodicée. *Rev. de l'O. L.*, t. III, p. 53, n° 57.

leversa sa vie. Il devint dans un combat le prisonnier de Nour ed-Dîn. Voici comment les chroniqueurs, Guillaume de Tyr en particulier, racontent cet épisode tragique de la vie de notre héros : « comment li princes Renauz fut pris en bataille par les Turks. »

L'on menait vraiment à cette époque, entre Sarrasins et Francs de Syrie, la vie de combats perpétuelle. On n'y songeait guère qu'à exécuter les uns chez les autres de ces expéditions de pillage, de ces razzias de captifs et de toute sorte de butin qui constituaient en somme le grand moyen de s'enrichir, ou du moins de se ravitailler. En automne de cette année 1160, le prince d'Antioche apprit par ses espions que sur le territoire de l'ancien comté d'Édesse, en avant de l'Euphrate, dans la région d'Aïntab, entre les places fortes de Marach et de Tulupe, en de vastes plaines riches en d'abondantes pâtures, paissaient d'innombrables troupeaux. Les habitants, uniquement pasteurs, d'origine syrienne ou arménienne, chrétiens de religion, soumis au joug infidèle depuis la catastrophe de l'an 1147 qui avait mis définitivement aux mains des Sarrasins la cité d'Édesse, vivaient dans une entière sécurité, payant à leurs maîtres, des chefs turkomans installés dans les châteaux forts environnants, d'abondantes dîmes en nature, achetant la paix à ce prix. Renaud de Châtillon, dit l'archevêque de Tyr, estima qu'une expédition en ces parages lui rapporterait grand gain. Certes les trêves existaient entre Nour ed-Dîn et les princes chrétiens de Syrie depuis l'avortement de l'expédition contre Alep, mais Renaud n'était pas homme à s'arrêter à de pareils scrupules. Rassemblant prestement son monde pour mieux surprendre son ennemi, il se porta en hâte en ces régions lointaines des rives de l'Euphrate. Il y trouva les nombreux troupeaux qu'il cherchait. Les impies cavaliers francs eurent tôt fait de razzier ces riches campagnes de leurs coreligionnaires. En un temps bien court, ils eurent tout pris, tout saccagé (1). Déjà ils s'en retour-

(1) Renaud, dit Grégoire le Prêtre, étendit ses ravages jusqu'à la forteresse du katholikos appelée Djov ou Dzovk, ancien châ-

naient « à grande joie » à Antioche, heureux de ce rapide succès, ramenant un infini convoi de bétail avec toute sorte de butin. Malheureusement leur marche se trouva de suite énormément ralentie par ces immenses *impedimenta*, par ces milliers de bœufs, de moutons, de chameaux chargés des dépouilles des populations razziées. Cette abondance même devait être leur perte.

Sur ces entrefaites, le gouverneur d'Alep pour Nour ed-Dîn, frère de lait de l'atâbec, son principal favori et un de ses plus importants émirs, Medj ed-Dîn ibn el-Daya, que Guillaume de Tyr appelle Megredin, avisé de l'incursion foudroyante du prince d'Antioche, s'était incontinent jeté à sa poursuite avec un très fort parti de cavalerie légère (1). Près d'une localité que Kémal ed-Dîn nomme Ed-Djouma et Guil-

---

teau fort bâti au milieu du lac de Kharpert. Il y avait là un monastère arménien bâti en plein lac où, en 1125, le katholikos Krikorikos III était venu fixer sa résidence. Ce lac est aujourd'hui appelé par les Turks : Gueuldjuk, « le petit lac ».

(1) Michel le Syrien donne le chiffre probablement exagéré de dix mille cavaliers.

laume de Tyr Commi, entre K'écoum et Marach (1), les éclaireurs alépitains, guidés par des hommes de Châtillon faits prisonniers par eux, eurent tôt fait d'apercevoir, parmi les groupes de palmiers épars dans la plaine, l'immense campement des guerriers francs encombrés de ce mugissant bétail. Dissimulant ses troupes, Medj ed-Dîn tenta de dresser une embuscade, mais il fut vite découvert à son tour par les « espies » du prince d'Antioche. Voyant accourir la foule des soldats de l'Islam de blanc vêtus, Renaud et ses lieutenants comprirent que l'expédition était manquée. La partie était trop inégale entre les cavaliers alépitains, si nombreux, et les Francs, en bien plus faible quantité, occupés à convoyer ces milliers de bêtes dont le tumultueux cortège paralysait leurs mouvements. L'unique chance de salut était de courir au combat en sacrifiant de suite tout ce vivant butin. C'est ce que voulaient les plus prudents parmi les Francs. Malheureusement, d'autres

---

(1) « Cressum » et « Marès » dans Guillaume de Tyr.

ne purent se résoudre à renoncer à une aussi riche proie. Ils comptaient que la furie franque ici encore l'emporterait sur le nombre avec l'aide de Dieu. Longtemps on délibéra. Renaud, « qui estoit moult preux et hardi », était parmi ceux qui répugnaient le plus à toute idée de prudence. Il se rallia au parti le plus aventureux et résolut de ne pas abandonner le convoi.

Ainsi se passa cette veillée des armes. Au matin du nouveau jour, « veille de Sainte-Cécile, neuvième jour des kalendes de décembre », le 23 novembre de cette année 1160 (1), sous l'œil des contingents alépitains déjà rangés en bataille, les Francs tentèrent de reformer l'interminable convoi. Le prince d'Antioche n'avait que peu de monde avec lui, un millier d'hommes tant de pied que de cheval (2). On plaça le bétail entre deux files de cavaliers et on marcha droit à l'ennemi, qui s'était déployé en travers

---

(1) C'est la date définitive donnée par Rœhricht, *Gesch. d. K. J.*, p. 365. Voy. aussi *Hist. gr. des Croisades*, t. II, p. 358 D. M. Dulaurier dit le 22 novembre (*Hist. arm. des Croisades*, t. I, p. 198).

(2) Seulement cent vingt cavaliers et cinq cents fantassins, au dire de Michel le Syrien.

de la route. On n'avançait qu'avec une extrême lenteur. Presque aussitôt les cavaliers du désert fondirent sur le convoi, le couvrant à distance de volées de flèches, y jetant aussitôt un grand désordre; puis ce fut un violent corps-à-corps, les guerriers alépitains accablant à coups d'épée et de masse d'armes les chevaliers et les hommes de pied du prince d'Antioche, empêtrés au milieu de de ces troupeaux effarés. La bataille dura longtemps, entremêlée de furieux mouvements, les deux partis reprenant successivement l'avantage, mais la position des Francs, à chaque instant bousculés par les hordes de bétail épouvanté, était par trop inégale. Accablés par le nombre, beaucoup se mirent à fuir « laidement ». En vain Renaud, se jetant au plus fort de la mêlée, pareil au dieu des combats, cherche à les rallier. Il succombe à son tour. On le jette à bas de son cheval. Une meute d'adversaires, poussant des cris de triomphe, s'abat sur lui (1). On le désarme, on le lie

---

(1) Kinnamos a confondu Renaud avec Bohémond III, son suc-

étroitement, lui et les autres barons capturés avec lui. « Les cavaliers de Medj ed-Dîn en prirent trente, tous chevaliers, dit Michel le Syrien, et tuèrent quatre cents soldats francs. » Puis, enchaînés sur des chameaux, privés de leurs vêtements, sanglants, hideux, couverts de la poussière des combats, les mains liées derrière le dos, les malheureux partirent pour Alep, gardés par une escorte qui ne leur épargnait ni les huées, ni les coups, ni les outrages. Le sort des plus nobles captifs était horrible en ces luttes affreuses! Le plus grand prince, le plus brillant émir, une fois prisonnier, n'était plus qu'un vil objet aux mains de celui qui l'avait pris, fût-ce le dernier soldat de l'armée ennemie. Celui-ci devenait maître de chacun de ses mouvements, de sa vie aussi. Il pouvait, à son bon plaisir, l'assommer de coups, réclamer de lui les plus vils services. Si, la plupart du temps, cependant, il ne lui enlevait pas cette vie dont il disposait à son gré, c'est qu'il le conservait

cesseur, devenu également le prisonnier des Sarrasins quatre ans après, en 1164.

pour une riche rançon, son unique pensée. Le commerce des captifs de guerre était, dans ces étranges luttes des Croisades, l'objectif principal, le grand moyen d'enrichissement. Un prisonnier de marque pouvait devenir pour une famille, pour un groupe de combattants, le moyen d'une subite fortune.

Renaud d'Antioche et ses infortunés compagnons, nus sous leurs chaînes grossières, farouches, couverts de sang et de boue, ignominieusement juchés sur leurs tristes montures, firent dans Alep, la blanche capitale de l'atâbec, une de ces lamentables entrées si fréquentes en ces cités syriennes, en ces temps troublés. Medj ed-Dîn et ses cavaliers les précédaient triomphalement. Lentement le douloureux cortège de ces héros dépouillés défila à travers les rues étroites de l'immense ville, fendant péniblement les rangs pressés d'un peuple infini accouru pour se repaître de la vue de son plus redoutable, de son plus fameux ennemi misérablement réduit à merci. Qu'on s'imagine les hurlements de joie, les cris, les vociférations de cette multitude la plus brutale qui fut au monde, les injures crachées au visage de ces malheureux, les horions reçus, les pierres et la boue! Tous, en cette cohue asiatique rude et violente, derviches fanatiques et loqueteux, bandes de femmes sortant du bain, groupes d'enfants aux portes des écoles, juifs sordides du bazar, Bédouins du désert, tous guerriers ou marchands, pèlerins de la Mecque ou renégats honteux, tous jetaient l'ordure et l'insulte aux guerriers désarmés. On les mena ainsi jusqu'à leur geôle lointaine. On avait envoyé avertir de ce grand triomphe Nour ed-Dîn, occupé en ce moment à rassembler ses contingents à Damas pour aller attaquer le roi Baudouin. Nous ignorons quel accueil fit plus tard le prince d'Alep à ses nobles captifs. Malgré l'effroyable brutalité des mœurs du temps, le chevaleresque atâbec dut certainement tempérer par quelques procédés plus courtois la rigueur d'un traitement tellement dans les mœurs de l'époque, que ceux mêmes qui en étaient les victimes ne songeaient pas à s'en plaindre. C'était la loi de la guerre qui pouvait atteindre chacun, que chacun à son tour supportait avec résignation.

Et maintenant l'histoire se tait! Un vide immense, absolu, se fait sur la vie de notre héros durant son interminable captivité. Nous n'avons plus devant nous qu'un trou noir. Nous ne savons plus rien, hélas! sauf que le malheureux Renaud, ce géant des batailles, accoutumé à la libre vie des camps et du désert syrien, demeura près de seize années captif dans les terribles geôles d'Alep avant de parvenir à faire amasser par les siens la somme énorme réclamée pour son rachat. De sa vie misérable, de ses souffrances durant ces interminables années d'humiliation, nous ne savons pas un mot, sauf qu'un chroniqueur franc nous dit qu'il apprit « un peu de lettres », c'est-à-dire probablement qu'il s'efforça d'apprendre la langue arabe. Certainement avec sa nature indomptable il ne se découragea point. Certainement sa préoccupation unique, sa pensée fixe furent de chercher à se racheter, de correspondre à cet effet avec Antioche, Jérusalem, peut-être la France. Mais, je le répète, nous ne savons rien. Nous en sommes réduits aux conjectures. Quelle fut l'attitude de ses vainqueurs à son endroit, de Nour ed-Dîn en particulier? Voilà ce qu'on voudrait tant connaître. Probablement, petit à petit, la dureté, la sévérité initiales se relâchèrent. Cependant, à cette époque où le point d'honneur était inconnu, où nul ne se sentait engagé par la parole donnée à un infidèle maudit, dans cette cité d'Alep dont la terre franque, la terre de liberté, était si proche, alors qu'un temps de galop pouvait mettre le malheureux captif à l'abri derrière les murs d'une forteresse chrétienne avancée, une surveillance rigoureuse, constante, était très naturellement de rigueur pour ne pas laisser échapper une aussi précieuse proie. Donc, à aucun moment, à supposer du moins, ce que nous ignorons également, que Renaud n'ait pas été transféré plus loin dans l'intérieur (1), celui-ci ne dut jamais circuler en liberté sur parole

---

(1) Voy. p. 165, note 1.

dans les rues d'Alep. Toujours il dut occuper quelque cachot. Qui sait même si quelque tentative d'évasion, qu'avec sa nature indomptable il dut certainement rêver et préparer, même tenter peut-être, ne lui valut point par moments des surcroîts de rigueur? Nous aimerions à nous représenter son existence si dure, si affreusement douloureuse et humiliante, durant cette longue portion de sa vie. Amené jeune encore dans les prisons d'Alep, il en sortit homme déjà sur le déclin. Hélas! sauf que nous savons certainement qu'il ne désespéra jamais, nous ne pouvons que deviner ces longues, interminables journées, passées dans une sombre tristesse, dans une stupide inaction forcée, dans des espoirs de délivrance sans cesse renaissants, sans cesse détruits à nouveau. Nous le voyons couché dans sa sordide demeure, épiant jour après jour les pas du messager qui, pour la centième fois, vient lui annoncer qu'à Antioche on n'a pu encore réunir le nombre énorme de pièces d'or, de dinars sarrasins, fixé pour sa rançon, cherchant, pour tuer le temps, toujours aussi dans l'espoir invincible de la délivrance, de la vengeance, de la reprise de la lutte, à arracher à ses geôliers la connaissance de leur langue, connaissance si ardue pour les oreilles peu exercées d'un baron franc du douzième siècle, s'initiant à coup sûr à tous les secrets de la civilisation alors si avancée de ses mortels ennemis.

De temps à autre cette morne existence était coupée par de vives émotions, hélas! constamment douloureuses. C'était presque toujours, en effet, l'arrivée de nouveaux captifs venant grossir cette triste population de prisonniers chrétiens à Alep. En août 1164, circonstance véritablement tragique, Châtillon vit arriver dans la capitale de l'atâbec, dans le même ignominieux appareil que lui-même quatre ans auparavant, de bien illustres victimes, son propre successeur à Antioche, le jeune prince Bohémond III, le fils du premier mariage de son épouse, la princesse Constance. Avec celui-là les guerriers de Nour ed-Dîn ramenaient aussi en triomphe le comte Raymond le Jeune de Tripoli, le comte Josselin III d'Édesse, Hugues de Lusignan, le stratigos byzantin de Cilicie, bien d'autres encore. Seuls, parmi les princes chrétiens défaits en ce jour, Thoros d'Arménie et son frère Mélé avaient échappé au désastre de Harem, où tous ces grands chefs venaient de se faire prendre (1). Plus heureux que son infortuné beau-père, Bohémond, profitant de ce que le basileus Manuel se préparait, disait-on, à aller secourir Antioche, ce qui rendit Nour ed-Dîn plus accommodant (2), put, dès l'année suivante, après une captivité que Guillaume de Tyr dit avoir été très dure, se racheter pour la somme colossale de cent mille pièces d'or et retourner dans sa principauté, qui, en son absence, avait été administrée par les soins du roi. Plus tard

(1) Aussitôt après la prise de Renaud par les cavaliers de Nour ed-Dîn, le roi Baudouin III était accouru à Antioche pour y pourvoir à la défense de la principauté. Il avait fait régler le douaire de la princesse Constance et confié la baillie d'Antioche au patriarche Amaury.

(2) Nour ed-Dîn préférait savoir Antioche aux mains du faible Bohémond qu'en celles du puissant souverain de Roum. (RŒHRICHT, *Amalrich I*, p. 13.)

CHAPITRE IV.

il alla rendre visite à Constantinople à son beau-frère le basileus Manuel, qui, peu après la prise de Renaud de Châtillon, avait épousé en secondes noces sa sœur Marie (1). Manuel lui donna des fêtes superbes dans sa capitale splendide et lui fournit les subsides nécessaires au payement de sa formidable rançon. Quels sentiments atroces durent étreindre le cœur de Renaud à la vue de ce jeune guerrier qui lui rappelait des liens si doux, au moment de leur séparation surtout! Quelle douleur pour lui de demeurer en arrière après une captivité longue déjà de quatre années, qui devait, hélas! en durer près de douze encore!

Quand nous voyons le prince Bohémond se

(1) Manuel, veuf en 1158 de la princesse bavaroise Berthe de Sultzbach, belle-sœur de l'empereur Conrad de Hohenstaufen, devenue basilissa sous le nom d'Irène, après avoir été sur le point de s'unir à Mélissende de Tripoli, la cousine germaine de Baudouin III, avait épousé le 25 décembre 1161, à Sainte-Sophie, la princesse Marie d'Antioche, sœur de Bohémond III, fille de la princesse Constance et de son premier époux Raymond de Poitiers. Philippa, sœur de Marie, épousa cinq ans après, en 1166, le fameux Andronic Comnène, qui fut plus tard sur le trône de Constantinople le terrible tyran que l'on sait. (Voy. RŒHRICHT, *Amalrich I,* p. 28.)

racheter au bout d'un an et son beau-père Renaud de Châtillon ne pouvoir le faire qu'après plus de quinze, nous sommes en droit de nous demander si cette formidable réputation du plus redoutable fléau des infidèles, que ce dernier s'était faite par ses exploits, ne fut pas la raison vraie de cette interminable captivité plus encore que la difficulté de se procurer une aussi forte rançon, Nour ed-Dîn, puis son successeur, mettant volontairement toutes sortes d'obstacles à la mise en liberté d'un aussi dangereux adversaire. Ou bien faut-il croire que le fait d'être le beau-frère du puissant basileus de Roum, les démarches de celui-ci, la possibilité surtout d'emprunter à Manuel les sommes nécessaires pour son rachat, aient été là cause de la libération bien plus rapide de Bohémond ?

Quoi qu'il en soit, les seize terribles années finirent par s'écouler. Le temps, qui jamais ne s'arrête, marcha aussi pour le héros désarmé. Enfin, dans le courant de l'an 1176, le malheureux Renaud vit surgir l'aurore de jours plus fortunés (1). Par le dévouement de ses amis, qui ne s'étaient jamais lassés de recueillir les sommes exigées par ses geôliers, il put enfin se racheter au prix de cent vingt mille dinars sarrasins, vingt mille de plus que le prince Bohémond. Quelle fortune un tel monceau de pièces d'or devait représenter à cette époque! C'était la rançon d'un royaume. Les comtes de Tripoli et d'Édesse, pris en 1164 avec Bohémond et qui n'avaient pu être délivrés en même temps que celui-ci, payèrent, le premier quatre-vingt mille pièces d'or (2), le second cinquante mille seulement (3). Telle

(1) Renaud ne paraît pas avoir quitté Alep durant toute sa captivité, témoin ce passage de l'ouvrage du cadi Ibn-Cheddad, surnommé Behâ ed-Dîn (*Hist. or. des Crois.*, t. IV, p. 188) : « Le chef des Francs, le prince Arnault (Renaud), avait été racheté à Alep, où il était retenu prisonnier depuis le temps de feu Nour ed-Dîn. »

(2) Cent cinquante mille, suivant Ibn el-Athîr, plus mille captifs musulmans délivrés. Voy. RŒHRICHT, *Amalrich I*, p. 13.

(3) Josselin III d'Edesse fut grandement aidé pour sa libération par sa sœur la comtesse Agnès de Courtenai, alors mariée à Renaud de Sidon, son quatrième époux, ex-reine de Jérusalem comme veuve en secondes noces du roi Amaury, mère par conséquent du roi Baudouin IV, en outre veuve en premières noces de Baudouin, seigneur de Marach, et en troisièmes de Hugues d'Ibelin et de Rames.

était la réputation du prince Renaud, du terrible « Arnaout », telle la terreur superstitieuse que son audace fabuleuse, sa furie guerrière avaient inspirée aux populations musulmanes de Syrie, que le fameux Sa'd ed-Dîn-Koumouchtékin, originaire d'Occident, vizir du sultan Mélik-Saleh, fils et sucesseur de Nour ed-Dîn, qui négocia cette grande opération de rachat, fut accusé par la voix publique de trahir, en faveur des chrétiens, les intérêts de l'Islam et d'être demeuré secrètement attaché de tout son cœur à la religion de son enfance. Bref on lui fit un si grand crime d'avoir remis en liberté de pareils captifs, un surtout, si dangereux pour les enfants de Mahomet, que Mélik-Saleh le fit périr.

Quelle joie profonde mêlée d'une infinie mélancolie dut étreindre le cœur du héros enfin délivré, quand il dit adieu à l'horrible geôle où lui, le fier baron, l'invincible chevalier, avait dû courber l'échine seize années durant devant ces valets sarrasins, fils de chiens vomis par l'enfer, préposés à sa garde ! Avec quelle âpre allégresse, avec quelle indicible soif de vengeance surtout il dut voir, au premier soir de sa liberté rendue, disparaître à l'orient les coupoles blanches et les blancs minarets de cette capitale exécrée où il avait tant souffert! Quand il rentra dans sa chère Antioche, qu'il avait quittée presque jeune encore, du moins dans la force de l'âge, il devait toucher au cap mélancolique de la cinquantaine (1). Hélas! il revenait veuf et seul dans cette cité guerrière où, plus de vingt ans auparavant, il avait un jour fait son entrée, radieux fiancé d'une haute princesse.

Deux longues phases de la vie de Renaud de Châtillon étaient aujourd'hui terminées : une première, éclatante autant qu'aventureuse, depuis le départ de la vieille terre de France et l'élévation à la princée d'Antioche jusqu'à la catastrophe du mois de novembre 1160; une seconde, affreuse, uniquement marquée par

(1) Renaud était pour le moins âgé de vingt années quand il partit, en 1147, pour la Croisade à la suite du roi Louis VII. Il était donc né au plus tard aux environs de l'an 1127.

une captivité de seize années. Un nouveau feuillet s'ouvrait de cette existence mouvementée ; une troisième et dernière période venait de commencer, plus fantastique, plus étrange, plus brillante encore, bien que dans des lieux différents, qui devait se terminer à son tour par la plus dramatique des catastrophes.

CHAPITRE V

Coup d'œil sur l'histoire de la principauté d'Antioche durant la captivité de Renaud de Châtillon. — Renaud, prince sans terre, va trouver à Jérusalem le roi Baudouin IV, qui lui fait épouser la veuve du dernier prince de Karak et Montréal et le nomme son successeur. — Gravité de la situation pour les Latins d'Orient, par suite de l'arrivée au pouvoir de Saladin, le plus acharné ennemi des chrétiens. — Importance de la principauté de Karak et Montréal, par suite de la position de ses principales forteresses sur la route du Hadj et sur celle qui allait de Syrie en Égypte. — Histoire et description de cette principauté et de ses principales forteresses. — Renaud de Châtillon prend, dès cette année 1176, possession de sa nouvelle seigneurie.

Les circonstances étaient profondément transformées à Antioche quand Renaud, délivré des fers sarrasins, fit dans cette ville, en l'an 1176, une entrée sur laquelle nous ne possédons aucun détail. Il y avait beau temps que sa principauté avait changé de mains. Son épouse fidèle, la princesse Constance, était morte jeune encore, peut-être bien du chagrin de la captivité de son cher seigneur, un peu plus de douze ans auparavant (1). On l'avait portée en terre en pompe lugubre aux tombeaux de ses pères, en l'église de Saint-Cassien. Les deux enfants qu'elle avait donnés à Renaud vivaient depuis deux ans à Constantinople. Aucune famille, en dehors de son beau-fils, n'était là pour accueillir le revenant. Toute la chrétienté d'Orient avait pleuré la disparition du héros. Par toute la Terre Sainte elle avait été considérée comme une calamité nationale, et dans toutes les missives suppliantes qui sont venues jusqu'à nous, adressées en ces années lamentables aux monarques d'Occident par le roi Baudouin de Jérusalem, par son successeur Amaury, par tous les autres barons et prélats francs de Syrie, la captivité du prince d'Antioche est mentionnée en première ligne dans l'énumération des circonstances misérables des principautés chrétiennes pour lesquelles on réclamait anxieusement l'appui des grandes nations

---

(1) En 1163, et non 1162. Voy. *Lignages d'outre-mer*, édit. E.-G. REY, p. 194.

d'Europe (1). Aussitôt après cette catastrophe, les troupes victorieuses de Nour ed-Dîn avaient occupé et dévasté affreusement le territoire de la principauté. Le roi Baudouin, accouru en hâte, on l'a vu, à l'appel de sa vassale Constance, avait fait nommer par les barons le patriarche Amaury régent ou baile à côté de la princesse, mais le vaillant souverain avait dû presque aussitôt regagner précipitamment le domaine royal, envahi également par des nuées de Sarrasins. Puis était venue la mort de la princesse Constance (2). Son fils aîné qu'elle

(1) Voy. RŒHRICHT, *Amalrich I*[er], p. 2, note 1.
(2) Outre les trois enfants qu'elle avait eus de son premier mari Raymond de Poitiers (voy. p. 11, note 1), Constance en avait eu deux de Renaud : Baudouin et Agnès. Celle-ci, venue à Constantinople dès 1174 auprès de sa sœur de mère l'impératrice Marie, y fut fiancée à Béla (ou Alexis), prince héritier et bientôt après roi de Hongrie, dont elle eut deux fils : Amaury et André, successivement rois de Hongrie, et deux filles : Constance, reine de Bohême, et Marguerite, impératrice de Constantinople. Son frère, un peu plus âgé, Baudouin, l'avait accompagnée dans ce voyage, n'ayant certainement alors pas plus de vingt ans (puisque son père s'était marié en 1153). Ce séjour à Constantinople décida de la carrière du jeune seigneur, qui prit du service auprès du basileus et se fit vaillamment tuer à la déroute des troupes grecques à Iconium, en cette même année 1176. (Voy. *Hist. gr. des Crois.*, t. I, p. 314, et t. II p. 406.)

avait eu de Raymond de Poitiers lui avait succédé sous le nom de Bohémond III, surnommé par les chroniqueurs le Bambe, c'est-à-dire l'Enfant, à cause de son jeune âge (1), peut-être bien plutôt le Baube, c'est-à-dire le Bègue (2).

Dès le 10 février de l'an précédent 1162 (3), le bon roi Baudouin III, qui avait passé l'hiver à Antioche et à Tripoli, était mort également à Baruth, sur la route de Jérusalem, dans la trente-troisième année de son âge, non sans soupçon de poison, après avoir pris des pilules préparées par Barac, médecin syrien du comte de Tripoli, ne laissant pas de postérité mâle de sa femme, la Grecque Théodora, nièce d'empereur. Son corps avait été rapporté à Jérusalem et inhumé au Saint-Sépulcre, et son frère Amaury, le beau et vaillant comte de Jaffe et d'Escalonne, qui

(1) Il avait, à l'époque de son avènement, dix-neuf ans à peine.
(2) *Balbus*. Bohémond, marié à Urgulosa (Orgueilleuse), mourut en 1201. Suivant Aboulféda, Constance, avant de mourir, aurait eu avec son fils, pressé de régner, de vifs démêlés. Elle aurait été jusqu'à engager son gendre le basileus Manuel à s'emparer d'Antioche, dont elle avait été un moment chassée par Thoros d'Arménie, allié à son fils contre elle.
(3) Voy. Rœhricht, *Amalrich I*, p. 1 et 2, note 3.

sont Jaffa et Ascalon, pour lors âgé de vingt-sept ans, avait été élu à sa place roi du saint royaume de Dieu. En 1164, après de brillants succès remportés sur Nour ed-Dîn, qui, une fois même, avait failli être pris et n'avait dû la vie qu'au dévouement d'un serviteur curde (1), les Francs avaient été déconfits, le 11 du mois d'août, dans la terrible déroute de Harem (2), dont j'ai parlé déjà à propos de la captivité du jeune prince Bohémond, qui y fut fait prisonnier. Celui-ci avait alors environ vingt ans. La plupart des autres grands feudataires du royaume, même le stratigos byzantin du thème reconquis de Cilicie, Constantin Calaman Dukas (3), un des plus intrépides adversaires des musulmans, acculés avec leurs troupes dans une embuscade établie parmi de vastes marais entre Harem et Junna, étaient tombés avec leur seigneur aux mains de Nour ed-Dîn, qui, durant ce furieux combat, monté sur une haute colline,

(1) Voy. ce curieux récit dans Rœhricht, *Beiträge*, t. I, p. 32 .
(2) Ou Harrenc.
(3) Il se racheta pour cinquante robes de soie.

tête nue, avait imploré humblement pour ses soldats le secours du ciel. Sur soixante Templiers de la commanderie d'Antioche, sept seulement avaient échappé au désastre. Seuls les deux dynastes arméniens, Thoros et son frère Mélé, avaient réussi à éviter la captivité alépitaine. Un jour après, Nour ed-Dîn s'était rendu maître de la place de Harem. Le 18 octobre de cette même année, l'atâbec avait encore pris Bânias.

Dès l'année suivante, je l'ai également raconté, après cette catastrophe qui avait contraint le roi Amaury, alors en Égypte, à retourner brusquement en Syrie, Bohémond avait pu se racheter et s'en était allé à Constantinople auprès de son beau-frère, le basileus Manuel, pour y chercher la somme nécessaire à sa rançon (1).

(1) Il avait, à l'instigation de son royal beau-frère, ramené de Constantinople un patriarche grec nommé Athanase, désigné pour le siège d'Antioche. C'était celui-là qui, le jour de Noël 1161, avait béni le mariage de Manuel et de Marie d'Antioche. Le patriarche franc, qui était toujours le remuant Amaury, témoin indigné de cette intrusion, avait aussitôt quitté la ville pour aller se fixer à Kocéir (Cursat), place sur l'Oronte, au nord-est d'Antioche. Le

CHAPITRE V.

On connaît assez mal l'histoire de la principauté durant les années qui suivirent, pendant lesquelles toute l'activité guerrière du reste du royaume de Terre Sainte fut concentrée en Égypte (1). Ce furent toujours les mêmes luttes

fougueux prélat avait excommunié et la capitale souillée et son compétiteur schismatique. En juin 1170, tout l'Orient fut bouleversé par d'effroyables tremblements de terre qui ne furent nulle part plus violents qu'en Syrie, dans la principauté d'Antioche surtout. A Antioche même, qui fut à demi détruite, le 29 juin, tous les prêtres grecs périrent écrasés dans leurs églises. On y vit le juste châtiment du ciel. Amaury, conjuré de retirer son anathème et de rentrer à Antioche, y consentit à condition qu'on en chassât le patriarche grec, qui fut à ce moment même tué par une pierre tombée de la voûte de l'église Saint-Pierre où il officiait.

(1) Sur ces campagnes prodigieuses des guerriers francs dans l'Égypte du Delta, voy. l'excellent travail de M. RŒHRICHT intitulé *Amalrich I, Kœnig von Jerusalem,* Vienne, 1891. Profitant de l'abaissement extrême du khalifat du Kaire, Amaury n'avait cessé de porter la guerre sous les murs du Kaire comme sous ceux d'Alexandrie, pour y disputer la possession de l'Égypte à ses maîtres sarrasins. Si ce prince héroïque eût réussi dans son audacieuse entreprise, le royaume chrétien d'Orient eût été définitivement fondé. Presque tout le temps Amaury avait été l'allié du fameux Chawar, le tout-puissant vizir du khalife enfant El-Ahdid, contre les lieutenants de Nour ed-Dîn, le non moins célèbre Chirkouh d'abord, le fameux Saladin ensuite, qui fit là ses premières armes et défendit vaillamment Alexandrie. En 1168, Amaury avait eu à lutter contre les deux anciens adversaires, Chawar et Chirkouh, maintenant unis contre lui. Puis ces deux avaient disparu aux premiers mois de l'an 1169, le khalife de même (en septembre 1171), et Saladin était devenu le vrai maître de l'Égypte

incessantes, obscures et monotones, contre les contingents de Nour ed-Dîn. Ce terrible adversaire des chrétiens était enfin mort, lui aussi, au mois de mai de l'an 1174. Son successeur à Alep et à Mossoul avait été son fils Mélik-Saleh, âgé de trois ans. Quant à Amaury, le plus grand certainement des rois de Jérusalem, ce prince séduisant et belliqueux qui, à l'inverse de ses prédécesseurs sans cesse cantonnés en Syrie, passa presque tout son glorieux et court règne à attaquer en pleine Égypte la puissance sarrasine, il avait, lui aussi, payé très jeune sa dette à la mort, suivant de bien près l'atâbec dans la tombe. Il avait expiré, à l'infinie désolation de la chrétienté orientale, le 11 juillet de cette même année 1174, emporté par la dysenterie à son retour à Jérusalem, après douze ans et cinq mois de règne, dans la

en attendant qu'il le devînt également de la Syrie. Vers la fin de cette même année encore, Amaury, avait attaqué l'Égypte de concert avec les Byzantins et leur flotte, forte de plus de deux cents navires. En 1171, il était allé à Constantinople tenter de réveiller le zèle belliqueux du basileus Manuel. La relation de son séjour dans la capitale des basileis est des plus curieuses.

CHAPITRE V.

trente-huitième année de sa vie. Cette mort désolante fut vraiment le signal des grandes calamités pour les chrétiens de Terre Sainte.

Amaury avait eu pour successeur son fils Baudouin IV, un pauvre enfant malade, alors âgé de treize ans, fils de sa première femme, Agnès de Courtenai, fille du comte Josselin II d'Édesse, qu'il avait dû répudier à son couronnement, pour cause de parenté. On sait que le 29 août 1167, à Tyr, au retour de sa grande expédition d'Égypte en cette année, il avait épousé en secondes noces, lui aussi, une princesse byzantine, Marie Comnène, fille de Jean Comnène, petite-nièce du basileus Manuel. A cette occasion même, il avait reconnu à nouveau les droits de l'empereur sur Antioche. Tous ces princes francs de Terre Sainte s'alliaient volontiers à des princesses grecques.

Baudouin IV avait été couronné le 15 juillet 1173 au Saint-Sépulcre, des mains du patriarche de Jérusalem, également nommé Amaury. C'est cet infortuné et courageux jeune souverain qu'une affreuse maladie dont il était atteint avait fait surnommer le Mesel ou lépreux. Le plus célèbre historiographe des croisades, Guillaume, le vénérable archevêque de Tyr, avait été son précepteur.

Renaud de Châtillon (1) n'avait plus rien à faire dans Antioche, où régnait son beau-fils. Il n'était plus qu'un intrus dans cette guerrière principauté qui avait été sienne et qui appartenait aujourd'hui à un autre. « Il dut, dit le chroniqueur, la terre laisser et s'en alla auprès du roi de Jérusalem, son suzerain, qui le retint (2). » Il s'en alla certainement la mort dans l'âme, ce prince sans terre auquel sa patrie d'adoption se voyait forcée de faire un accueil si inhospitalier au retour de sa longue captivité, de cet abominable exil.

(1) Les chroniqueurs byzantins ne le nomment plus à partir de sa captivité chez les Sarrasins.

(2) Peut-être bien après un siège d'Antioche par les Sarrasins, siège où des deux parts on combattit avec la dernière violence et qui aurait été très court d'après Guillaume de Tyr, très prolongé, au contraire, suivant Nicétas Akominatos Choniates (voy. *Hist. gr. des Crois.*, t. II, p. 153 D). Renaud ne dut pas arriver plus tard que dans cette année 1176 à Jérusalem auprès du roi, car nous le voyons dès cette date signer à un acte de Baudouin, seigneur de Rames. (RŒHRICHT, *Regesta,* p. 143.)

On ne s'étonnera point que le jeune roi de Jérusalem, ou plutôt ses conseillers aient « retenu », accueilli à bras ouverts le héros sans emploi qui venait leur offrir l'inappréciable secours de son épée vaillante, de son indomptable courage. Jamais, depuis les temps déjà lointains de la conquête, — il y avait alors bien près de quatre-vingts ans, — là situation n'avait été aussi tragiquement solennelle pour le malheureux petit royaume de Terre Sainte. Il nous faut revenir quelque peu en arrière. Deux faits considérables venaient de porter à la fortune des Francs en Palestine un coup terrible. J'ai déjà nommé le premier : la mort prématurée du roi Amaury, événement qui, du même coup, avait fait écrouler tout espoir d'en finir avec la puissance sarrasine en Égypte. Le second avait été l'élévation si rapide du fameux Saladin, qui, à peine devenu maître de cette dernière contrée, se révélait déjà comme le plus redoutable, le plus acharné adversaire des chrétiens.

La mort successive, dans les premiers mois

de l'année 1169 (1), des deux vizirs Chawar et Chirkouh avait fait de cet homme, jusqu'alors simple lieutenant de ce dernier, le véritable souverain de l'Égypte sous la suzeraineté nominale du jeune khalife El-Ahdid, âgé seulement de dix-huit ans. Rejetant bientôt toute dépendance de Nour ed-Dîn, au service duquel il avait combattu jusque-là, le nouveau maître du Kaire, par son hostilité violente, par son activité guerrière incessante, par toutes ses hautes qualités qui devaient tant l'illustrer, avait aussitôt porté les plus graves menaces à la sécurité des principautés franques de Syrie. L'attaque dernière, tentée dans l'automne de cette année 1169 par le roi Amaury et le basileus Manuel, contre le grand port égyptien de Damiette, n'avait en rien modifié cette situation si inquiétante. Pris comme dans un étau entre ces deux dangers, l'Égypte d'une part et son terrible souverain, le sultanat d'Alep, de l'autre, qui allait bientôt revenir éga-

(1) 18 janvier et 23 mars.

CHAPITRE V.

lement à celui-ci, le malheureux royaume franc fut bientôt en proie aux plus mortelles angoisses, dont l'archevêque de Tyr nous a fait l'éloquent et désolant tableau (1). Plus que jamais les barons francs de Terre Sainte adressèrent aux souverains d'Occident les plus anxieuses demandes de secours. Guillaume de Tyr fit à cette époque partie d'une de ces lamentables ambassades (2).

Saladin haïssait les chrétiens de toute son âme de guerrier et de musulman fanatique. Il s'était solennellement juré de les expulser de Terre Sainte. Sa vive intelligence avait promptement compris que l'unique moyen d'atteindre ce résultat était de les prendre comme entre deux feux, entre l'Égypte qu'il tenait déjà et la Syrie. Tous ses efforts avaient tendu à devenir également, petit à petit, le maître de cette autre contrée. Dès la fin de 1170, à la tête de quarante mille cavaliers turkomans, il avait failli enlever aux Francs la place frontière de Da-

(1) *Hist. occid. des. Crois.*, t. I, p. 960.
(2) Rœhricht, *Gesch. d. K. J.*, p. 243.

roun et attaqué Gaza. En même temps, il avait fait transporter à dos de chameaux des navires jusqu'à la mer Rouge, sur le golfe d'Aïlat (1), et s'était emparé sur les chrétiens de la place forte de ce nom, si importante, parce qu'elle commandait l'unique route militaire et de caravanes d'Égypte en Syrie. Le 13 septembre 1171, la mort du jeune khalife El-Ahdid avait fait de lui le maître absolu de l'Égypte avec tous les immenses trésors du souverain défunt. Pour endormir Nour ed-Dîn, l'habile homme avait d'abord fait dire la prière officielle dans les mosquées au nom du khalife de Bagdad El-Mostandji. En ce même mois déjà, poursuivant avec obstination son but unique, il avait attaqué la forteresse de Chaubak, dans l'Arabie Pétrée, qui, avec celles toutes voisines de Montréal et de Karak, au pays de Moab, permettaient aux Francs d'intercepter cette grande route militaire d'Égypte en Syrie ; mais il s'était prudemment retiré sur la nouvelle que Nour ed-

---

(1) Ou Eilath.

Dîn s'avançait à sa rencontre. Pour calmer les soupçons du puissant atâbec, qui avait enfin ouvert les yeux sur les visées ambitieuses de son ancien lieutenant, il l'avait même assuré derechef de son obéissance, mais ce n'avait été qu'une feinte destinée à endormir la vigilance toujours en éveil du sultan d'Alep. Un voyage du roi Amaury à Constantinople pour tenter d'obtenir l'assistance plus active du basileus n'avait eu aucun résultat pratique, malgré l'excellent accueil fait par Manuel au chevaleresque souverain. Le mois de mai 1173 avait été signalé par une nouvelle expédition de Saladin contre Karak; mais cette fois encore le sultan avait dû se retirer en hâte devant l'arrivée imminente de Nour ed-Dîn. La mort de l'atâbec dans le cours de l'année suivante, mort sitôt suivie de celle du roi Amaury, avait enfin servi merveilleusement Saladin, en le délivrant d'un adversaire redoutable et en lui laissant le champ libre en Syrie. Dès le mois de novembre de cette année 1174, il s'était emparé de Damas, qui lui avait été livrée sans combat par l'émir Ebn-Makaddem, régent au nom du fils en bas âge de Nour ed-Dîn. C'était l'événement le plus fatal pour les Latins d'Orient, le plus propre à amener leur ruine définitive. Le royaume de Terre Sainte se trouva, dès lors, enserré à la fois du côté de l'est et du côté de l'ouest par la puissance de ce mortel ennemi, qui allait maintenant grandir incessamment jusqu'au triomphe final, triomphe fatal que seul un prince énergique comme Amaury eût pu peut-être retarder de quelques années (1). Dans la fin de cet an 1174 et dans le cours de l'an suivant, Saladin, marchant de victoire en victoire sur ses adversaires musulmans, partisans du faible héritier de Nour ed-Dîn, battant aussi bien ceux-ci que les armées de l'atâbec Saif ed-Dîn de Mossoul, le neveu de Nour ed-Dîn, avait achevé la conquête de la Syrie. Jetant les derniers masques, il avait pris ouvertement le titre de sultan, fait dire en Syrie la prière et frapper de même la monnaie à son nom.

(1) Rœhricht, *Amalrich I*, p. 50.

Telle était la situation au moment où Renaud de Châtillon, délivré des geôles d'Alep, arrivait dans l'an 1176 à Jérusalem, pour y offrir ses services au petit roi lépreux Baudouin IV. L'ambitieux comte Raymond III de Tripoli, le plus puissant feudataire de Terre Sainte, nommé régent du royaume à la suite de l'assassinat de son mortel ennemi le sénéchal Miles de Plancy, n'avait rien su faire pour porter obstacle aux foudroyants progrès de Saladin, accumulant les périls autour des malheureuses principautés franques. Même, à un moment, par une convention scélérate, il s'était engagé à ne gêner en rien l'émir dans les luttes soutenues par celui-ci contre la famille de Nour ed-Dîn. Des pointes hardies jusqu'aux portes de Damas, à travers le val de Baka, l'antique Iturée, jusqu'à la fabuleuse Palmyre, jusqu'à Balbek, une grande défaite infligée en automne 1176 au gouverneur de Damas Chems-eddaulèh, alors que Saladin était retourné en Égypte, n'avaient en réalité apporté aucun bien durable aux affaires du royaume.

Saladin, tout entier à sa haine mortelle contre les Francs, s'efforçait de les acculer sans cesse davantage à la mer. Sans cesse, de leur côté, ceux-ci, spectateurs désolés autant qu'impuissants des constants progrès accomplis par cet irréconciliable adversaire, cherchaient à rompre le cercle de fer dont il s'efforçait chaque jour plus étroitement de les étreindre, d'Alep et de Damas jusqu'à la frontière d'Égypte. Rompre ce cercle par tous les moyens, de toutes leurs forces, en mettant obstacle aux communications entre les deux contrées qui les enserraient, l'Égypte et la Syrie, réunies maintenant sous la main du terrible sultan, devint l'objectif unique des chefs militaires du royaume. Cette tactique avait, du reste, dès longtemps grandement préoccupé leurs prédécesseurs. Bien avant les redoutables attaques de Saladin, dès le lendemain de la conquête, presque à l'aurore du douzième siècle, les rois de Jérusalem s'étaient efforcés de fonder par delà la mer Morte, dans les solitudes immenses et désertes, rocheuses et sablonneuses de l'antique pays de Moab et de l'Arabie Pétrée, de colossales forteresses avec des garnisons assez nombreuses pour commander et intercepter l'unique grande route militaire qui, par ces mornes et infinies solitudes, menait d'Égypte à Damas et réciproquement. Seize ans à peine après la prise de Jérusalem, Baudouin Ier avait construit le fameux château de Montréal, dans l'oasis de Chaubak. En 1142, sous le roi Foulques, Payen le Bouteiller avait édifié la non moins célèbre forteresse de la Pierre du Désert. D'autres châteaux encore : le Val Moyse, Ahaman, avaient été élevés en ces régions. Sans cesse depuis lors les souverains de Jérusalem s'étaient efforcés de rendre ces vastes places de guerre plus puissantes, d'améliorer la situation de ces établissements chrétiens jetés en avant-postes au delà du grand lac Asphaltite. Sans cesse de leur côté, les divers princes sarrasins avaient cherché à s'emparer de ces forteresses si gênantes, à débarrasser leurs riches et incessantes caravanes de ce danger si pressant. Non seulement, en effet, ces châteaux commandaient cette fameuse et unique route de Syrie en Égypte par laquelle communiquaient les deux moitiés du monde musulman, devenues maintenant les deux moitiés des États de Saladin, mais ils commandaient de même celle non moins courue, non moins importante pour les populations sarrasines, qui de Syrie et de toute l'Asie, sous le nom de route du Hadj, conduisait chaque printemps aux villes saintes du Hedjaz, à Médine et à la Mecque, les innombrables pèlerins accourus de toutes les terres musulmanes pour accomplir leurs dévotions au tombeau du Prophète.

Autour de ces forteresses géantes s'étaient dès longtemps formées des agglomérations de populations attirées par la sécurité qu'on trouvait à l'ombre de leurs murailles. Aussi les rois chrétiens de Jérusalem avaient-ils dès longtemps reconnu la nécessité de constituer ces divers territoires avec leurs grands châteaux en une seigneurie unique, sorte de marche frontière d'importance capitale, avant-garde du royaume s'avançant par delà la mer Morte jusqu'à la mer Rouge, éperon audacieux projeté entre les deux grandes divisions du monde sarrasin avoisinant : l'Égypte et la Syrie. Du nom de ses deux principales forteresses, aussi de celui de la ville d'Hébron, près de la rive occidentale du lac Asphaltite, qui en faisait partie, cette seigneurie si fameuse dans l'histoire des guerres de la Croisade avait pris le nom de seigneurie de Karak et Montréal, ou simplement du Karak de Montréal, ou encore d'Hébron, de Karak et Montréal, plus souvent même du Karak, ou par corruption du Krak, tout court. On l'appelait aussi, en raison de sa situation au delà du Jourdain, ou encore des terres bibliques ou antiques dont elle occupait l'étendue, seigneurie de la terre d'outre-Jourdain, ou seigneurie de la terre de Moab et d'Idumée (1).

Dans les derniers mois de l'an 1174, très peu de temps avant l'arrivée du prince Renaud à Jérusalem, le seigneur régnant de Karak et Montréal, le vaillant baron champenois Miles de Plancy, sénéchal du royaume, détesté des

---

(1) Ou Arabie Pétrée.

barons pour son arrogance, avait péri massacré dans les rues de Saint-Jean d'Acre par des assassins subornés par ses ennemis, à la suite des compétitions auxquelles avait donné lieu la charge de régent durant la minorité du nouveau roi. Miles tenait cette seigneurie transjordane du chef de sa femme, Étiennette de Milly (1). L'heure était trop solennelle pour qu'une aussi importante baronnie, la plus importante de toutes en ce moment, exposée à chaque heure à l'attaque des contingents surexcités de l'infatigable Saladin, demeurât privée d'un bras expérimenté pour la défendre. Le choix des conseillers du roi lépreux ne fut pas long à se porter sur le plus vaillant. On devine de qui je veux parler. « Comme Renaud, dit le chroniqueur, avait brillamment gardé la terre d'Antioche et que bon chevalier était, on lui donna

(1) Ou Stéphanie. Fille de Philippe de Milly, seigneur de Naplouse, veuve en premières noces d'Humfroy III de Toron, qu'elle avait épousé vers 1163 et qui était mort probablement vers 1173, Étiennette avait eu de ce premier époux deux enfants : un fils, Humfroy IV, et une fille, Isabelle, qui fut mariée au fameux Rouben III d'Arménie, fils de Thoros II, le second Rupin de la Montagne des chroniqueurs francs.

la dame de Crac et de Montréal à fame avec la princée. » En ces temps terribles où les morts passaient si vite, la femme allait avec la baronnie. Presque toutes ces jeunes femmes de la Croisade, reines et princesses en Terre Sainte, avant d'atteindre la trentaine, en étaient à leur second, à leur troisième, voire à leur quatrième époux (1).

Renaud de Châtillon, dont le mariage avec la « dame dou Krac » paraît avoir été célébré dans le courant de l'an 1177 (2), hérita donc de ces forteresses fameuses en bien dotal de sa nouvelle épouse. De nouveau le vaillant chevalier,

(1) Renaud de Châtillon n'eut pas d'enfants de cette seconde femme qui lui survécut. Étiennette n'avait également pas donné de postérité à son second mari, Miles de Plancy.
(2) « On ne connaît pas la date exacte de cette union, dit le comte de MAS-LATRIE (*Les seigneurs du Crak de Montréal*, p. 14), mais le nouveau mariage de Stéphanie dut suivre de près la fin de son deuil légal, car il était d'un grand intérêt de ne pas laisser en souffrance les services d'un fief aussi important que le sien. On possède une charte de Renaud de l'an 1177, du mois de novembre, dans laquelle il s'intitule déjà « *quondam Antiochiæ princeps et nunc, per Dei gratiam, Hebronensis et Montis Regalis dominus*, et par laquelle, du consentement de sa femme Stéphanie et des enfants de celle-ci, il confirme la donation de certains domaines situés dans les villes de Pétra et de Montréal, donation faite aux Hospitaliers par son prédécesseur Maurice. »

après ces longues affreuses années d'exil, se trouvait chef d'une puissante et lointaine baronnie, une des plus étranges certainement, une des plus fantastiques de la Croisade et de l'histoire, certainement celle qui plus qu'aucune autre devait plaire à son âme aventureuse, éperdument éprise de grands coups d'épée, de folles attaques, de combats, de poursuites, de vastes pillages. Vraiment cette principauté d'au delà de la mer Morte, en ces régions presque fabuleuses alors, cette principauté constituée uniquement par quelques places fortes colossales dressées dans ces étendues sans limites, semblait à cette époque quelque haut navire perdu dans l'immensité de l'océan sarrasin. Il est temps d'essayer d'en donner une idée au lecteur au moment où Renaud de Châtillon, après des noces sur lesquelles nous n'avons malheureusement aucun détail et qui durent être célébrées à Jérusalem, probablement en présence du petit roi et de tous les barons du royaume, partit pour aller prendre possession de sa nouvelle terre et tenir au grand Karak de la Pierre

Bonfils, phot.

Pl. II.

VUE GÉNÉRALE DES ENVIRONS DE KARAK
On aperçoit dans le fond les ruines de la forteresse franque.

du Désert sa petite cour guerrière, d'un si pittoresque, d'un si chevaleresque, d'un si oriental aspect.

C'était donc par delà la vallée du Jourdain, le fleuve par excellence de l'Écriture sainte, par delà la mer Morte, ce lac Asphaltite étrange, morne et désolé, à l'est et surtout au sud de celui-ci jusqu'aux rives lointaines, sablonneuses et désertes de la mer Rouge, dans ces paysages bibliques ou antiques si célèbres, dans ces immenses et brûlantes solitudes de la terre de Moab, de la Syrie Sobal, de l'Idumée, de la Nabatène, de l'Arabie Pétrée, que s'étendaient les domaines infinis aux frontières vagues et mouvantes de la seigneurie des sires de Montréal. Tout au début de la Croisade ces terres aux noms sonores, terres de rochers effrayants ou de sables sans limites entrecoupés de fertiles oasis ombragées de milliers de palmiers, avaient fait partie du domaine royal. C'était le roi Baudouin III, qui, sentant la nécessité de les placer sous l'autorité directe de quelque grand chef militaire, les avait données en 1161 à Philippe de Milly en échange de sa seigneurie de Naplouse (1).

La nouvelle principauté de Renaud de Châtillon avait eu, tout au début, pour primitif noyau l'énorme château de Montréal ou Montroyal, bâti en 1115, bien peu d'années après la conquête, par le roi Baudouin Ier, à l'extrémité méridionale du royaume, directement au sud de la mer Morte, dans un site déjà puissant par lui-même, facile à fortifier. Baudouin, je l'ai dit, avait érigé cette forteresse pour couvrir les approches orientales du royaume vers le désert, et surveiller les caravanes qui se rendaient de Bagdad et de Damas en Égypte ou à la Mecque, aussi pour réprimer les incursions des tribus nomades dans ces régions lointaines et désertes avoisinant la mer Rouge, de la Syrie Sobal, l'antique Idumée ou contrée de Nabatène, appelée depuis l'Arabie Pétrée ou Arabie troisième, et qui en prit dès lors le nom de Terre de Montréal. On l'appelait encore « Terre

---

(1) *Assises*, t. II, p. 462.

d'Oultre le Jourdain ». Baudouin II avait installé dans ce château une forte garnison d'hommes de pied et de cheval, abondamment munis d'armes et d'engins de guerre. « Les alentours du lieu, dit Guillaume de Tyr, étaient agréables, salubres, très fertiles en blé, en vin et en huile. »

Les Francs appelèrent plus communément cette première place de guerre, en raison de son origine royale, le Karak, ou bien plutôt, suivant la prononciation du temps, le Krak (1) de Montréal, ce qui signifiait simplement le château de Montréal ou Montroyal. Ce fut dès lors une des plus célèbres forteresses de la

(1) Karak, Kérek ou Kérak, dit le comte DE MAS LATRIE (*Les seigneurs du Crac de Montréal,* p. 2), est un ancien mot syriaque signifiant forteresse, château et refuge. Donné à différentes localités de la Syrie comme de la côte d'Asie Mineure sur laquelle s'était propagé l'usage de la langue syrienne, le nom fut conservé par les Arabes et par les Francs. Ceux-ci dirent plus souvent Krak ou le Crak, en latin *Cracus* ou *Cracum*. La forme « Crat » ou « Cratus », vicieuse, doit être abandonnée. Il y a eu en Syrie, du temps des Croisades surtout, trois grands châteaux du nom de Karak : les deux dont je parle ci-dessus, situés dans la Terre d'Outre le Jourdain, et le non moins célèbre Cràk des chevaliers ou château des Curdes, dans le comté de Tripoli, au nord de l'Anti-Liban.

Croisade, vaste et puissante construction aujourd'hui presque disparue, mais dont la position nous est parfaitement connue. Montréal s'élevait sur une hauteur conique, isolée, entre Tofilèh et Mâân, à quelques lieues au nord-est du site étrange de l'antique Pétra, capitale des Nabatéens, près de la ville arabe de Chaubak, sur l'emplacement même du village actuel de ce nom, au milieu d'une grande oasis très fertile, arrosée de sources abondantes que traverse l'Ouady-el-Arabah, vallée dont le relief se poursuit au nord jusqu'à la mer Morte. Aussi Montréal porte-il plutôt, dans les chroniques arabes, les noms de Chaubak ou Chaubuk, ou encore de Karak-el-Chaubak. Ce fut son oasis qui attira d'abord l'attention de Baudouin Ier, lorsqu'il résolut d'y bâtir ce fort, au milieu des nomades dont les courses inquiétaient sa frontière (1). L'illustre prélat historien Guillaume de Tyr, le contemporain des événements que

---

(1) Guillaume de Tyr, auquel nous devons ces détails, dit qu'à cette époque de la fondation de Montréal, en 1115, les Francs ne possédaient encore aucune terre au delà du Jourdain.

CHAPITRE V.

je raconte, parle avec admiration des tours superbes de Montréal, de ses murs et avant-murs énormes. Un vaste faubourg, abrité au pied du rempart, s'élevait sur la pente de la colline. Il subsiste quelques faibles vestiges de cette forteresse, bien que fort remaniés par les Arabes au quatorzième siècle. Une route directe, passant par Er-Remaïl et Kalaat-om-Couseïr, permet encore aujourd'hui de se rendre d'Hébron à Pétra en quatre jours. Ce devait être, en ces temps lointains, la voie directe pour se rendre de Jérusalem à Montréal (1).

Vingt-sept années plus tard, en 1142, Payen, sire de Montréal, dit le Bouteiller, parce qu'il était l'échanson du roi, pour compléter l'œuvre de Baudouin Ier, avait fait construire, beaucoup

---

(1) E. Rey, *Les colonies franques de Syrie*, p. 394. Parmi les plus récentes explorations à Chaubak, je citerai celle, fort intéressante, du révérend Père Lagrange intitulée : « Notre Exploration de Pétra », mémoire extrait de la *Revue Biblique*, numéro d'avril 1897. Voy. aux p. 7 à 10, la description du Chaubak actuel. « Il faut reconnaître, dit le Père Lagrange, que le site était bien choisi, et la description de Guillaume de Tyr sur la force naturelle du lieu, sur ses richesses et ses agréments, est encore vraie à la lettre. »

plus au nord, en un site autrement formidable, bien plus rapproché de Jérusalem, à trois lieues environ à l'orient de l'extrémité méridionale du lac Asphaltite, sur le versant oriental du massif iduméen, à vingt-cinq lieues environ de Montréal (1), un non moins immense et encore plus célèbre château dans une oasis du pays de Moab de biblique mémoire, sur les confins de l'Arabie seconde, non loin des ruines de l'antique Rabba, dite la Pierre du Désert, qui avait été la ville capitale des Moabites. La grande route du Hadj ou du pèlerinage de la Mecque passait au pied des hauteurs abruptes qui portaient cette merveilleuse place de guerre, également nommée Karak, c'est-à-dire « château ».

Ce second château (2) fut dès lors, pour le distinguer de ses deux autres homonymes sy-

(1) Voy. le comte DE MAS LATRIE, *Les seigneurs du Crac de Montréal*, p. 4, note 4.

(2) L'ancienne Qir Haréseth (ville de la colline), la plus forte place du pays de Moab; Krakâ-Moab dans la version chaldaïque d'Isaïe; Χαράμωαϐ dans Ptolémée et Étienne de Byzance. Le livre des Macchabées a seulement Khâraka, appellation que l'usage a perpétuée. Voyez *Itinéraire de l'Orient* de la collection Joanne, t. III, 1882, p. 68. J'emprunte la plupart des détails qui suivent

riens, désigné sous le nom du Krak des Moabites, ou simplement du Krak, comme étant le Krak par excellence. Il eut encore mieux mérité le nom de grand Krak par l'étendue et l'importance exceptionnelle de ses fortifications. On le nomma très fréquemment aussi le château de la Pierre du Désert. Ce dernier nom si célèbre dans l'histoire des Croisades, surtout à cette époque tragique de la fin du douzième siècle, donné d'abord à Rabba, transmis ensuite à Karak des Moabites, sa voisine, quand Rabba dépérit, venait de la situation même de ces deux villes, à l'entrée de l'Arabie Déserte, dont les sables s'étendent du lac Asphaltite à la Mésopotamie, tout autour de la région de Palmyre. Le nom étrange et poétique des vieilles cités moabites devint celui de la grande forteresse franque. C'est cette seconde forteresse dont les ruines immenses sont encore en très grande partie debout aujourd'hui,

à l'étude du comte de Mas Latrie sur *Les seigneurs du Crac de Montréal* et aux travaux de M. E. Rey, que j'ai déjà cités à plusieurs reprises.

bien faites pour donner la plus formidable idée de la puissance des Croisés en ces parages. Visitées jusqu'ici par de très rares voyageurs, elles dominent encore de nos jours l'étrange ville moderne de Karak, en pleine Moabitide des Livres saints, sur une hauteur abrupte, à l'extrémité d'un profond ravin ou ouady, qui y mène par la plus pénible des ascensions, longue de plusieurs heures, en partant de l'angle sud-est de la mer Morte.

Outre ces deux châteaux de premier rang, la principauté d'Outre-Jourdain, au dire d'Olivier le Scholastique, en comptait quatre d'une certaine importance, sans compter beaucoup d'autres ouvrages défensifs moindres. Il y avait d'abord le château du Val Moïse, nommé aussi de l'antique nom phénicien de Selem (1), situé quelques lieues au sud-est du Krak de Montréal, sur l'emplacement même de la célèbre Pétra, l'antique et vénérable capitale des Nabatéens. Robinson et quelques autres rares voyageurs

---

(1) Ou Sela suivant la forme hébraïque.

ont aperçu de nos jours les débris de ce château sur les bords du Sik, dominant l'Ouady-Mouça ou Val de Moïse, entre le mont Hor et le pittoresque village d'Eldji, un peu au-dessus des ruines du théâtre de la ville antique, non loin du curieux édifice nommé Khaznèh-Fir'oûn. Il était appelé El-Asvit quand, en 1116, il fut occupé par le roi Baudouin Ier, dans la vallée très riche où Moïse, jadis, avait fait jaillir l'eau de sa verge. « Ce fleuve, dit Guillaume de Tyr, va toujours et fait tourner moulins. » On voyait encore tout auprès le tombeau du prophète Aaron. Nowaïri raconte que le sultan Bibars, lors d'une de ses expéditions contre les Francs de Terre Sainte, gravit la montagne pour se rendre à la forteresse et se convainquit par ses yeux que c'était une citadelle extrêmement forte et d'une architecture admirable. « Le sultan arriva ensuite, poursuit l'écrivain arabe, aux villes des enfants d'Israël. » C'étaient là les fameuses grottes taillées, qui sont encore aujourd'hui la grande curiosité du site de Pétra. Sur le mont Hor, tout voisin, il y avait un petit monastère grec. Le territoire de ce fief, appelé par les chroniqueurs francs « Li vaux Moyse », comprenait quelques fertiles vallées bien arrosées : « Cette terre entor, dit le chroniqueur, qui estoit tote coverte d'arbres portanz fruiz de figuiers, d'oliviers et autre arbre de la bonne manière si que sembloit forest c'estoit tote la richesse del pays ne li gaengneur ne vivoient guieres d'autres choses que de leur fruiz qu'ils vendoient moult chiers. » Le Val Moïse communiquait avec Montréal par un chemin passant à El-Beïdah.

La quatrième forteresse était Ahaman (1), probablement située sur l'emplacement de l'antique Maan, aujourd'hui Mâân-es-Chamieh, bourgade sur la route même du Hadj, à six heures vers le sud-est de Chaubak (2). Palgrave y vit en 1862 un vieux château, et dit que la ville était entourée d'anciens remparts. On re-

---

(1) Theman ou Aman.
(2) Le comte DE MAS LATRIE (*op. cit.*, p. 7, note 1) se demande si ce nom d'Ahaman ne serait point une mauvaise lecture pour Saint-Abraham ou Hébron, correction qui simplifierait et accorderait bien des choses.

marque encore en ce lieu de beaux jardins et de nombreuses traces d'ancienne culture.

Le cinquième château était Taphila, le Tofilèh actuel, plus près encore de la mer Morte. Le sixième enfin était Oua'ira, dans le Djebel-Cherah, probablement entre le Val Moïse et Chaubak (1). De ces deux derniers châteaux, il ne subsiste plus rien ou presque (2). Du moins, ou n'en a retrouvé jusqu'ici aucune trace.

La nouvelle seigneurie de Renaud de Châtillon comprenait encore deux localités importantes : la cité d'Hébron, à l'ouest du la mer Morte, désignée sous le nom de Saint-Abraham

---

(1) M. E. Rey (*Les col. fr. de S.*, p. 395 et 398) signale encore les châteaux de Karmaza, dont le site est actuellement ignoré, et de Ouady-Djerba. Ce dernier paraît se retrouver au Djebel-Cherah, vers l'extrémité sud-est du massif iduméen, dans la localité ruinée de Djerba, où se voient les restes d'une forteresse située au bord d'une vallée qui porte encore de nos jours le nom de Ouady-Djarba.

(2) Voy. cependant la communication de M. Clermont-Ganneau dans la séance du 30 avril 1897 de l'Académie des Inscriptions et Belles-Lettres. Ce savant propose d'identifier El Oua'ira avec la localité d'Airé, non loin de Pétra. M. Clermont-Ganneau avoue toutefois n'être pas complètement édifié sur cette identification et cite deux autres localités mentionnées par les auteurs qui pourraient avoir également des droits à cette appellation.

durant toute la durée du royaume latin de Terre Sainte, qui mettait en communication les deux Karak avec Jérusalem et le reste du royaume, et la fameuse forteresse maritime d'Aïlat (1), sur la mer Rouge, à l'extrémité septentrionale du golfe d'Akabah, à sept journées de cheval de Jérusalem. Cette place maritime qui semble avoir été fondée à la même époque que Montréal, limite extrême de la mouvante puissance latine vers le Sud, avait pour les Croisés une importance extrême. Outre qu'elle était l'unique port de ces régions perdues sur la mer Rouge, elle commandait la grande route d'Égypte en Syrie et en Arabie, qui passait sous ses remparts et bifurquait en ce point, d'une part vers Damas, de l'autre vers les villes saintes du Hedjaz. Durant tout le temps des Croisades, chrétiens et Sarrasins se disputèrent incessamment la possession d'Aïlat. Il ne reste plus que des décombres informes des constructions élevées en ces lieux par les Francs. Le château

---

(1) Eïlat, Eïlath, Elat, ou encore Ela.

de la ville était construit sur l'île de Graye, à peu de distance du rivage, dont celle-ci n'est séparée que par un étroit bras de mer. Ce rocher, actuellement encore couvert des ruines d'une vaste forteresse sarrasine, a été visité en 1827 par le comte Léon de Laborde.

A l'époque où nous sommes, les limites orientales extrêmes de la principauté d'Outre-Jourdain allaient donc, sur une longueur d'environ cinquante-cinq lieues, d'Aïlat sur la mer Rouge jusqu'au cours d'eau nommé l'Ouady-Zerqa-Maïn, qui, à travers des gorges magnifiques, se jette dans la mer Morte vers le milieu environ de sa rive orientale. Le ouady de ce torrent formait la limite nord de la seigneurie de Renaud de Châtillon, laquelle s'étendait, au dire du géographe arabe Makrizy, « sur un espace de vingt journées de chameau d'Aïlat jusqu'à Zîzah, antique station romaine » (1).

(1) E.-G. REY, *Note sur les territoires possédés par les Francs à l'est de la mer Morte*, etc., p. 8. Zîzah est située entre la source du Zerqa-Maïn et la route du Hadj, à la hauteur des ruines de Medeba, une des plus antiques villes de Moab, célèbre par la victoire de Joab sur les Ammonites.

En un mot, cette seigneurie occupait, outre le territoire d'Hébron, l'ensemble des massifs montagneux et des steppes sablonneuses semées d'oasis qui vont de la mer Rouge et de la mer Morte à la principauté de Galilée. Même la péninsule sinaïtique et son abbé dépendaient de ce grand fief. « Le mons Sinaï, dit la *Chronique de Bernard le Trésorier*, est en la terre le seignor de Crac. » L'évêque grec de Pharan résidant au couvent de Sainte-Catherine est mentionné alors comme suffragant de l'archevêque latin du Krak (1).

Romain du Puy avait été le premier seigneur de Montréal, vassal du roi Baudouin Ier, peut-être dès 1118. Lui et ses successeurs ne prirent d'abord d'autre titre que celui de seigneurs de la Terre au delà du Jourdain (2). Romain du Puy, convaincu de trahison, ainsi que son fils, fut remplacé avant 1128 par Payen, dit le Bouteiller. Ce fut celui-ci qui, pour compléter

---

(1) E. Rey, *Les colonies franques*, etc., p. 399-400.
(2) « *Dominus regionis illius quæ est trans Jordanum* », dit Guillaume de Tyr.

l'œuvre de Baudouin Ier, construisit, quelques années plus tard, dans le nord de son fief, afin d'assurer la protection de cette partie de sa seigneurie, la célèbre Pierre du Désert sur les frontières de l'ancien pays de Moab, et lui donna le nom de Karak. Cette forteresse fameuse était destinée à devenir par la suite bien plus importante que le Karak royal proprement dit ou Karak de Montréal.

A Payen le Bouteiller avait succédé, avant 1152, son neveu Maurice, qui prit part, en qualité de seigneur de Montréal, au siège d'Ascalon. Puis, la seigneurie était retombée aux mains du roi Baudouin III jusqu'en 1161, quand celui-ci l'avait concédée à Philippe de Milly, futur grand maître du Temple, l'accroissant à son intention du territoire de la ville d'Hébron ou Saint-Abraham, en échange de la seigneurie de Naplouse. La charte royale délivrée à cette occasion en la ville de Nazareth est datée du 31 juillet de l'an 1161. Elle cède à Philippe de Milly les seigneuries des deux Karak de Montréal et de la Pierre du Désert, le fief d'Ahaman, le château de la Vallée de Moïse (1), avec les steppes indéfinies qui en formaient les annexes au sud et au nord depuis le Jabbok (2), affluent du Jourdain à la hauteur de Naplouse, jusqu'à la mer Morte et au Sinaï. Ce grand domaine, constitué par toute cette infinie région située à l'est et au sud de la mer Morte, était le quatrième des cinq grands fiefs du royaume de Terre Sainte proprement dit. Mais, en réalité, par sa situation, comme par son étendue, il était la plus importante de ces hautes baronnies. Il relevait directement de la couronne et devait au roi le service de soixante chevaliers : quarante pour les deux Karak, vingt pour Hébron. Son port d'Aïlat lui permit, durant près de soixante ans, d'avoir une marine.

Quand Philippe de Milly, vers 1167, pour des raisons demeurées inconnues, entra dans l'ordre du Temple, sa fille Étiennette, probablement son seul enfant survivant, hérita de sa

---

(1) Saint-Abraham fut cédé un peu plus tard.
(2) Ouady-Zerqa-Jabbok.

seigneurie. La mort successive des deux premiers maris de cette princesse, Humfroy III de Toron et Miles de Plancy, rendit de nouveau vacant, en 1174, le service actif du fief.

Ce qui faisait que les chrétiens attachaient tant de prix à la conservation de ces puissants châteaux d'Outre-Jourdain, que les Sarrasins, d'autre part, s'efforçaient sans cesse de s'en emparer, c'était, je l'ai dit déjà, la situation incomparable qu'ils occupaient sur les routes militaires et commerciales conduisant d'Égypte en Syrie et en Arabie, et sur celle du Hadj, ou du pèlerinage aux villes saintes. Les Sarrasins, à leur extrême ennui, étaient forcés de faire accompagner chacune de leurs caravanes par des forces militaires très considérables. Lorsque Saladin fut devenu maître unique de la Syrie et de l'Égypte et que les relations entre les deux pays en eurent été aussitôt infiniment augmentées, cette complication devint absolument intolérable. Pour la route du Hadj, c'était bien pire encore. Pour que les innombrables et précieuses caravanes de pèlerins, encombrées de femmes, de vieillards, d'enfants, de marchandises, qui suivaient incessamment cette voie, parvinssent sans encombre du Kaire ou de Damas aux villes saintes du Hedjaz, il fallait ou forcer la route, ce qui était à peu près impossible, ou conclure des trêves onéreuses avec le seigneur de Karak et lui payer d'énormes droits de passage, ou alors subir toutes les chances d'une attaque presque toujours victorieuse de ses bandes de soudards francs ou renégats (1).

Les revenus de la seigneurie de Montréal étaient fort considérables. Ils avaient pour source, outre cette large part prélevée sur les péages acquittés par les très nombreuses caravanes musulmanes (2) allant sans cesse de Damas au Hedjaz ou en Égypte ou en revenant, les produits naturels de cette vaste contrée, qui

(1) « Suivant toute apparence, dit M. E. REY (*Les col. fr.*, etc., p. 394), ces caravanes suivaient déjà alors la route actuelle du Hadj, à partir du défilé nommé aujourd'hui Akabah-es-Chamieh, ou bien encore celle qui passe par Chaubak, Tofilèh et Karak, car ce sont les deux seules grandes voies de communication de cette région. »

(2) W. HEYD, *Histoire du commerce du Levant au moyen âge*, t. I, p. 172.

CHAPITRE V.

étaient des plus précieux et des plus variés, les cultures du bassin de la mer Morte, produisant l'indigo, le baume, les vins d'Engaddi, le sucre de canne surtout (1), puis encore les droits de navigation dus par les barques circulant sur le lac Asphaltite (2), enfin les riches moissons du plateau de Moab, espèce de Beauce arabe fournissant alors, comme de nos jours, une énorme quantité de blé.

« Tout concourait donc à faire de ce grand feudataire un des plus puissants seigneurs des principautés latines. Aussi, vers le commencement de la seconde moitié du douzième siècle, cet important fief était-il devenu en quelque sorte un petit État dans l'État, et l'indépendance presque absolue qu'avaient acquise ses possesseurs, indépendance qu'allait accroître

---

(1) La culture de la canne paraît avoir pris un grand développement dans le territoire de Chaubak au moyen âge, puisqu'à cette époque une espèce de poudre de sucre était désigné dans le commerce sous le nom de sucre de Krak et de Montréal. E. Rey, *ibid.*, p. 248.

(2) Duc de Luynes, *Voyage d'exploration à la mer Morte*, t. I, p. 359. Voy. la charte délivrée par Renaud aux propriétaires de barques naviguant sur la mer Morte,

de tout son pouvoir le plus illustre de ceux-ci, devait être à bref délai la cause déterminante de l'effroyable désastre qui amena la ruine de la domination chrétienne en Syrie (1). »

Un héros tel que Renaud de Châtillon, véritable chevalier de la Fable, était admirablement taillé pour une pareille seigneurie. Tout en cet homme de fer, son tempérament essentiellement aventureux, batailleur et pillard, sa soif de combats, de butin surtout, la haine implacable qu'il nourrissait contre les Sarrasins si longtemps ses geôliers, l'âpre désir de venger ces seize années d'humiliations et de tortures, tout le poussait à prendre dès le début, dans ses nouveaux États, une attitude violente à l'endroit des musulmans. Il n'y faillit point. La crainte des périls qu'il allait accumuler sur sa tête ne l'arrêta pas une seconde. Comme on avait à

---

(1) Sur la principauté de Karak ou d'Outre-Jourdain, voy. encore duc DE LUYNES, *Nouveau Voyage*, p. 8 et 83 ; E. REY, *Les Familles d'outre-mer* et *Étude sur les monuments de l'archit. militaire des Croisés*, p. 132 et 273 ; JOANNE, *Itinér. de l'Orient*, t. III, p. 68-72 ; *Palestine Explor. Fund*, livr. de juillet 1895, oct. 1896, janvier et avril 1897.

CHAPITRE V.

Jérusalem, dans la détresse de cette déplorable et tumultueuse minorité, le plus pressant besoin de son bras redoutable contre les incessantes attaques d'un ennemi tel que Saladin, le petit roi et ses conseillers n'osèrent jamais lui adresser aucune remontrance. Il se considéra de suite comme à peu près indépendant, n'en agissant qu'à sa guise, ne s'estimant soumis à aucune loi, engagé par aucun traité, ce qui finalement causa sa perte.

Renaud de Châtillon alla certainement prendre possession de sa nouvelle seigneurie aussitôt après son mariage. Probablement il se fixa de suite à Karak de Moab, véritable capitale de ses États. Les rares voyageurs qui, hors des chemins battus, veulent de nos jours faire visite à ce lieu célèbre, atteignent d'abord la mer Morte au delà d'Hébron, aux environs d'Engaddi. Ils contournent de là la rive méridionale de ce grand lac, traversant le désert salé d'es-Sebhkah, où on a bien à tort voulu retrouver l'emplacement de Gomorrhe, puis la plaine couverte de buissons connue sous le nom de

Ghôr-es-Safiyèh, sur les limites des pays d'Édom et de Moab. Ils longent ensuite les premières hauteurs du massif iduméen et des monts de Moab jusqu'aux ruines informes de Dra'ah, l'antique Zoar des écrivains du moyen âge (1), dominant la presqu'île désolée de la Liçan. A partir de cette localité, d'où l'on jouit d'une vue fantastique et admirable, ils remontent enfin l'effroyable ouady de Dra'ah, auquel succède celui de Karak. Ils montent par un sentier terriblement abrupte, unique voie de communication ouverte vers le sud entre la mystérieuse forteresse et le reste du monde. Après de longues heures d'une pénible ascension, ils sont soudain saisis d'un religieux étonnement à l'aspect des ruines colossales de l'immense place de guerre des anciens princes latins de Karak surgissant brusquement parmi ces hautes et terribles solitudes. Il y a peu d'années encore, les exactions des Bédouins, les tribulations sans nombre imposées par les habitants voleurs

(1) Et non la Zoar de la Bible, située de l'autre côté de la mer Morte.

et fanatiques rendaient cette visite à ces débris fameux, sinon absolument dangereuse, du moins à tel point odieuse et pénible que bien peu de personnes se risquaient à affronter ces journées abominables passées au milieu d'une population brutale, indiscrète et pillarde. Il faut lire dans les récits du duc de Luynes en 1864 (1), de M. de Saulcy (2), du chanoine Tristram en 1872 (3), les vexations sans nombre, les périls endurés par ces voyageurs de la part de ces brigands de grand chemin. Tout récemment le gouvernement turc, cédant à la réprobation générale, a fait enfin fortement occuper Karak, qui est actuellement, paraît-il, d'accès très facile.

La forteresse immense du prince Renaud, tant illustrée par ses exploits légendaires, s'élève sur le versant oriental du massif monta-

---

(1) *Voyage d'exploration à la mer Morte*, t. I, 1re partie, p. 95 et suiv.
(2) *Voyage en Syrie et autour de la mer Morte*, p. 254 et pl. XX. *Voyage autour de la mer Morte et des terres bibliques*, t. I, p. 353 et suiv.
(3) *The Land of Moab*, Londres, 1873.

gneux iduméen à la hauteur de plus de trois mille pieds au-dessus de la Méditerranée, qui est elle-même à treize cent pieds au-dessus de la mer Morte. Elle dresse ses hautes murailles sur une colline longue de sept à huit cents mètres, entourée de profonds, inaccessibles ouadys aux flancs escarpés de trois à quatre cents mètres de profondeur. Des rives désolées du lac Asphaltite, qu'il faut de toute nécessité contourner pour se rendre de Jérusalem à Karak, il faut donc s'élever de plus de quatre mille trois cent pieds pour atteindre la célèbre place de guerre. En dehors de cette ascension considérable, ce qui paraît avoir principalement frappé tous les explorateurs dont je viens de relire les curieux récits, c'est l'étrangeté, la sauvagerie de cette route qui s'élève des rives de la mer Morte aux ruines du château franc, par les rudes chemins des ouadys de Dra'ah et de Karak. A partir de cette localité de Dra'ah on ne rencontre plus un hameau, plus même une chaumière. Déjà les étendues limitant l'extrémité inférieure de la mer Morte constituent une bien vaste solitude, mais la véritable horreur du trajet commence à partir de ces cantonnements de Dra'ah, alors qu'on s'éloigne petit à petit des rives de la mer maudite en gravissant en plusieurs heures de marche l'aride ouady qui mène à Karak. On a tout le temps en face de soi, à travers les échancrures des crêtes voisines, des échappées sur les sauvages montagnes de Moab, aux colorations étranges, blanches et rouges. Il faut lire dans les récits que je viens de citer l'épouvante de ce paysage désolé, de ce chaos de roches pelées aux formes fantastiques, brûlées par un soleil de feu, sous un ciel d'un bleu implacable, dans ce silence inouï que viennent seulement troubler le cri des bêtes sauvages ou le lointain appel du pâtre à son troupeau. De roc en roc, de terrasse en terrasse, le voyageur s'élève péniblement, suivant les sinuosités de ces ravins profonds aux parois presque verticales, côtoyant d'effrayants précipices, jouissant d'une vue merveilleuse d'une part sur la mer Morte et ses mélancoliques rivages, de l'autre sur ce paysage alpestre plein de sauvage grandeur.

Il faut plus de cinq heures à cheval sans le moindre temps d'arrêt pour monter de Dra'ah à Karak (1). Le voyageur, en cette ascension qui n'a sa pareille nulle part, se croit le jouet d'un rêve quand il songe qu'il se dirige vers la capitale de ce qui fut autrefois la plus puissante baronnie franque de Terre Sainte, quand il songe que durant de longues années des chevaliers de France ont vécu, souffert, se sont mariés, ont enfanté, ont combattu, sont morts en ces solitudes infernales. Son admiration devient profonde, presque religieuse, pour de tels hommes auprès desquels les héros de l'antiquité semblent peu de chose. Enfin, après ces longues heures passées dans cette sorte de chenal qui va toujours se rétrécissant, après avoir une première fois contemplé de loin Karak et ses énormes murailles, il traverse une dernière fois le ouady et s'arrête devant l'ouverture d'un tunnel de plus de quatre-vingts mètres

---

(1) TRISTRAM, *op. cit.*, p. 65.

de long, véritable porte de Karak. Il franchit celle-ci sous une arcade très ancienne, certainement antique, légèrement ogivale, surmontée d'une inscription arabe d'époque postérieure, et soudain débouche sur une vaste place irrégulière (1), plate-forme ouverte tout près du château dit de Bibars. Lorsqu'il approche, vers l'autre extrémité du mont, du point où se dressent les hautes ruines de ce qui fut le Karak de Moab, la Pierre du Désert, la formidable citadelle de Renaud de Châtillon, « le démon franc », le pire ennemi de Saladin, le détrousseur de caravanes, la terreur des pèlerins du Hadj, le spectacle devient d'une saisissante grandeur. Il a devant lui ce qui de tout temps fut la place la plus importante de cette région montagneuse et élevée qui domine à l'orient le Ouady-el-Arabah. Les vieilles et splendides murailles de la forteresse franque, de ce qui fut peut-être le monument le plus considérable

(1) Il n'en est plus ainsi maintenant, paraît-il. On peut entrer dans Karak par un sentier de piétons sans être forcé de franchir le tunnel qui débouche près du château de Bibars.

des Croisades, dressent encore vers le ciel leurs pans énormes. Il en subsiste des fragments immenses. Le spectacle est complété par les ruines non moins belles, non moins grandes de la massive citadelle sarrasine du sultan Bibars, qui occupe l'angle sud-est du mont, près de l'entrée. Celle-ci est ainsi désignée parce qu'une inscription arabe gravée dans le mur en attribue l'érection au sultan de ce nom. La ville entière était jadis environnée d'une puissante enceinte dont la partie inférieure, en fort appareil hérodien, a servi de base aux remparts des croisés. Il subsiste de cette enceinte des portions considérables flanquées des ruines de sept tours. « La colline occupée par la ville n'est reliée aux monts voisins que par deux crêtes de roches : l'une, au sud, sur laquelle a été construite le château; l'autre, vers le nord-ouest, près de l'entrée, coupée par un large jour en arrière duquel s'élève le château de Bibars (1). » Le château des croisés

---

(1) E. Rey, *Les colonies franques,* etc, p. 19.

qui seul nous intéresse ici, ce château qui fut la demeure de notre héros durant les dernières années de son aventureuse carrière, est situé à l'angle sud-ouest de la ville, à l'endroit le plus exposé. C'était, à proprement parler, la forteresse de la ville. Elle est isolée de la montagne voisine par un immense fossé à pic creusé dans le rocher, fermé à chaque extrémité de manière à former en réalité une gigantesque citerne. Séparée de même de la ville au nord par un autre fossé également large et profond, en partie comblé aujourd'hui, l'antique forteresse franque forme un grand quadrilatère dont la face nord est à peu près deux fois plus longue que celle tournée vers le sud. Les tours flanquant les murs sont, les unes carrées, les autres barrelongues. Nous savons, par un très curieux récit de la *Chronique d'Ernoul* (1), que les salles qu'elles renferment encore servaient de logis à la famille du prince de Karak. L'intérieur se compose d'une masse de voûtes

---

(1) Voy. p. 291.

énormes, d'arcades, de galeries, communiquant avec deux cours par des portes, des chemins de défilement, etc. On retrouve encore une chapelle souterraine avec des débris de fresques. Certainement pendant les fréquents sièges de Karak, Renaud et sa courageuse compagne entendirent maintes fois dévotement la messe en ce lieu retiré, durant que les formidables mangonneaux de Saladin ébranlaient en un tumulte effroyable les murailles énormes qui les protégeaient. Sous ces cryptes, témoins muets de ces spectacles héroïques, sont encore aujourd'hui visibles de nombreuses citernes, voûtées et cimentées, capables de contenir une grande quantité d'eau pour un long siège.

D'autres puits et des citernes en nombre sont creusés, soit dans la citadelle, soit dans la ville même (1).

(1) Voy. encore H.-B. TRISTRAM, *The Land of Moab*, Londres, 1873, ch. v et vi. — E. REY, *Les colonies franques de Syrie aux XIIe et XIIIe siècles*, p. 19 et suiv.

CHAPITRE VI

Renaud de Châtillon à Karak. — Efforts des Sarrasins pour s'emparer des châteaux de Karak et de Montréal. — Détresse du royaume. — Le roi Baudouin IV malade, sur le refus du comte de Flandre, confie à Renaud la direction suprême de la défense contre Saladin. — Victoire de Montgisard. — Prise par Saladin du fort du gué de Jacob. — Le roi donne sa sœur Sibylle en mariage à Guy de Lusignan. — Mort du basileus Manuel. — Renaud, malgré les trêves, s'empare d'une caravane de marchands de Damas. — Poursuivi par Ferroukh-Chah, gouverneur de Damas, il réussit à sauver son grand butin. — Saladin exaspéré demande vainement satisfaction pour cet attentat. — Il fait dévaster par ses troupes le territoire de la principauté de Renaud, malgré la diversion tentée par l'armée royale (1182).

Renaud de Châtillon allait bientôt faire parler de lui à nouveau! Nous ne sommes que bien imparfaitement renseignés sur cette seconde partie si curieuse de la vie agitée de notre héros. Nous n'en connaissons, hélas! que quelques épisodes racontés en peu de lignes par les chroniqueurs. Nous en savons assez cependant pour être assurés que cette dernière phase de son existence ne fut qu'un long combat, une perpétuelle aventure semée de furieux coups d'épée, une lutte incessante contre la puissance toujours grandissante de Saladin. Les Sarrasins, marchands, pèlerins ou soldats, depuis si longtemps accoutumés à redouter ce dangereux passage en terre chrétienne, au pied des remparts des deux Karak, qu'il leur fallait de toute nécessité franchir — au prix de quels périls! — pour gagner Damas, le Kaire ou la Mecque, s'aperçurent vite que la situation était devenue bien pire encore. Bientôt il n'y eut plus de caravane qui pût passer de Damas en Égypte ou au Hedjaz sans voir subitement étinceler à la crête des monts les heaumes enturbannés et les cottes de mailles des soldats du terrible sire de Karak, bondissant à l'attaque comme des loups sur leur proie. Chaque jour vit ce hardi partisan, véritable effroi de l'Islam, reculer davantage vers l'est les frontières de ses mouvants États et pousser ses chevauchées plus loin vers les immensités du désert sarrasin.

Il semble, je l'ai dit, à travers les récits si

Bonfils, phot. CHATEAU DE KARAK OU DE LA PIERRE DU DÉSERT
État actuel, côté Est.

tronqués des chroniqueurs, que Renaud de Châtillon tenait plus habituellement sa résidence à Karak de Moab. C'est là que demeurait sa femme, la princesse Étiennette, avec ses enfants, là qu'ils tenaient tous deux leur cour rude, guerrière, chevaleresque et orientale à la fois, d'aspect si étrange, si inattendu en cette vieille terre de Moab tout imprégnée des plus lointains souvenirs bibliques. Mais combien plus souvent Renaud, entraîné par les péripéties de cette vie aventureuse, passée constamment à cheval, devait-il habiter sous la tente, parmi les steppes sablonneuses de son immense seigneurie, passant ses nuits héroïques sous le merveilleux ciel étoilé de Syrie, sans compter les fréquents séjours aux autres châteaux de sa princée : à Montréal, au Val Moïse, à bien d'autres qu'il fallait sans cesse protéger contre les attaques soudaines des contingents sarrasins accourus secrètement de Damas ou du Kaire !

On aimerait à se représenter en imagination la petite armée toujours en action du terrible condottiere. Certes, l'élite en était composée de chevaliers et d'hommes d'armes possédant leurs alleus dans la principauté, les uns débarqués plus récemment d'Occident, les autres pour la plupart « poulains », ainsi qu'on nommait les fils des premiers croisés, nés sous le ciel brûlant de Syrie, par cela même déjà fort transformés. Mais à ceux-ci se joignaient beaucoup de ces croisés temporaires que, chaque printemps, le grand « passage » annuel amenait en Syrie, pieux pèlerins accourus pour accomplir un vœu ou racheter une faute, aventureux cadets de famille, hardis émigrants de toute race et de tout pays, pressés de croiser le fer avec les fils de Mahomet, de recueillir gloire ou butin. Les plus entreprenants parmi ceux-là, aussitôt débarqués aux ports de Phénicie, couraient par delà les lointaines étendues du lac Asphaltite s'enrôler sous la bannière du prince de Karak, dont la turbulente renommée, parvenue jusqu'aux cités d'Occident, défrayait déjà les récits des longues veillées aux châteaux des Gaules ou de Germanie. Outre ces soldats de pure origine latine, Châtillon en comptait bien d'autres encore, surtout parmi ses gens de pied, mercenaires de tant d'origines diverses. D'abord tout homme valide de la principauté, fût-il Sarrasin demeuré fidèle à sa religion, devait le service militaire. Puis le seigneur de Karak entretenait à prix d'or de nombreux hommes d'armes étrangers. Puis encore il y avait cette tourbe d'écumeurs de grands chemins, de simples brigands et détrousseurs, qui toute l'année vivait sur la frontière, ne subsistant que de rapine. Châtillon n'était pas homme à dédaigner de tels auxiliaires. Enfin, très souvent, les guerriers des tribus bédouines nomades fixées momentanément en ces vastes territoires s'alliaient à lui contre leurs propres coreligionnaires. Chameaux et juments arabes transportaient rapidement ces douteux auxiliaires.

Les attaques des Sarrasins contre les grands châteaux de la seigneurie de Karak s'étaient surtout multipliées depuis que, sous l'énergique impulsion de Nour ed-Dîn, la politique de l'offensive avait repris le dessus dans les conseils des princes musulmans. Les contingents alépitains de ce grand ennemi des Francs avaient paru à mainte reprise sous les remparts des deux Karak. Mais ces attaques étaient devenues bien plus fréquentes encore quand Saladin avait commencé à figurer à son tour comme le principal, le plus acharné adversaire des chrétiens de Terre Sainte. Dès le mois de septembre 1172 (1), on l'a vu, l'émir était venu une première fois assiéger Montréal. Ce fut même, au dire de Behâ ed-Dîn Ibn Cheddad, la première expédition tentée par lui hors d'Égypte contre les incirconcis. « Si Saladin, dit ce chroniqueur, tourna ses armes en premier lieu contre cette place, puis contre celle du Karak de Moab, c'est qu'elles étaient voisines d'Égypte et barraient la route à quiconque voudrait attaquer cette contrée. Les caravanes ne pouvaient traverser le territoire ennemi que sous escorte, et le sultan se proposait d'élargir

---

(1) *Hist. or. des Crois.*, t. IV, p. 157.

la route pour la facilité des voyages et des communications. »

Cette première fois, Saladin s'était retiré à l'approche de Nour ed-Dîn. Vers la fin du mois de mai ou vers le commencement de juin de l'an 1173, il avait dirigé une nouvelle expédition contre Karak. Le roi Amaury s'était avancé à sa poursuite jusqu'à trois heures à l'orient d'Hébron, mais, pour la seconde fois, le sultan avait dû se retirer devant les menaces de Nour ed-Dîn, qui ne voulait pas tolérer sa présence en ces parages. Enfin, devenu tout-puissant en Syrie comme en Égypte par la mort de l'atâbec, Saladin résolut plus que jamais d'en finir avec ces terribles forteresses.

Dans l'état de jeunesse, surtout de maladie si grave du pauvre jeune roi Baudouin IV, l'état malheureux du royaume latin empirait chaque jour. De violentes dissensions surgissaient autour du trône pour l'exercice du pouvoir et la tutelle du prince. Il fallait à tout prix un bras pour gouverner le royaume. La renommée de Renaud, sa réputation de vaillance, les héroïques souvenirs qu'il avait laissés à Antioche, firent qu'on songea presque aussitôt à lui dans les conseils de la cour pour lui confier la direction suprême de la lutte contre Saladin. Voici comment Guillaume de Tyr raconte ces faits (1) : On était dans la quatrième année du règne de Baudouin le Lépreux, l'an de grâce 1177. Vers le commencement de septembre, Philippe, comte de Flandre et Vermandois, fils de ce comte Thierry, propre oncle du roi Baudouin, que si souvent on avait vu jadis en Terre Sainte, débarqua au port de la cité d'Acre, avec une foule de chevaliers flamands et français, même anglais (2). C'était un des plus puissants princes d'Occident. Depuis longtemps on attendait anxieusement sa venue au pays de la Croisade, comme autrefois celle de son père. On pensait qu'il accomplirait des merveilles. Hélas! il devait finalement tromper toutes ces espérances. Le roi Baudouin, qui avait dû se faire porter d'Ascalon à Jérusalem en litière

(1) *Hist. occid. des Crois.*, t. I, p. 1027.
(2) RŒCHRICHT, *Beitræge*, etc., t. II, p. 116.

tant la maladie l'accablait, eut une grande joie de sa venue. L'infortuné souverain dépêcha au comte ses barons et ses prélats pour lui faire honneur et l'amener dans sa capitale, où lui gisait si grièvement malade. Dès l'arrivée du nouveau croisé, tous les grands du royaume, réunis en conseil, les patriarches et les évêques, les barons, les maîtres du Temple et de l'Hôpital, lui offrirent le commandement suprême avec pouvoir illimité pour faire la paix ou la guerre, mais, à la consternation générale, il refusa obstinément sous de fallacieux prétextes d'humilité. De même il refusa de commander une expédition qu'on projetait contre l'Égypte de concert avec la flotte impériale byzantine, qui attendait dans le port d'Acre. Alors le roi et les barons, désolés de voir ce grand espoir s'évanouir, « baillèrent le pouvoir et gouvernement du royaume au seigneur de Karak, loiaux hom et bons chevaillers qui, depuis son retour de captivité, avait souvent déjà exercé le commandement en place du souverain malade » (1). Le

(1) Ceci semblerait indiquer que, dès le retour de Renaud de

roi lui donna plein pouvoir et le nomma chef de l'armée qui devait aller en Égypte, lui recommandant seulement de demeurer toujours d'accord avec le comte de Flandre.

Cette expédition d'Égypte ne se fit point, grâce au mauvais vouloir du comte Philippe. Il n'y a pas lieu de raconter ici, d'après Guillaume de Tyr, le triste et inutile séjour de ce prince en Terre Sainte. Du moins, durant que lui, le prince d'Antioche et le comte de Tripoli, avec tous leurs chevaliers, ne parvenaient même pas à s'emparer, après un siège de quatre mois, de la place forte de Harem (1), cet éternel objet de contestation entre Francs et infidèles, à douze milles d'Antioche, la fin de cette année 1177 fut signalée par une brillante victoire remportée sur Saladin à Montgisart, non loin de Ramleh, par l'armée du royaume, sous le com-

captivité, l'an précédent, le comte de Tripoli avait cessé ses fonctions de régent du royaume.

(1) Le seigneur de cette ville, Sa'd ed-Dîn-Koumouchté, le même qui avait mis Renaud en liberté, avait voulu la livrer aux princes francs. Le fils de Nour ed-Dîn, El-Malec es-Sâleh, fit étrangler ce traître avec une corde d'arc. Voy. KÉMAL ED-DÎN, *Hist. d'Alep*. (*Rev. de l'O. L.*, p. 149 à 153.)

mandement de Renaud de Châtillon, qui s'y couvrit de gloire. Voici le résumé du long et curieux récit de Guillaume de Tyr (1) : Le roi, qui était à Ascalon, toujours plus malade, apprit que les Sarrasins d'Égypte avaient franchi la frontière du royaume et ravageaient les terres chrétiennes sans rencontrer de résistance. Longeant la mer en secret à la tête de son armée pour mieux surprendre Saladin, il fut rejoint par les Templiers demeurés à Gaza. Tous ensemble marchèrent à l'ennemi, animés d'un grand désir de vengeance, courroucés par les nouvelles de toutes ces villes, de tous ces villages qui flambaient misérablement sous la torche des infidèles.

Le 28 novembre de l'an 1177 (2), un ven-

(1) *Hist. occid. des Crois.*, t. I, p. 1041-1047.
(2) Vendredi 26 ou samedi 27 pour l'auteur du *Livre des deux jardins* (*Hist. or. des Crois.*, t. IV, p. 184 et suiv.). Cette compilation arabe donne aussi le récit de cette bataille de Montgisart que les historiens orientaux désignent sous le nom de défaite de Ramleh. Sur cette brillante victoire des armes chrétiennes sur Saladin, voy. encore GUILLAUME DE TYR, *Hist. occid. des Crois.*, t. I, p. 1041 et suiv.; *Vie du sultan Youssof,* de BEHA ED-DÎN (*Hist. or. des Crois.*, t. III, p. 63 et suiv.); ERNOUL, *op. cit.*, p. 43 et suiv.; WILKEN, *Gesch. d. Kreuss..*, t. III, p. 184 et suiv.

dredi, jour de la fête de sainte Catherine, les guerriers francs aperçurent enfin l'ennemi vers l'heure de none. Saladin, inquiet, averti par ses espions, avait déjà rallié ses coureurs, fait sonner bussines et tabors, disposé en personne ses batailles, chevauchant de tous côtés, haranguant les chefs, saluant de la main les soldats. Auprès du roi Baudouin se trouvaient le grand maître du Temple avec quatre-vingts de ses chevaliers, Renaud de Châtillon, Baudouin, seigneur de Rames ou Ramleh, et Balian, son frère, Renaud de Sidon, le sénéchal comte Josselin III d'Edesse, oncle du roi, en tout trois cent soixante-cinq combattants sans compter les hommes de pied. Après avoir prié Dieu, ce qui réconforta grandement cette petite phalange de héros, on marcha à l'ennemi. La vue de ces mécréants qui avaient mis à feu toutes ces terres chrétiennes redoublait les courages. Les Sarrasins étaient beaucoup plus nombreux. C'est par un passage de la *Vie du sultan Youssof* (1)

---

(1) « Youssof » c'est Saladin. *Hist. or. des Crois.*, t. III, p. 63.

que nous apprenons que, dans cette journée de Ramleh, Renaud de Châtillon commandait en chef l'armée des Francs.

La mêlée devint rapidement furieuse. Au premier rang des chrétiens, le vaillant évêque Albert de Bethléem élevait au-dessus de sa tête la Vraie Croix, qui si souvent déjà avait conduit les Francs à la victoire. Bientôt, le roi en personne, avec sa maison, se vit enveloppé de toutes parts par une mer de Sarrasins. « Mais notre sire, dit le chroniqueur, leur envoia hardement et force. » L'épée au poing, massés en bataille, les braves chevaliers, après avoir, à genoux, dévotement adoré la Croix, se firent jour à travers cette masse hurlante. Baudouin de Rames et son frère Balian conduisaient la première bataille. Après un violent corps-à-corps, les infidèles furent définitivement forcés de plier. On en fit un grand massacre. Ce fut un des plus beaux miracles de Dieu. Les Sarrasins combattant à cheval étaient au nombre de vingt-six mille, sans compter ceux, en quantité infinie, montés sur les chameaux et les sommiers. Sur ces vingt-six mille, huit mille étaient des guerriers d'élite dont mille au moins portaient, dit le chroniqueur, les armes de Saladin, c'est-à-dire que sous leurs haubert ils avaient revêtu des cottes d'armes doublées de samiz jaune. C'étaient là les fameux mamelouks de l'émir. Ceux-ci ne voulurent pas lâcher pied avant leur chef. Le reste de l'armée ayant fui, ils périrent tous. Tout le temps de la bataille la Sainte Croix avait brillé d'un tel éclat miraculeux qu'elle semblait toucher au ciel. La poursuite dura tant qu'il fit jour sur un espace de plus de deux milles depuis le lieu dit Montgisart, qui donna son nom à la bataille, jusqu'au marais qui a nom l'étang des Estornois. Là nuit seule permit à quelques fuyards d'échapper. Les Sarrasins jetaient leurs armes : haubert, heaumes, chapeaux de fer, arcs et carquois, pour mieux courir, chacun ne songeant qu'à son salut. Ils cherchaient surtout à précipiter ces armes dans les marais, fort nombreux en ce lieu, pour qu'elles ne tombassent point aux mains des chrétiens. « Il n'y eut que six des nôtres de morts, s'écrie audacieusement le chroniqueur, outre pas mal de gens de pied (1) ! »

Le lendemain, avec des perches et des crocs, on retira plus de cent hauberts, sans compter les diverses pièces d'armures. « Roland et Olivier ne prirent pas tant d'armes à Roncevaux », dit tranquillement le chroniqueur Ernoul. Le roi retourna à Ascalon. Les derniers chevaliers francs acharnés à la poursuite ne rentrèrent que le quatrième jour, ramenant sur des chameaux un grand butin : armures de mailles, précieux vêtements d'apparat, équipements de chevaux en quantité. Un joyeux enthousiasme régnait dans l'armée chrétienne. Ernoul dit : « Renaut, sires dou Crac, fu cil qui le grignour prouece fist en le bataille de Mongisart ! »

Plus de dix jours durant, après cette mêlée fameuse, des pluies formidables tombèrent sans répit. Les Sarrasins, égarés par les campagnes,

(1) La vérité est que les Francs eurent environ deux mille tués ou blessés.

perdaient leurs chevaux, qui expiraient fourbus. De toutes parts on les faisait prisonniers. De nombreux captifs chrétiens, qu'on trouva liés sur des chameaux, furent par contre délivrés. Vers El-Arish, les Bédouins pillèrent les bagages de l'émir. Lui-même, monté sur un chameau coureur, suivi de cent cavaliers à peine, échappa difficilement à cette universelle déroute. « Il n'y a d'espoir, on le vit, qu'en Dieu, dit le pieux chroniqueur, lequel fit une telle chose par si peu de gens! »

Le roi Baudouin IV rentra dans Jérusalem pour y remercier Dieu. Le comte de Flandre repartit pour l'Occident, sans avoir rien fait ni tenté.

« Voici comment, dit un des panégyristes orientaux de Saladin (1), le sultan expliquait la cause de cette défaite : « Nos troupes venaient d'être rangées en ordre de bataille, et l'ennemi approchait, quand une partie du conseil fut d'avis qu'il fallait changer la position

(1) *Anecdotes et beaux traits de la vie du sultan Youssof* (Hist. or. des Crois., t. III, p. 64).

des ailes de l'armée et faire passer celle de droite à gauche et réciproquement, afin d'avoir sur nos derrières la colline appelée « Terre de Ramleh ». Pendant qu'elles opéraient ce changement, les Francs les chargèrent et, par la permission de Dieu, les mirent en pleine déroute. Comme il n'y avait pas de place forte dans le voisinage pour leur servir de lieu de retraite, les musulmans se dirigèrent du côté de l'Égypte, et, ayant perdu leur chemin, ils se dispersèrent de tous côtés. On leur fit beaucoup de prisonniers, et dans le nombre fut Eïssa el-Hakkari, le fameux jurisconsulte (1). Ce fut là un grand revers, mais Dieu le répara par l'avantage obtenu bientôt après dans la célèbre bataille de Hittîn. »

Dans les années qui suivirent, la lutte contre Saladin se poursuivit presque incessante. Châtillon prit certainement part à la plupart des combats qui, à cette époque, ensanglantèrent la frontière, mais les indications des chroni-

---

(1) Légiste et guerrier renommé, bras droit de Saladin pour les affaires de Syrie.

queurs sont si brèves que son nom glorieux ne se trouve que bien rarement prononcé dans leurs récits très sommaires. Décrire toutes ces rencontres, ce serait refaire l'histoire agitée et lamentable du royaume de Terre Sainte en ces années terribles. Comme je m'occupe exclusivement ici du seigneur de Karak, je ne rappellerai que les faits à propos desquels son nom se trouve cité.

En 1178, il n'est question de Renaud dans aucune source. En août de cette année, les Francs furent vaincus sous Hamah par le sultan, qui fit décapiter les prisonniers par des personnages d'importance de sa suite, pieux croyants musulmans, bourreaux volontaires des infidèles. En 1179, année particulièrement malheureuse pour les Francs, ceux-ci bâtirent en six mois la fameuse forteresse dite du gué de Jacob, sur une éminence des rives du Jourdain, à dix milles de Bânias. Le 21 avril (1), l'armée royale fut cruellement dé-

---

(1) Rœhricht, *Arab. Quellenbeitr.*, p. 7, note 1.

CHAPITRE VI.

faite à Beaufort. Le connétable du royaume, Humfroy II de Toron, un héros parmi tant de héros, mourut de ses effroyables blessures dix jours après. Le dimanche 9 juin, nouveau grand désastre des chrétiens à Merdj-Oïoun, aux environs de Bânias (1). Le grand maître du Temple, Eudes (2) de Saint-Amand, tomba aux mains de Saladin avec une foule de hauts barons. C'était un personnage fort considéré. Il mourut en captivité. Même il aurait péri par la faim, au dire de Brompton. Puis le sultan alla le 25 août assiéger ce fort du gué de Jacob, que les Francs venaient de construire à si grands frais et si grande peine pour commander le principal passage du fleuve. Le 30 août, il prit le château d'assaut après un affreux massacre. Il y trouva mille cuirasses, cent mille armes de toutes sortes, d'immenses approvisionnements. Il fit une foule de prisonniers. Le fort, appelé Beïtul-Ahzân par les

---

(1) RŒHRICHT, *ibid.*, p. 10 et 15. Le même auteur, *Gesch. d. K. J.*, p. 385, dit le 10 juin.
(2) « Odo. »

chroniqueurs sarrasins, fut rasé. Bien probablement, le seigneur de Karak prit une part capitale à tous ces combats aussi héroïques que malheureux (1).

En 1180, avant Pâques, le roi, plus malade que jamais, accorda la main de sa sœur aînée, Sibylle, veuve du margrave Guillaume Longue-Épée, à Guy de Lusignan, chevalier poitevin, avec la comté de Jaffe et d'Ascalon pour douaire. Enfin, en été de cette année, une trêve bienfaisante fut conclue entre le roi et Saladin qui s'en alla faire la guerre au fils de Livon d'Arménie et rentra victorieux dans Hamah en novembre (2). Le 24 septembre mourut le basileus Manuel, après un règne de plus

(1) En cette année 1179, le 22 octobre, à Acre, Renaud signe en qualité de témoin un acte du roi Baudouin IV (RŒHRICHT, *Regesta,* p. 156). En l'année suivante, 1180, il signe de même deux actes, un du 28 avril en qualité de témoin du roi Baudouin, un autre par lequel il confirme une donation à l'église de Sainte-Marie du Val de Josaphat (*ibid.*, p. 158 et 159). Dans ces documents, il signe tantôt *princeps Montis Regalis et Hebronensis dominus,* tantôt *quondam princeps Antiochenus, nunc autem,* etc. Les historiens arabes, qui nomment d'ordinaire Renaud de Châtillon « Arnaout », Arnaut, le désignent toujours par ce terme de prince de Karak.

(2) RŒHRICHT, *Arab. Quellenbeitr.*, p. 22-23.

de trente-sept années. Sa mort fut une calamité de plus pour l'infortuné royaume de Terre Sainte. Son fils Alexis II, dont la fin devait être si lamentable, âgé de onze ans seulement, déjà fiancé à Agnès, fille de Louis VII, lui succéda, sous la tutelle de sa mère, la princesse Marie d'Antioche. En octobre 1180, le roi Baudouin fiança encore sa plus jeune sœur, la princesse Isabelle, âgée de huit ans, à Humfroy de Toron, fils d'Étiennette de Milly, la femme du sire de Karak. Guillaume de Tyr (1) dit que Renaud travailla beaucoup à amener cette union entre son beau-fils et la petite princesse royale.

En 1181, le prince de Karak fit avec le nouveau patriarche de Jérusalem, le trop fameux Héraclius de triste mémoire, partie d'une députation royale envoyée à Antioche auprès de son autre beau-fils, le prince Bohémond III, qui scandalisait sa principauté par ses amours violentes, ses déportements, son mauvais gou-

---

(1) *Hist. occid. des Crois.*, t. I, p. 1069.

vernement, ses démêlés avec le patriarche d'Antioche.

Ce fut vers cette époque que Renaud de Châtillon fit, semble-t-il, pour la première fois depuis son retour de captivité, preuve de ce mépris de la foi jurée qui, quelques années plus tard, devait être la cause directe de sa mort. Déjà, au mois de janvier de cette année 1181, Saladin, qui s'était rendu en Égypte par Aïlat, avait été menacé d'une attaque du seigneur de Karak (1). En été, ce fut bien pis. Renaud, qui ne pouvait supporter le calme de la paix et ne rêvait qu'aventures nouvelles, prétendit qu'il ne se trouvait point tenu personnellement par la trêve qui venait d'être conclue l'an précédent entre le roi et Saladin, et exécuta, sans même la faire dénoncer, une incursion en territoire ennemi. Profitant de ce qu'ensuite de la mort de l'émir Tourân-Chah,

(1) Dans une lettre du kadi El-Fadhel, envoyé du khalife de Bagdad auprès de Saladin, qui fit vers 1178 le pèlerinage de la Mecque, il est déjà fait allusion à une attaque infructueuse dirigée par le sire de Karak contre la caravane du Hadj au retour des villes saintes. RŒHRICHT, *ibid.*, p. 7, note 2, et 8.

frère de Saladin, deux autres émirs se disputaient la possession de ces régions, il s'avança avec un très fort parti dans la direction du sud-est jusque vers la lointaine Taïmâ, sur la route du Hadj, entre Sâm et le Ouady-el-Kari.

L'émir El-Malec-el-Mansour Izz ed-Dîn Ferroukh-Chah, surnommé aussi Mou'izz ed-Dîn, neveu de Saladin, son gouverneur à Damas (1), se mit aussitôt à sa poursuite, mais avant qu'il eût pu l'atteindre, Renaud avait fondu, comme l'aigle sur sa proie, sur une grande caravane de marchands de Damas qui s'en allait en toute tranquillité au Hedjaz et qui campait en ce point, confiante dans la sécurité des trêves. Châtillon et ses soldats vinrent facilement à bout de cette troupe affolée. Hommes, femmes, bêtes de somme furent emmenés en captivité

---

(1) Voy. Rœhricht, *ibid.*, p. 26, note 3, où sont indiqués tous les textes qui racontent assez diversement cette expédition inique du prince de Karak. Voy. encore, *Hist. or. des Crois.*, t. I, p. 647, le récit du « Kamel Altevarykh ». Les historiens arabes désignent souvent Renaud par le terme de prince tout court : « albrinz ».

au Krak (1). Les marchandises saisies par ces bandits de grand chemin valaient plus de deux cent mille besants, près de deux millions et demi de poids d'or! C'était une riche proie qui allait d'ailleurs coûter cher au prince de Karak. Suivant les historiens arabes, Ferrouck-Chah serait à ce moment tombé sur les derrières des chevaliers pillards et les aurait contraints à une retraite précipitée. Toutefois, les guerriers latins réussirent à sauver ce prodigieux butin qui les enrichissait si subitement. Le « Kamel Altevarykh » (2), racontant ces faits, dit à cette occasion que le « prince de Karak, Arnaout, était au nombre des avides démons francs, de leurs chefs orgueilleux, le plus hostile de tous contre les musulmans ». « Seule, dit cette chronique, l'intervention providentielle de Ferrouck-Chah empêcha Renaud

---

(1) Guillaume de Tyr ne parle que de quelques Arabes faits prisonniers en Moabitide par Renaud durant les trêves. C'est Ernoul qui raconte l'incident de toute la caravane prise. Seulement ce chroniqueur donne la date de 1179.

(2) *Hist. or. des Crois.*, t. I, p. 647. Voy. aussi *ibid.*, p. 50, le récit d'Aboulféda.

de mettre à exécution, dès ce moment, son projet de se rendre par terre, par la route de Taïmâ, à Médine, pour piller les trésors immenses de cette ville, expédition dont il avait fait tous les préparatifs. » « Ferrouck-Chah, dit de son côté Eïmâd ed-Dîn, ne prit pas de repos avant qu'il eût forcé les maudits à se retirer. » Dans une lettre de Saladin adressée à la cour de Bagdad, lettre dont cet annaliste nous a conservé le texte, le sultan fait, lui aussi, allusion à ces événements : « Mon neveu, dit-il, campe actuellement sur l'extrême limite des terres franques, aux sources des steppes du Hedjaz, car l'âme criminelle du tyran de Karak lui a suggéré de marcher avec son infanterie et sa cavalerie sur Taïmâ, qui est vraiment la porte de Médine. Il a choisi la saison de l'année où la steppe est fertile. C'est une grâce du Tout-Puissant de nous fournir cette occasion de protéger la tombe du Prophète. »

Lorsque le roi de Jérusalem et ses conseillers eurent appris cette violation de la foi jurée par Renaud, leur colère et leur épouvante furent sans bornes. Dans la condition si déplorable du royaume, c'était pure folie de s'attirer ainsi la colère d'un aussi puissant adversaire. Le roi surtout se montra indigné contre cet audacieux vassal qui replongeait le royaume dans de si graves périls, dans le but unique de s'enrichir de ce bien mal acquis. Il exigea de Renaud la remise immédiate à Saladin de tous les captifs, de tout le butin, et lui envoya en ambassade des chevaliers du Temple et de l'Hôpital, des gens d'Église, de hauts hommes du royaume, pour le conjurer de ne pas demeurer cause que lui fût un roi parjure. Rien n'y fit. L'obstiné Renaud donna une fois de plus la preuve de son caractère ingouvernable. Son refus d'obéir à la prière royale fut injurieux au dernier chef. Il envoya dire au pauvre souverain malade qu'il entendait ne pas rendre aux Sarrasins une seule obole du bien qu'il leur avait enlevé. Il terminait en priant qu'on le laissât désormais tranquille, libre de ses mouvements. Les ambassadeurs de Baudouin s'en retournèrent désespérés.

Ainsi que l'avait prévu le roi, la colère de Saladin, qui guerroyait pour lors dans le Yémen, fut grande à l'ouïe de cet attentat. Sa première vengeance fut de faire mettre aux fers plus de seize cents pèlerins chrétiens qu'une tempête venait de jeter sur la rive égyptienne, près de Damiette, et de confisquer leurs biens (1). Puis il fit demander au roi de Jérusalem réparation éclatante, morale et matérielle, pour ce manquement infâme à la foi jurée. « Rends-moi incontinent mes gens, mes marchands, toutes mes marchandises, faisait-il dire à Baudouin, sinon je me vengerai terriblement. » En même temps, il réclamait une nouvelle prolongation des trêves. Le souverain latin dut, la honte au cœur, faire savoir au sultan qu'il ne pouvait rien à cette triste affaire, sinon la déplorer de tout son pouvoir. Il avouait ainsi implicitement qu'il n'était pas assez fort pour imposer sa volonté au prince de Karak.

(1) Rœhricht, *ibid.*, p. 30.

Pour toute réponse, le sultan, dénonçant régulièrement les trêves, hélas! si bienfaisantes, envoya un corps de troupes qui procéda à la plus impitoyable dévastation des territoires chrétiens au delà du Jourdain. Ce fut le début d'une nouvelle ère de luttes lamentables. Les raconter en détail sortirait du cadre de ce récit. Qu'il me suffise de dire que, dans tous les conseils de guerre pleins d'angoisse tenus à ce moment auprès de la couche du roi malade, l'audacieux prince de Karak, forcément rentré en grâce, opina constamment pour les décisions les plus énergiques (1). Au lieu de demeurer sur la défensive en protégeant uniquement, ainsi que le voulait le comte Raymond III de Tripoli, le territoire du royaume, Renaud exigea qu'on portât la guerre en terre sarrasine, surtout qu'on coupât aussitôt au sultan la route de Damas. Celui-ci venait, en effet, dans les premiers jours de mai de l'an 1182, de quitter avec toute son armée la terre d'Égypte,

(1) WILKEN, *op. cit.*, t. III, p. 206. KÉMAL EL-DÎN, *Hist. d'Alep*. (*Revue de l'O. L.*, t. IV, p. 159.)

CHAPITRE VI. 251

où il était retourné au mois de janvier précédent.

L'avis du plus violent prévalut, et toute l'armée franque alla camper non loin de la Pierre du Désert, pour couper la route à Saladin (1). Le sultan, dit Eïmad ed'-Dîn, avait quitté le Kaire le 11 mai 1182 (2), peut-être déjà le 5 mai, pour rentrer en Syrie. Il ne devait plus revoir l'Égypte jusqu'au jour de sa mort. Il suivit, avec ses troupes et un grand nombre de marchands et de cultivateurs syriens qui s'étaient joints à lui (3), la route de Sader et d'Aïlat, par le désert. En arrivant, le sixième

(1) Les Francs, dit Eïmad ed-Dîn, ne consentaient jamais à engager la lutte que près d'une place forte, ou bien là où ils étaient certains d'être soutenus.

(2) Cinquième jour du mois de moharrem de l'an 578 de l'hégire. — Les 6 et 24 février de cette année 1182, Renaud se trouvait à Saint-Jean d'Acre auprès du roi Baudouin IV, comme en témoignent deux actes de ce souverain datés de cette ville, sur lesquels figure la signature du prince de Karak. Rœhricht, *Regesta*, p. 162; Mas-Latrie, *op. cit.*, p. 15; Strehlke, *op. cit.*, p. 14. — Le 27 avril, Renaud était de retour à Jérusalem, probablement en route pour aller barrer le passage au sultan sur le territoire de sa seigneurie. A cette date, en effet, nous le voyons signer à un acte du roi daté de cette ville. Rœhricht, *Regesta*, p. 163; Strehlke, *op. cit.*, p. 14.

(3) Rœhricht, *Arab. Quellenbeitr.*, p. 32.

jour, sur la colline d'Aïlat, il apprit la concentration des forces chrétiennes accourues à Karak pour lui barrer la route. Il renforça les postes frontières et poursuivit sa marche par Hima, la colline de Chitar et El-Karyéteïn. Après avoir fait, avec des contingents d'élite, diverses incursions en territoire ennemi, il s'avança, par la route de Karak, jusqu'à El-Hisa. A El-Azrak (1), il fut rejoint par les contingents que lui amenait son frère Tadj-el-Molouk-Boury, ou le Loup. Il y apprit encore la nouvelle victoire remportée du côté de Tibériade, sur les forces franques, par son neveu l'émir Ferroukh-Chah, son gouverneur à Damas. Celui-ci, profitant de ce que les Francs s'étaient concentrés à Karak, s'était jeté sur leurs territoires de Tibériade et de Saint-Jean d'Acre, complètement démunis de troupes. Il les avait entièrement ravagés et s'en était retourné, ramenant deux mille captifs et vingt mille têtes

(1) Ernoul dit qu'il campa à Djerba, à dix milles de Montréal ; à trente-six milles du camp chrétien, dit Guillaume de Tyr (*Hist. occid. des Crois.*, t. I, p. 1088 et suiv.).

de bétail. Après cela, Eïmad ed-Dîn, sans nous dire pourquoi les Francs campés à Karak ne réussirent pas à arrêter la marche du sultan, ajoute seulement que celui-ci se rendit par Bosra à Damas, où il fit son entrée le 22 juin (1). Les historiens occidentaux n'ajoutent pas de détails importants. En somme, de tous ces récits, nous apprenons que la diversion tentée par toute l'armée du royaume pour porter secours à Renaud, menacé de la vengeance de Saladin, et essayer de couper à ce dernier la route de Damas, échoua complètement et ne réussit même pas à empêcher les partis du sultan de ravager les territoires chrétiens dégarnis de défenseurs.

Saladin, dont les troupes avaient beaucoup souffert dans la traversée du désert, avait profité de son passage auprès du château de Montréal pour faire également dévaster par ses coureurs l'oasis qui environne cette place. Les vignes furent brûlées, les palmiers coupés au

---

(1) Dix-septième jour du mois de safer.

pied. Tous les chroniqueurs s'accordent à dire que l'effort latin fut impuissant à empêcher la rentrée du sultan à Damas. Dès la fin de juin, Saladin était de retour dans sa belle capitale syrienne.

CHAPITRE VII

Expédition organisée en l'an 1182 par Renaud dans la mer Rouge pour aller piller la Mecque et Médine. — Combats et pillages. — Arrivée de la flotte égyptienne sous le commandement de l'amiral Loûlou. — Désastre final des Francs.

Cette même année 1182 est marquée dans l'histoire aventureuse de Renaud de Châtillon par un de ses plus fantastiques faits d'armes sur lequel nous ne sommes malheureusement que très imparfaitement renseignés (1). A force de voir défiler chaque printemps, du haut des terrasses crénelées de leurs châteaux, les interminables et bruyantes colonnes des poudreuses caravanes du Hadj, se rendant de Syrie ou d'Égypte aux lointaines villes saintes et y transportant des trésors d'un prix inestimable, à force d'avoir écouté, aux heures du repos au

(1) Nous le sommes presque uniquement par les historiens orientaux.

désert, les récits des marchands sarrasins, des captifs, des chameliers bédouins énumérant les richesses accumulées à la Mecque et à Médine, l'imagination des guerriers francs avait démesurément amplifié l'importance de celles-ci. Aux veillées du campement, dans les longues journées d'inaction passées sous les voûtes lugubres des châteaux énormes entre deux expéditions guerrières, les conversations roulaient incessamment sur ce sujet unique, les têtes s'échauffaient, et ces hommes de fer, ces rudes compagnons qui ne doutaient de rien, que ni les dangers innombrables de cette guerre cruelle et sauvage entre toutes, ni les distances immenses, ni les solitudes infinies et brûlantes, ni les horreurs de la soif, ni les dangers d'une mer inconnue ne parvenaient à troubler, ne parlaient que d'aller attaquer, prendre et piller ces mystérieuses capitales de la religion du faux Prophète. Ces perspectives hasardeuses, ces troublants mirages des trésors des *Mille et une Nuits* à conquérir, ne plaisaient à aucun plus qu'à Châtillon. Son âme, sans effroi comme sans scrupule, rêvait délicieusement de réaliser ces exploits, en apparence presque fabuleux. De la simple pensée un tel homme en venait vite à l'action. Celle-ci présentait, on ne le comprend que trop, des difficultés d'exécution prodigieuses. Renaud ne pouvait, à cause du peu de forces dont il disposait, à cause surtout des distances énormes à parcourir dans ces sables sans limites, songer à suivre la route de terre pour gagner la Mecque et son temple fameux. Il avait fallu renoncer définitivement à cette voie après la rude leçon infligée, tout récemment, aux bandes du seigneur de Karak par les cavaliers de Ferroukh-Chah. Certainement on aurait péri dans les sables par la soif ou sous l'attaque de toutes les tribus bédouines accourues à la curée. Pour frapper un coup subit, pour pouvoir surprendre sans défense et mettre à sac des villes aussi populeuses, l'unique voie était celle de la mer. Le seigneur de Karak profita, pour mettre à exécution ses projets extraordinaires, de la période assez longue durant laquelle, vers cette époque, Saladin, forcé de remettre à plus tard l'assaut suprême qu'il préparait contre le malheureux royaume de Terre Sainte, dut songer d'abord à affermir définitivement sa domination dans les régions de l'Euphrate et de la haute Syrie, en mettant la main sur les dernières portions de l'immense héritage de Nour ed-Dîn.

On a vu que la seigneurie de Karak et Montréal s'étendait de fait jusqu'au plus oriental des deux golfes mélancoliques par lesquels la mer Rouge se termine vers le nord, le golfe d'Akabah actuel, golfe *Ælanites* des anciens, mer de Koulzoum des Sarrasins du moyen âge, aux rives effroyablement désertes, sablonneuses et rocailleuses. A l'extrémité septentrionale de cette petite mer brûlante qui, aux rayons de ce soleil torride, semblait une nappe de plomb fondu, s'élevait la triste place d'Aïlat, dont j'ai parlé déjà (1), dernière cité du Hedjaz, première cité de la Syrie, petite et désolée, cependant fort importante comme unique port d'embarquement

(1) Voy. p. 204.

sur ce golfe, et comme station très fréquentée des caravanes allant d'Égypte en Syrie ou aux villes saintes du Hedjaz et *vice versa*. C'était la route du grand pèlerinage par terre pour aller d'Égypte à la Mecque. De même, pour les innombrables relations commerciales ou militaires entre l'Égypte et la Syrie, c'était la route presque nécessaire, sinon on mourait de soif. Les Francs avaient occupé en 1116 Aïlat et sa forteresse insulaire de Graye. Ils l'avaient reperdue en 1175. Depuis cette époque, la citadelle de Graye était demeurée aux mains des soldats de Saladin.

Avant tout, il fallait que Châtillon s'emparât de ce point (1). C'était, en effet, de ce lieu perdu entre un immense et effrayant désert et une mer plus effrayante, plus déserte encore en sa morne solitude, que, profitant de l'absence de Saladin aux pays de l'Euphrate, le hardi baron franc avait résolu de partir à la conquête des cités fabuleuses de l'Islam. Mais il ne possé-

(1) WILKEN, *op. cit.*, t. III, note de la p. 223.

dait pas de flotte pour transporter ses guerriers. Sauf les barques sarrasines qui venaient commercer en ces parages lointains, il ne semble avoir eu aucune marine à sa disposition. En outre, l'aridité de ces régions de l'Arabie Pétrée, jointe au voisinage de la garnison musulmane d'Aïlat, rendait impossible l'établissement de chantiers de construction en ce point. Ceci encore n'était pas pour arrêter un homme tel que Renaud. Il fit, racontent les chroniqueurs arabes, fabriquer de toutes pièces des navires, à Ascalon, suivant les uns, à Karak même, suivant d'autres, d'où les Bédouins du désert se chargèrent, pour un prix à forfait longuement débattu, de les transporter démontés, à dos de chameaux, jusqu'à la mer. Quel spectacle étrange que celui d'une de ces formidables caravanes convoyant, à travers ces solitudes sans bornes, l'armement naval du célèbre prince franc, sous la conduite de ces farouches pillards du désert d'Arabie!

Une fois rendus sur les rives affreuses de la mer de Koulzoum, certainement en un point du littoral très voisin d'Aïlat, que les Francs bloquèrent aussitôt, les innombrables pièces de ces navires, après cet extraordinaire et lent voyage sur les croupes des chameaux difformes, furent assemblées à nouveau. Puis ces esquifs improvisés furent immédiatement lancés sur les eaux du golfe Élanitique. Hélas! nous n'avons aucun détail sur ces opérations inouïes. Toute cette expédition fantastique, nous ne la connaissons que par quelques indications infiniment brèves. Nous savons seulement que les navires du sire de Karak étaient au nombre de cinq : « des galères », grands navires pouvant contenir probablement chacun plus de mille combattants. Outre ceux-là, il y avait beaucoup de bateaux de dimensions moindres, pouvant encore porter des troupes (1). Ibn Djobeïr dit

(1) Cependant ERNOUL, *op. cit.*, p. 69-70, l'unique chroniqueur franc qui parle de cette expédition, dit seulement ceci : « Sur la rive de cette mer fit faire Renaud V galées, les fit mettre en mer, les garnit de chevaliers, sergents, viande assez. » — « Le prince de Karak, dit Eïmad ed-Dîn au début de son récit (*Hist. or. des Crois.*, t. IV, p. 230), irrité des dommages que lui faisaient subir sans trêve nos troupes cantonnés dans Aïlat, place forte que sa situation au milieu de la mer rendait inaccessible aux infidèles, réfléchit au moyen d'employer la mer et d'ouvrir la voie à ses perfidies. »

que Renaud fit peindre en noir sa flottille « de seize bâtiments », probablement pour la rendre moins visible, plus réfractaire aussi aux rayons d'un soleil intense.

Très rapidement, car il s'agissait avant tout de ne pas attirer l'attention toujours en éveil des lieutenants de Saladin, on embarqua les hommes, les vivres, les appareils de guerre, les munitions nécessaires. Puis la bande redoutable des aventuriers casqués et vêtus de fer, protégés contre l'ardeur du soleil par les souples étoffes d'Orient, cingla vers le sud pour son expédition audacieuse. Il semblerait, d'après une phrase du « Kamel-Altevarykk (1), que Renaud ne se soit point embarqué de sa personne sur cette petite flotte qui portait la fortune de ses armes, mais qu'il ait seulement présidé au départ de la division destinée au pillage des villes saintes. Il était retenu à terre par de trop graves soucis, surtout par le siège d'Aïlat. Du nombre et de la qualité des gens de guerre

---

(1) *Hist. or. des Crois.*, t. II, p. 658. Voy. encore RENAUDOT, *Hist. des patriarches jacobites d'Alexandrie*, Paris, 1713, p. 543.

CHAPITRE VII. 263

qui prirent passage sur cette flottille merveilleusement improvisée, de leurs chefs, de ceux qui les allaient guider en ces parages lointains où jamais encore on n'avait vu de guerriers francs, nous ne savons rien, mais nous pouvons être assurés que ces « conquistadores » d'avant l'heure, ces obscurs paladins d'un cycle héroïque presque inconnu, ces nouveaux Argonautes, furent de rudes hommes, cœurs sans effroi, corps sans faiblesse.

Les chroniqueurs arabes, qui sont presque seuls à nous fournir de rares indices sur cette expédition héroïque, témoignent, par l'agitation de leurs récits, du trouble extrême dans lequel elle jeta le monde musulman tout entier, les populations d'Égypte en particulier. Par eux nous apprenons que le prince de Karak avait fait de sa flotte deux divisions. La première, formée de deux des grandes galères nouvellement construites, certainement aussi d'un certain nombre de bâtiments plus petits, assiégea, probablement sous la direction de Renaud, cette mystérieuse forteresse insulaire de Graye, toute voisine d'Aïlat, cette île étrange sur la rive de laquelle se dressent encore aujourd'hui les ruines du château médiéval de jadis, qu'ont visité si peu de voyageurs. Avant tout, les Francs empêchèrent les habitants de se ravitailler aux sources situées sur la terre ferme, à peu de distance du rivage, sources qui seules pouvaient alimenter la garnison (1). Patiemment ils attendirent que la soif forçât les infortunés à se rendre.

La seconde division franque partit en hâte pour son expédition, dont le but avoué était le sac des deux villes saintes : la Mecque et Médine. La renommée éclatante de ces cités célèbres troublait surtout les cervelles franques, mais les soldats de Renaud comptaient bien piller en route les petits ports de la côte arabique, alors très nombreux à cause du commerce de cabotage très important, piller aussi les bâtiments de commerce ou les caravanes de la route du Hadj longeant la côte. « Le prince Renaud,

---

(1) Sans cela réduite à la maigre pitance des citernes.

dit Ernoul en son naïf langage, voulait cierkier et savoir quels gens manoient sour cele mer d'autre part (1). »

Nous sommes mal renseignés sur le temps que dura cette expédition avant la catastrophe finale que je vais raconter. Il semble bien cependant que, malgré les flottes sarrasines qui se hâtèrent d'accourir dès qu'on connut ces événements au Kaire, les galères franques soient demeurées près d'une année, toute cette seconde moitié de 1182, tout le commencement de 1183, maîtresses de la mer Rouge, et qu'elles aient poussé durant ce temps leurs incursions jusqu'à Aden, aux portes mêmes de l'océan Indien (2), répandant la terreur sur tous ces rivages d'Arabie et d'Égypte où jamais encore on n'avait ouï résonner le clair langage de la nation des Francs, ni vu étinceler au soleil les chemises de fer des soldats de la Croix. On croit rêver en songeant à cette apparition étrange

---

(1) Le chroniqueur franc ajoute très à tort : « n'ainc puis k'il se partirent de là, on n'oï parler, ne se sot ou k'il devinrent. »
(2) Le cadi El-Fadhel le dit expressément.

des guerriers français à Aden, presque en terre inconnue des merveilles et des animaux fabuleux. Certainement les gens du sire de Karak devaient être relativement nombreux. Rien n'était livré au hasard dans ces guerres de la Croisade. Renaud était trop bien renseigné sur le chiffre considérable de la population de la Mecque pour songer à tenter ce coup de main sans avoir les forces nécessaires pour réussir.

Je répète que nous ne savons presque rien. Je n'omettrai aucune indication des chroniqueurs arabes, mais je n'ajouterai rien. Ce récit, qui serait celui d'une des plus extraordinaires aventures de l'histoire si nous étions suffisamment documentés, sera forcément très bref, très aride.

L'escadre pillarde des aventuriers de haute mer se dirigeant vers le sud semble avoir fait sa première escale à Aïdab, port important de la côte égyptienne, une des principales escales sur la route d'Aden, presque en face de Djeddah. Aïdab fut pillée, entièrement saccagée. Les Francs, grâce à la terreur causée par une arrivée aussi inattendue, firent un grand butin, de nombreux captifs. La population affolée semble n'avoir opposé aucune résistance. Les troupes de débarquement, probablement montées sur les chevaux du pays, après avoir dévasté les abords de la ville, coururent vers le nord, le long du rivage, sur la route de Kocéir, le grand port égyptien de ces parages, à la rencontre d'une forte caravane richement chargée qui s'en venait de cette ville vers Aïdab. Ils en massacrèrent les conducteurs jusqu'au dernier. Durant que cette portion des Francs réalisait ces fructueux exploits, leurs compagnons demeurés sur la flotte n'étaient pas restés inactifs. Ils avaient brûlé devant Aïdab, après les avoir entièrement pillés, seize vaisseaux musulmans, tant bâtiments de l'État que navires marchands. Enfin, à quelques milles au large, ils avaient capturé un navire bien plus considérable qui ramenait de la Mecque des centaines de pèlerins embarqués à Djeddah. Ce dut être le plus beau résultat de cette première phase de l'expédition. Ces navires de pèlerins transportaient d'ordinaire un nombre très considérable de pieux musulmans dont beaucoup portaient avec eux de grandes richesses. Au retour de la route de Kocéir, les Francs brûlèrent encore deux gros navires marchands de l'Yémen.

Au départ d'Aïdab, les flibustiers francs, cinglant dans la direction du sud, attaquèrent successivement tous les petits ports échelonnés tant sur la côte égyptienne que sur celles du Hedjaz et de l'Yémen. On les vit à Râbig, oasis d'Arabie sur la route du Hadj, entre El-Bazwa et El-Dchouhfa, au sud d'Aswari. On les vit aux plages d'El-Haourâ, à l'extrême frontière méridionale de l'Égypte, juste en face du Hedjaz, lieu d'embarquement des pèlerins d'Égypte pour Médine. On les vit débarquant partout où il y avait quelque pillage à faire, saccageant toutes ces petites marines surprises sans défense, brûlant toutes les embarcations sarrasines après les avoir dépouillées, détruisant les marchandises en immense quantité destinées à l'approvisionnement de la Mecque et de Médine, pénétrant dans les terres, cherchant surtout dans ces pointes hardies à atteindre la route du Hadj pour y surprendre les grandes caravanes.

Renseignés et guidés par des pilotes indigènes, « maudits pires que des infidèles », ces bandits semèrent ainsi la ruine sur ces infinis et lointains rivages, terrifiant à distance les populations des villes saintes, les épouvantant par la renommée de ces attaques brutales autant que soudaines. Jamais en ces contrées brûlantes on n'avait passé par des affres pareilles. On ne vivait plus dans ces blanches cités sarrasines enfouies sous les palmiers comme de verts îlots au milieu de ces mers de sable. Les caravanes n'osaient plus se mettre en route, tremblant de voir apparaître les fameux guerriers latins. « C'était comme si le Jugement dernier était survenu », s'écrie un chroniqueur musulman. Cela dura des mois. Hélas! nos informations sont si pauvres que nous ne savons pas autre chose sur tout ce temps.

Cependant ces nouvelles lamentables étaient promptement survenues au Kaire. Depuis longtemps on n'en avait reçu d'aussi douloureuses, d'aussi imprévues, d'aussi humiliantes pour l'Islam. Avant tout il y avait la question du saint Tombeau du Prophète. On savait que les Francs avaient juré de profaner ce monument vénéré entre tous, de jeter au vent ces cendres augustes, d'anéantir ce sanctuaire de la religion qui avait nom la Mecque. La renommée du péril affreux que ces infidèles maudits, fils de chiens, faisaient courir aux villes saintes, courut de bouche en bouche. Au Kaire surtout, elle jeta les vrais croyants dans une agitation inexprimable.

« Grande fut la terreur des habitants de ces contrées, s'écrie le chroniqueur arabe (1), surtout ceux de la Mecque, qui voyaient luire comme de sinistres éclairs les conséquences de cette invasion. Jamais on n'avait ouï pareille nouvelle ni vu de gens de Roum en ces parages. On crut partout que l'heure du Jugement dernier arrivait, que ses signes avant-coureurs se

(1) *Hist. or. des Crois.*, t. IV, p. 233.

manifestaient, et que la terre allait rentrer dans le néant. On s'attendait à ce que la colère de Dieu éclatât à cause de la destruction qui menaçait sa Maison sainte, la noble station de son ami Abraham (1), l'héritage antique de ses prophètes, le tombeau de son apôtre le plus illustre. (Que sur lui soient la bénédiction et le salut de Dieu!) On espérait qu'un nouveau miracle allait frapper les regards, comme le miracle qui s'accomplit pour ce temple de la Kaabat, lorsqu'à l'invasion des Abyssins (2), ceux-ci périrent sous une grêle de pierres que laissaient les oiseaux du ciel tomber sur eux. Les musulmans n'eurent plus d'espoir qu'en Dieu, « qui leur suffit et qui est le meilleur des protecteurs » (3).

En l'absence du sultan, qui était à Harrân

---

(1) Un des sanctuaires du pèlerinage de la Mecque.
(2) Littéralement « Les compagnons de l'Éléphant ». En l'an 570 de J.-C.
(3) *Coran*, III, 167. Un chroniqueur arabe, Modjîr ed-Dîn, dans son *Histoire de Jérusalem et d'Hébron,* va jusqu'à dire que ce merveilleux pirate que fut Renaud songeait à enlever le corps du Prophète et à l'ensevelir chez lui pour que les musulmans fussent dans l'impossibilité d'aller auprès de lui en pèlerinage sans lui payer une somme d'argent!

de Syrie, son frère, Abou Becr, dit El Malec el Adel, qui gouvernait l'Égypte en son nom, ne perdit pas de temps. Saladin ne possédait sur la mer Rouge aucune flotte de combat capable de faire échec aux navires des Francs. Mais El Malec el Adel prit modèle sur ceux-ci. Sur son ordre, on démonta à la hâte un certain nombre de bâtiments de guerre et de transport, jadis construits au Kaire ou à Alexandrie, réunis pour lors à Damiette, le grand port militaire de l'Égypte à cette époque. Rapidement on les transporta à travers les sables de l'isthme, à dos de chameaux, jusqu'à la marine de Koulzoum, où ils furent assemblés à nouveau, équipés et lancés dans les flots. Cette localité de Koulzoum, qui a donné son nom sarrasin médiéval à la mer Rouge, était située à une journée de marche environ de la mer, à l'est d'Atfih, auprès de Suez (1). Tout cela, naturellement, malgré le zèle pieux de chacun, ne put être exécuté qu'avec de grandes

---

(1) Voy. pour plus de détails : E. QUATREMÈRE, *Mémoires sur l'Égypte*, t. I, p. 150.

lenteurs. Malgré l'empressement, l'accord unanime de tous les pouvoirs publics et de la population pénétrée d'horreur à l'idée des profanations qui pouvaient atteindre le tombeau du Prophète, la flotte improvisée ne fut prête qu'au mois de janvier de l'an 1183. L'armement et le commandement en avaient été confiés à un chef énergique, musulman très dévot, le chambellan Housâm ed-Dîn-Loûlou, dit le Hâdjib, chef des forces navales du sultan en Égypte, « très brave, heureux à la guerre, rapide comme la flèche », dit le chroniqueur arabe.

Loûlou forma ses équipages de Maugrebins (1), c'est-à-dire de marins originaires du Magreb ou de la côte d'Afrique, les meilleurs qu'il y eût alors, tous parfaitement exercés, matelots d'élite, tous dévots musulmans. Puis le fougueux amiral, sans perdre une heure, se mit à la recherche des Francs. Naturellement il commença par ceux qui depuis des mois bloquaient vainement Aïlat, ou plutôt sa forteresse

---

(1) Magrébiens.

insulaire, sans avoir encore réussi à mettre sa courageuse garnison aux abois. « Il fondit sur eux comme la foudre! » Une lettre du cadi El-Fadhel, qui a été conservée, raconte que, le 2 mars 1183, cinquième jour du mois de dsoul-kaddah de l'an 578 de l'hégire, la consternation qui régnait au Kaire fit place à la joie la plus vive causée par la nouvelle que la flotte de Loûlou avait capturé, puis brûlé, le mois d'auparavant, dans le golfe d'Akabah, une première galère franque dont l'équipage avait été réduit en esclavage, puis qu'aidée par les habitants d'Aïlat, elle avait remporté sur les deux autres qui bloquaient cette place le plus brillant succès. Les Francs qui montaient ces deux navires furent forcés de se jeter à la côte. Loûlou, « fondant comme l'oiseau de proie sur les poissons, comme l'éclair dans l'obscurité », incendia les navires latins et fit attaquer les chrétiens par ses troupes de débarquement. Tous les Francs furent tués ou pris, écrasés sous le nombre après une résistance héroïque. Quelques-uns, qui avaient réussi à gagner l'intérieur,

CHAPITRE VII.

périrent sous la lance des Bédouins. Les marchands des caravanes capturées par eux furent délivrés et remis en possession de leurs biens. Il ne resta rien de ce puissant effort du prince Renaud, rien que quelques cadavres pourrissant sur la plage, des coques de bâtiments incendiés, de misérables captifs destinés au supplice.

Encouragés par ce succès, les vaisseaux égyptiens cinglèrent aussitôt à la poursuite de la seconde division franque (1), celle qui, depuis tant de mois, jetait la terreur sur les rivages de la mer Rouge. La situation de celle-ci, coupée de sa base d'opération par le désastre d'Aïlat, devenait du coup infiniment périlleuse. Il s'agissait pour Loûlou de faire vite, pour empêcher ces audacieux navigateurs de tenter quelque coup de désespoir en débarquant à Djeddah, d'où ils iraient piller la Mecque et chercheraient ensuite à regagner Karak par le

(1) Dans une de ses lettres si curieuses adressées au diwan de Bagdad, le cadi El-Fadhel dit qu'il y eut dès le début deux divisions de la flotte égyptienne, une qui alla débloquer Aïlat, l'autre qui courut sus aux Francs dans la mer Rouge.

chemin du Hadj. A Aïdab, où Loûlou ne les trouva plus, l'amiral égyptien recueillit les premières indications un peu précises sur cette portion des forces franques, mais les parages de la mer Rouge sont immenses ; ils étaient alors, plus encore qu'aujourd'hui, inhabités sur d'énormes étendues. Ces bâtiments à voiles, en ces temps de l'été approchant, de calme plat si fréquent en ces latitudes, n'avançaient souvent qu'avec une extrême lenteur. Malgré son ardeur dévote, Loûlou courut plus de deux mois après les Francs sans pouvoir les atteindre. Eux, durant ce temps, poursuivaient leur campagne de destruction. « Ils poussèrent, écrit le cadi El-Fadhel, jusqu'à Aden, d'où ils emmenèrent en captivité les personnages principaux, cheiks et ulémas. »

Enfin, en juillet, en pleine canicule, à la hauteur de Râbig (1), localité de la route du Hadj, à mi-chemin entre Médine et la Mecque, Loûlou, récompensé de sa persévérance, dé-

(1) Voy. plus haut, p. 268.

couvrit les galères franques mouillées à El-Haourâ, sur la côte, un peu au nord de Djeddah. Ces rudes compagnons que les chaleurs effroyables d'un été dans la mer Rouge, dans cet enfer troublant d'eau bleue étincelante et de sables torrides, ne semblent pas avoir incommodés, se préparaient à débarquer pour aller surprendre et piller Médine à travers ce désert enflammé. Certainement, ils comptaient de Djeddah faire ensuite la même expédition à la Mecque. « Ils étaient possédés de la volonté effroyable, s'écrie Ibn Djobeïr, de piller les villes saintes, de dérober leurs trésors aux innombrables pèlerins, de fermer la Kaabat, sainte mosquée du Prophète, de violer son tombeau, de jeter ses cendres au vent. » Une partie d'entre eux avait déjà débarqué. Les Égyptiens firent de même. Un vif combat s'engagea incontinent sur terre et sur mer entre ces adversaires enragés. On était à une petite journée de marche de Médine seulement. Nous sommes à peine renseignés par les chroniques arabes. Probablement la population côtière avec les

Bédouins du Yémen accourus au bruit, prirent part à la lutte. Modjîr ed-Dîn dit que ces Francs audacieux étaient encore au nombre d'environ trois cents, auxquels s'étaient joints quelques Arabes renégats. « Dieu, dit Aboulféda, accorda aux musulmans une telle victoire que la plupart de leurs ennemis furent tués, les autres pris. » Les Égyptiens s'emparèrent l'un après l'autre des vaisseaux des Francs. Ceux-ci, se voyant perdus, avaient tous débarqué. Poursuivis par l'ennemi, également descendu en masse de ses navires, ils s'enfoncèrent dans l'intérieur, qui à pied, qui à cheval, montés sur des bêtes enlevées aux Bédouins. Après cinq jours et cinq nuits de poursuite éperdue, sans trêve, arrivés à une gorge de la montagne, une de ces effroyables gorges des monts de là-bas, pays sans eau, fournaise ardente entre deux murs de rochers éblouissants de blancheur sur un océan de sable, harassés, morts de fatigue et de soif, ils s'y retranchèrent. Loûlou, qui avait, lui aussi, monté une partie de ses gens sur les chevaux des Bédouins, arriva presque en même temps. L'attaque fut furieuse au delà de toute expression. Cavaliers et fantassins s'entre-choquaient dans ces mornes solitudes. Le combat se termina par la destruction de la vaillante troupe franque. Tout ce qui ne périt pas les armes à la main fut pris par les Égyptiens. Quelques rares fugitifs parvinrent peut-être à rejoindre Karak par les routes du désert, au prix de quelles abominables souffrances ! « Nous les poursuivîmes, dit le chroniqueur, jusqu'à ce qu'on ne vît ni n'entendît plus rien d'eux. Une foule d'infidèles furent ainsi par nous expédiés en enfer. Nous fîmes cent soixante-dix prisonniers. » Ainsi finit misérablement cette expédition, digne des épopées antiques (1).

Le sort des prisonniers fut tragique, digne de leur mémorable aventure. Loûlou, joyeux d'une si complète victoire, en expédia une partie, liés à dos de chameau, à Médine et à la Mecque, pour y être exécutés en expiation de

---

(1) Voy. encore Renaudot, *op. cit*, p. 543. Les Francs se seraient avancés jusqu'à une journée de marche de la Mecque. Le manque d'eau les aurait arrêtés en ce point.

leur crime. A quatre milles de cette dernière cité, dans cette fameuse vallée désolée de Mina qu'ont visitée si peu d'Européens, charnier colossal où s'engendre la peste, les malheureux Francs furent solennellement immolés, sous les yeux de la foule immense des pèlerins, en ce jour de la fête des Sacrifices, où sont égorgées d'ordinaire les innombrables bêtes de propitiation. La cérémonie, disent les sources arabes, fut conduite avec une pompe extraordinaire. Hélas! celles-ci ne disent rien de plus. Qui sait combien de rudes gars des Flandres, de Bretagne ou d'Auvergne périrent, saignés ainsi sous le couteau des prêtres musulmans, sous ce ciel de feu, en cette vallée de la désolation, désert de pierres calcinées par un soleil torride, sous les yeux d'une multitude fanatique qui les accablait d'injures pour avoir osé jeter des regards de convoitise sur la tombe sainte de l'antique Kaabat?

Loûlou ramena le reste des captifs en Égypte. « Il avait reçu du sultan, dit Eïmad ed-Dîn, des lettres lui enjoignant de leur faire couper la tête jusqu'au dernier. Il s'acquitta de telle sorte de cette mission, qu'il ne demeura parmi eux un seul œil qui clignât, un seul homme qui pût raconter l'aventure ou indiquer à d'autres ou connaître les routes de la mer Rouge, barrière inviolable entre les infidèles et la cité sainte. »

La population du Kaire, qui venait de passer par des émotions si violentes, fit au victorieux amiral un accueil enthousiaste, dont les lettres écrites par le cadi El-Fadhel au diwan de Bagdad, au nom de Saladin, une surtout, datée du 5 dsoulkaddah de cette année, c'est-à-dire du 2 mars 1183, nous ont conservé le souvenir (1). Il semble que le supplice des malheureux pri-

---

(1) RŒHRICHT, *Arab. Quellenbeitr.*, p. 42. Le cadi El-Fadhel parle de Loûlou en termes chaleureux : « L'amiral Loûlou, rapide comme une flèche, mérite tous les éloges, et nous lui rendîmes le plus glorieux accueil pour la part prise par lui au succès de la Guerre Sainte sur terre et sur mer. Toutes ses campagnes sont conduites avec une prodigieuse rapidité. Les captifs chrétiens ramenés par lui ont pu se convaincre de ce qu'était l'Islam. Il faut que la Terre soit purgée de cette engeance. Aucun d'eux n'est revenu pour raconter aux infidèles la nudité des musulmans! Si nous ne travaillons pas aujourd'hui avec succès, peut-être plus tard n'aurons nous plus la force nécessaire. »

sonniers ait eu pour théâtre diverses cités d'Égypte. Ibn Djobeïr rapporte qu'au mois de mai de cette année 1183, étant dans la ville d'Alexandrie, il vit une grande foule s'écouler au dehors pour assister à l'arrivée des prisonniers de Roum capturés dans la mer Rouge. Ceux-ci étaient tristement liés sur des chameaux, la face ignominieusement tournée vers la queue de l'animal. On les conduisit au supplice aux acclamations de la multitude, au son des petits tambours et des cymbales. Ils furent tous décapités sans merci. « Ce qu'on nous raconta, s'écrie le chroniqueur, de leurs forfaits et de leurs exploits, fit presque rompre nos cœurs d'épouvante. Allah avait, une fois encore, par son intervention, protégé l'Islam et, par ces hauts faits, mis la paix aux cœur des bons musulmans. Gloire à lui, le Seigneur des royaumes (1)! »

(1) Cette même année 598 de l'hégire encore (1ᵉʳ oct. 1201-20 septembre 1202), dit un autre écrivain arabe El-Yafêi (Bibl. Nat., mns. or., 1591, f. 224, 2°), mourut Loûlou, le hâdjib El-Adel. C'était un des grands de l'État; c'était lui qui avait été le chef des héros qui étaient allés combattre les Francs alors qu'ils ten-

tèrent une expédition par mer contre la ville du Prophète. Les musulmans furent victorieux. On dit que Loûlou partit avec la certitude de remporter la victoire et qu'il prit avec lui des chaînes suivant le nombre des Francs. Ils étaient plus de trois cents guerriers de Karak et de Chaubak, avec une troupe d'Arabes renégats. Quand il ne restait plus entre lui et Médine qu'un jour de marche, il les rejoignit. Loûlou offrit de l'argent aux Arabes. Ceux-ci cernèrent les Francs avec lui. Les Francs furent humiliés et cherchèrent un refuge dans la montagne; Loûlou les poursuivit et monta après eux avec une foule de gens. On dit que le nombre de personnes qui montèrent pour poursuivre les Francs furent de neuf cents. Les Francs eurent peur d'eux et se rendirent. Loûlou les fit tous enchaîner et marcha avec eux vers le Kaire. Le jour où ils entrèrent fut un jour mémorable. »

CHAPITRE VIII

Les contingents du seigneur de Karak sont battus et surpris près d'Aïn-Djalout par l'avant-garde de Saladin. — Premier siège de Karak par Saladin, qui arrive devant la forteresse franque le jour même des noces de la belle-fille de Renaud avec Humfroy IV de Toron (novembre 1183). — Épisodes gracieux ou héroïques. — Prise par les Sarrasins du bourg attenant à la forteresse. — Finalement l'approche de l'armée royale force Saladin à lever le siège. — Dès le printemps de l'année suivante, il inaugure le second siège de Karak avec toutes les forces de l'Islam. — Cette fois encore l'arrivée de l'armée royale oblige Saladin à se retirer. — Mort de Baudouin IV. — Son successeur, le petit roi Baudouin V, le suit de près dans la tombe. — Avènement orageux de la reine Sibylle et de son époux Guy de Lusignan. — Rôle prépondérant joué par le seigneur de Karak dans cette période agitée. — Rupture du roi et de la reine avec le comte de Tripoli. — Renaud, violant une fois encore les trêves, s'empare de la grande caravane de la Mecque avec une sœur du sultan. — Fureur de Saladin, qui jure que Renaud ne périra que de sa main.

Chrétiens et Sarrasins ne cessèrent de se faire une guerre à outrance durant toute l'année 1183 (1), mais, dans tous ces nombreux et

(1) Le 2 mars de cette année, à Acre, nous voyons Renaud de Châtillon signer à un acte du roi Baudouin IV. (RŒHRICHT, *Reg.*, p. 165.) Le 21 avril encore, il confirme un acte de son beau-fils Humfroy. (*Ibid.*, p. 166.)

violents combats, le nom du prince de Karak n'est prononcé qu'une fois par Guillaume de Tyr, lequel dit simplement que Renaud prit part à toutes ces luttes. Les chroniqueurs arabes Béhâ ed-Dîn et Kémal ed-Dîn racontent encore que, le 29 septembre de cette année, comme Saladin, qui avait une fois de plus envahi le territoire du royaume, allait disposer son camp près de la fontaine de Djalout, Aïn-Djalout, tout près de celle que les Latins appelaient d'ordinaire la fontaine de Tubania (1), les émirs Eïzz ed-Dîn Djourdîk et Djaouéli el-Acédi, qui commandaient l'avant-garde de son armée, surprirent avec une troupe d'émirs la chevalerie de Karak et Chaubak, que Châtillon conduisait à l'armée royale (2) par le chemin du val. Attaqués à l'improviste par ces forces très supérieures, beaucoup de braves guerriers chrétiens périrent dans ce combat. Les Sarrasins firent cent prisonniers.

(1) WILKEN, *op. cit.*, t. III, p. 231, note 146.
(2) Celle-ci, depuis que le roi était tombé encore plus malade, se trouvait commandée par le comte de Jaffe Guy de Lusignan.

Dans le mois de redjeb de l'année 579 de l'hégire, en un jour correspondant au 23 octobre de cette année 1183, Saladin, au rapport d'Eïmad ed-Dîn, enfin débarrassé, à la grande terreur des chrétiens, par la prise d'Alep au mois de juin, des dernières résistances du côté des héritiers de Nour ed-Dîn, partit de Damas avec toute son armée. Il avait commandé à son frère, le vice-roi d'Égypte, dont il prisait fort les avis, de venir le rejoindre sous les murs de Karak avec ses contingents, qu'accompagnèrent comme chaque fois, profitant de cette occasion si sûre, une foule immense de marchands et d'autres gens d'Égypte. Le sultan voulait une fois encore tenter le siège de cette forteresse, qui interceptait si cruellement la route entre les deux portions de son empire (1).

Saladin, disent à l'envi les chroniqueurs orientaux, brûlait de l'unique désir de se venger en châtiant le prince Renaud pour avoir rompu les trêves. Il voulait aussi rendre une

(1) RŒHRICHT, *Arab. Quellenbeitr.*, p. 52, 53; *Hist. or. des Crois.*, t. IV, p. 248.

fois pour toutes libre la route d'Égypte. Il emmenait avec lui son neveu Taky ed-Dîn, qu'il destinait à remplacer son frère au Kaire. Il fit en route beaucoup de butin et s'en alla d'abord camper à Er-Robbah, ou Aïn-Robbah, « la source de Robbah », bourgade du Ghôr entre le district du Jourdain et celui d'El-Belqâ'a. Ensuite il investit Karak avec toutes ses forces. Dès le quatrième jour du mois de cha'bân, 22 novembre 1183, il fit manœuvrer contre la forteresse franque ses terribles mangonneaux, chaque jour du matin jusqu'au soir. « Il reçut pendant ce temps, poursuit le chroniqueur arabe, la visite successive des émirs, mais le mois de cha'bân s'écoula sans que le but de l'expédition fût atteint (1); néanmoins les infidèles eurent beaucoup à souffrir de la capture de leurs biens et de la dévastation de leur pays. »

On apprit à ce moment que les Francs affluaient de tous côtés et se réunissaient à El-Waleh, — non loin de la mer Morte, au pied

---

(1) Ernoul dit que Saladin assiégea vainement cette fois Karak huit semaines durant.

des monts qui conduisaient à Karak, — dans l'intention de dégager cette forteresse. Le roi Baudouin était à leur tête. Alors le sultan, que son frère avait enfin rejoint (1), considérant que le siège de cette puissante forteresse traînerait en longueur, inquiet probablement de l'approche de l'armée franque, se décida à rentrer à Damas, laissant les murailles franques ruinées par ses mangonneaux. « Tous les efforts des Sarrasins, dit Kémal ed-Dîn, avaient été paralysés par la profondeur des gigantesques fossés de Karak. »

Les chroniqueurs orientaux ne racontent pas autre chose de ce siège, qui malgré leurs réticences fut certainement un grave échec pour Saladin. Certainement, bien qu'il ne soit pas nommé, ce fut l'intrépide Renaud qui défendit en personne sa forteresse contre l'attaque furieuse de l'ennemi, et cette opinion nous est pleinement confirmée par un fort curieux récit que nous devons au chroniqueur franc Er-

(1) Dès le 22 ou 23 novembre, quatrième jour du mois de cha'bân de l'an 579.

Bonfils, phot.
CHATEAU DE KARAK OU DE LA PIERRE DU DÉSERT
Vue intérieure.

Pl. IV.

noul (1). Lui aussi dit que Saladin vint assiéger Karak le 22 novembre, mais il ajoute ce détail extraordinaire que, ce jour même, le jeune prince Humfroy IV de Toron, petit-fils de Philippe de Milly, fils du « vieil Omfroy » et de la princesse Étiennette, seconde femme de Renaud, épousait en noces solennelles, dans ce château lointain, Élisabeth, la seconde fille, alors âgée de onze ans, du défunt roi Amaury et de la reine Marie, et la sœur cadette du roi lépreux. La petite princesse avait été promise depuis plusieurs années déjà à son fiancé. L'intrépide Châtillon n'avait pas hésité à faire célébrer joyeusement et magnifiquement ces fêtes nuptiales, bien que ses espions lui annonçassent l'arrivée imminente de la formidable armée ennemie.

Quelles scènes étranges qu'on se désespère de ne pouvoir reproduire d'une plume sincère et vivante! Outre ses défenseurs bardés de fer, le grand château du désert contenait à cette

(1) Ce chroniqueur place à tort ce siège infructueux à l'an 1182.

occasion, au dire d'Ernoul, une population nombreuse autant que bizarre, une foule de jongleurs, de bateleurs, de joueurs d'instruments, de chanteurs et de chanteuses, de danseurs et de danseuses, tous les baladins errants d'Occident et d'Orient, épars sur ces poudreuses routes d'Asie, cherchant pain et fortune, accourus jusqu'en ces régions inouïes par delà le lac Asphaltite de si redoutable mémoire, au bruit de ces noces princières. Tout le jour, la forteresse énorme, bondée de visiteurs nobles ou plébéiens, avait résonné des éclats des chants et des fanfares joyeuses de tous les instruments de musique du Levant, lorsqu'on annonça soudain l'arrivée du terrible sultan! Ses troupes innombrables, soulevant à l'horizon d'infinis nuages de poussière, suivies d'immenses convois de chameaux, investirent aussitôt la grande place de guerre. Ernoul raconte à cette occasion cette piquante histoire : que la mère du fiancé, la princesse Étiennette, gardienne des antiques traditions de courtoisie de sa race, fit porter au sultan, dans son pavillon de soie tout brodé d'or, des plats du festin nuptial ! « Si envoia à Salehadins des noces de son fils pain et vin et bœufs et moutons ; et si li manda salut, qu'il l'avait maintes fois portée entre ses bras quand il estoit esclave el castiel et elle estoit enfant. Quand Salehadins vit le présent, si en fut mout liès, si le fit recoivre, et si l'en merchia mout hautement ; et si demanda à ceux qui le présent avaient apporté, en lequele tour li espousés et li espousée estoient et giroient, et il li monstrèrent. Dont vint Salehadins, si fist crier par tout son ost que nul ne fust si hardis qui à celle tour traisist, ne lançast, ne assaillist. » Quel chevaleresque, quel gracieux épisode, s'il est bien authentique ! Quelles noces romanesques en ce sombre château géant perdu en ces hautes terres de Moab, entre ces deux jeunes gens de race franque, sous les yeux de l'armée sarrasine et du grand sultan qui s'apprêtait à les attaquer ce jour même ! Ce qui est bien curieux encore, c'est cette allusion à la captivité de Saladin dans le château de Karak ! Alors qu'il était tout jeune, le noble émir avait donc vécu des jours de prison en cette forteresse qu'il assiégeait maintenant avec toutes les forces de l'Islam (1). Humble esclave enchaîné, il avait porté la petite princesse Étiennette dans ses bras, servi de suivant à l'enfant qui, un jour, devait épouser son mortel ennemi, celui qui ne devait périr que de sa main ! En vérité, on croit rêver en lisant ces scènes orientales si animées, si inattendues. Ce Renaud, ce Saladin, ces adversaires acharnés qui se font cette guerre effroyable, sans merci, rivalisent par moments de grâce chevaleresque. Comment concevoir que ces mêmes hommes, qui faisaient assaut de courtoisie, n'avaient, à d'autres moments, pas assez de ruse pour se tromper réciproquement, pas assez de cruauté pour commettre les plus impitoyables massacres !

Guillaume de Tyr (2) parle aussi de ce pre-

(1) *Hist. occ. des Crois.*, t. I, p. 1124.
(2) Ce renseignement ne se trouve dans nul autre chroniqueur. Mais Ernoul fait encore à un autre chapitre allusion à cette captivité de Saladin chez les Francs lors de sa jeunesse. Il dit expressément que le jeune héros, alors fort obscur, ne fut racheté

mier grand siège de l'antique Pierre du Désert par Saladin. L'émir, raconte-t-il, vint « par Basçan et Galaad » avec ses pierriers et toutes ses machines de guerre pour assiéger Karak. A la première nouvelle de sa marche en avant, Châtillon, qui était auprès du roi à Acre, averti par ses « espies », accourut au secours de sa terre et convoqua à la hâte ses chevaliers. L'écrivain sacré fait allusion, lui aussi, à cette étrange coïncidence des noces princières avec tout ce fracas guerrier. A peine, dit-il, la bénédiction avait-elle été donnée aux jeunes époux dans cette haute forteresse environnée de profondes vallées, que, le jour même, Saladin apparut « avec grant planté de Turs, grand charroi amenant ». Le château de Karak était en magnifique état. Les châtelains successifs, depuis Payen le Bouteiller, l'avaient fort agrandi et fortifié. En dehors, sur l'emplacement de l'antique cité moabite, s'était peu à peu élevé un bourg considérable où une population, en très

par son oncle Chirkouh que lorsque celui-ci eut besoin de lui pour ses entreprises contre l'Égypte.

grande partie agricole, quelque peu marchande, vivait heureuse à l'abri du formidable castel qui la protégeait du côté de l'Orient. Partout ailleurs le ravin était d'une telle profondeur que des murailles fort basses suffisaient amplement à protéger cette vaste agglomération. On ne pouvait, du dehors, pénétrer dans ce faubourg que par deux voies très étroites, faciles à défendre. Quelques hommes y eussent facilement arrêté une armée. Renaud, toujours héroïque, trompé par ces apparences, commit une faute grave. Confiant dans la force de cette défense naturelle, il résolut, à l'arrivée de Saladin, « ayant grand cœur », de défendre le bourg. La population épouvantée reçut l'ordre de ne point rentrer dans la forteresse, de n'y point transporter ses objets mobiliers et son bétail. Mais, malgré la vaillante résistance des chevaliers et des sergents massés aux points faibles de l'enceinte, l'assaut donné par les Sarrasins fut si furieux, leur nombre si formidable qu'ils furent les plus forts. Une partie des défenseurs du bourg fut massacrée; les autres, avec la population affolée, se sauvèrent en hâte dans l'enceinte du château, poursuivis de si près par les guerriers de l'émir qu'il s'en fallut de peu que ceux-ci n'y pénétrassent pêle-mêle avec eux. A ce moment, un seul homme sauva Karak. Un chevalier, nommé Yveins ou Ivenus, certainement un Allemand, au milieu de la panique, se campa seul en travers du pont-levis, faisant le moulinet de son épée. Les Sarrasins exaspérés avaient beau le couvrir de flèches, « il ne bougeait mie et tuait tous ceux qui l'approchaient de trop près ». Enfin il se retira le dernier dans l'enceinte familière. La herse tombant sur ses pas força les infidèles hurlants à battre en retraite.

Le cadi El-Fadhel, dans une de ses lettres, dit que Saladin fit mettre le feu au bourg que ses soldats venaient de conquérir, et que l'incendie allumé éclata simultanément en trois endroits, consumant les maisons construites en bois. Ainsi, par la faute d'un chef téméraire, tous ces pauvres gens, colons francs ou syriens, poulains et latins, perdirent tout ce qu'ils possédaient. Les Sarrasins avaient complètement pillé le bourg avant de le brûler. Il y eut même un malheur de plus. Dans le premier moment de la panique, les défenseurs du château avaient, avant de se retirer dans l'enceinte, rompu et précipité au fond de la vallée l'unique pont qui, jeté sur le fossé, communiquait avec l'extérieur. C'était la seule voie par laquelle on eût pu du dehors secourir la garnison, par laquelle aussi celle-ci eût pu s'échapper en gagnant la campagne. Du même coup toute possibilité de ravitaillement ou de sortie venait de disparaître. On regretta terriblement chez les Francs cette destruction imprudente, mais il n'était plus temps d'y remédier.

La prise du bourg aggrava fort la situation des assiégés. La foule immense des bouches inutiles, vieillards, femmes et enfants, les accablait. Ajoutez à cela la multitude des jongleurs, danseurs et baladins accourus pour les fêtes nuptiales et qu'il fallait bien nourrir aussi. Enfin, dès le commencement du siège, tous les paysans du voisinage, pasteurs ou agriculteurs, s'étaient réfugiés à Karak avec leurs familles. Plusieurs milliers de personnes ne prenant pas part à la lutte encombraient à tel point les vastes cours qu'on n'y pouvait circuler. La défense s'en trouvait prodigieusement gênée. Heureusement que les vivres étaient encore abondants. Par contre, les armes manquaient. Comment se représenter ce spectacle inouï, le tumulte incroyable, le trouble incessant parmi cette grande agglomération de guerriers, de femmes pleurantes, d'enfants apeurés, durant que de minute en minute les hautes murailles résonnaient et tremblaient du choc formidable des quartiers de roc projetés avec une violence inouïe par les gigantesques mangonneaux du sultan !

Bientôt la situation des assiégés empira au point que Saladin put enfin se croire à la veille de prendre Karak. Sans repos, de jour comme de nuit, les lourdes machines faisaient pleuvoir les pierres énormes. Six mangonneaux étaient disposés sur l'emplacement de la cité antique. Deux autres placés en dehors de cette enceinte, en un lieu que Guillaume de Tyr désigne sous le nom d'Obelet ou Aubelec, battaient la muraille de ce côté. Flèches par milliers et quartiers de roc, s'accordent à dire tout les chroniqueurs, tombaient en masse si drue qu'à peine pouvait-on risquer un coup d'œil par les meurtrières.

Les combattants francs, gênés par cette foule immense de réfugiés, avaient dû enfermer l'innombrable bétail amené précipitamment de toutes les chaumières, de toutes les fermes d'alentour, dans les profonds fossés de l'enceinte. Flèches et pierres volaient par dessus cette multitude quadrupède mugissante, blessant et tuant de nombreux animaux. On nourrissait toutes ces bêtes d'orge et de paille dont il y avait foison, les paysans ayant apporté avec eux une partie de leurs récoltes. Chaque jour on tuait les bœufs et les moutons nécessaires à la nourriture de cette foule. Mais les Sarrasins, bien que leur camp fût richement approvisionné, guettaient aussi cette proie tentante. Profitant du trouble des Francs, de toutes ces circonstances qui gênaient si terriblement la défense, ils s'approchaient en nombre du fossé. Les plus hardis y dévalaient par des cordes, tuant les bœufs, les découpant en morceaux. Puis ils remontaient toutes ces bêtes mortes à l'aide de crochets, sous les yeux des assiégés furieux qui leur tiraient inutilement dessus. Ils n'éprouvèrent même, paraît-il, aucun dommage de ces expéditions téméraires. Le pillage du bourg avait mis l'aisance au camp des assiégeants. On avait trouvé dans les demeures chrétiennes tant de blé, de vin, d'huile, que rien ne manquait aux soldats de l'émir. Des boulangers, des cuisiniers, des marchands de toutes choses s'étaient installés dans les maisons demeurées debout, vaquant en sécurité à leurs industries, gagnant beaucoup d'argent.

Les Francs tentèrent de construire un gigantesque pierrier pour combattre et détruire ceux de l'émir, mais la pluie des pierres sarrasines fut si violente que les charpentiers éperdus se sauvèrent, refusant de poursuivre leur ouvrage. Le séjour de la muraille était intenable. On y était aussitôt assommé. Incessamment les toits comme les planchers tremblaient sous ces chocs effrayants qui faisaient crouler les maisons et se fendre les plus fortes murailles.

Cependant le secours approchait. Contre toute attente, Saladin ne devait point, cette fois encore, entrer dans la forteresse fameuse que ses contingents fanatiques serraient de si près. « Quand li princes Renaud, dit Ernoul, vit c'on l'asaloit si durement et c'on le grevoit si, et qu'il n'avoit mie plenté de viande el castiel, si fist avaler un siergant par le falise, et manda au roi en Jherusalem qu'il le secourust; et s'il ne le secouroit proçainement, il perderoit le castiel, car il n'avoit gaires de viande. Encore, aveuc tout che que li princes Renaut avoit envoiié le message, faisoit il cascune nuit faire fu desour une des tours du castiel, pour che que on le conneust en Jherusalem, et pour haster le secours; et d'autre part il n'estoit mie a fianche que li messages qu'il i envoia fust escapés (1).

(1) « Il y a cette coutume en la terre d'outre-mer, dit le chro-

Le pauvre roi Baudouin, toujours plus souffrant de son horrible maladie, venait de faire couronner son neveu le petit Baudouin et de retirer à son beau-frère Guy, le comte de Jaffe, la direction des affaires, pour la reprendre en personne. Il se trouvait en grande angoisse de voler au secours de son féal seigneur et de son château si précieux. Assemblant en hâte à Jérusalem tout son ost, il s'était promptement mis en marche. La veille de son départ, il avait annoncé de bien loin son arrivée au prince de Karak en faisant allumer un immense feu sur la Tour David. En grande diligence, faisant porter devant lui la Vraie Croix, il suivit, après avoir traversé le Jourdain, toute la rive orientale de la mer Morte jusqu'au pied des monts, ne voulant plus, dit Ernoul, de la route de jadis. Maintenant il était arrivé à l'autre Zoar, la Zoar biblique, l'antique Segor, avec tout son monde,

niqueur, que quand ils savent que les Sarrasins doivent entrer en la terre d'aucune part, celui qui le premier le sait fait du feu. Et quand les autres villes le voient, chacun fait du feu, et l'on voit alors des feux par toute la terre d'où ils savent que les Sarrasins sont entrés dans la terre et chacun se prépare. »

en ce site étrange à l'ouest et « près de la mer del Diable » que les croisés nommaient Palmeria, « les Palmiers ». Là, le comte Raymond de Tripoli fut nommé généralissime. Les Francs, pleins d'un enthousiasme pieux, confiants dans leur nombre, s'apprêtaient à gravir les rampes qui les séparaient encore de l'ennemi, lorsqu'on apprit subitement que l'émir avait levé le siège de Karak et s'avançait avec tout son monde à la rencontre des Francs. Averti de l'arrivée imminente de toute la chevalerie latine sous ce chef renommé, craignant aussi de voir cette très nombreuse armée tenter une diversion contre l'Égypte, Saladin avait fait abattre ses machines après un mois de siège (1). Certainement il s'en allait la rage au cœur. Le 4 décembre déjà il était parti, renvoyant en hâte en Égypte El Malec el Adel et ses contingents pour y parer à toutes les éventualités. Dès le lendemain (2), les avant-gardes franques, escaladant la montagne, parurent devant les portes du château

(1) Ernoul, nous l'avons vu, dit huit semaines.
(2) Ou le 11 décembre seulement.

délivré (1). On devine l'accueil enthousiaste que leur fit toute cette population aglomérée derrière ces fières murailles. Le roi aussi vint de sa personne à Karak. La vaillante forteresse fut abondamment ravitaillée et « garnie », et toute cette foule de réfugiés rentra dans ses demeures dévastées. Le fossé, en grande partie comblé, fut entièrement nettoyé. Après avoir poussé une pointe jusqu'à Naplouse, dont Saladin était venu ravager les campagnes pour tenter une diversion de ce côté, le roi rentra à Jérusalem. Le sultan de son côté regagna Damas (2), où il arriva le 24 du mois de cha'bân 579, c'est-à-dire vers le milieu du mois de décembre 1183.

(1) Ernoul, *op. cit.*, p. 105, raconte encore que Saladin alla camper à deux lieues de l'armée chrétienne, et que dès le lendemain les Francs marchèrent à l'ennemi. Mais ils trouvèrent celui-ci en pleine retraite. C'est alors que le roi, laissant Saladin s'en aller, monta de suite à Karak pour voir en quel état les Sarrasins avaient mis sa forteresse, aussi pour embrasser sa sœur, la nouvelle épousée. — Kémal ed-Dîn dit que Saladin s'avança jusqu'à Hébron à la rencontre de l'armée de secours. »

(2) Behâ ed-Dîn, dit Ibn-Cheddad, l'auteur des *Anecdotes et beaux traits de la vie du sultan Youssof* (Saladin), dit que Chéref ed Dîn Bazgoch, ancien mamelouk de Nour ed-Dîn, perdit la vie et trouva le martyre dans ce siège. Voy. encore sur ce siège Ibn el-Athîr, *Hist. or. des Crois.*, t. I, p. 664.

Dès le printemps de l'année suivante, « dès que, suivant la poétique expression du chroniqueur oriental, le froid eut été mis en déroute et que la température se fut adoucie (1) », l'illustre Saladin, plus désireux que jamais de se venger terriblement du prince latin pillard et mécréant, quitta son grand camp de Ra'as-el-Mâ, au sud de Damas, pour mettre une fois de plus le siège devant le fameux château de la Terre de Moab. Comme l'an dernier, le sultan commandait en personne ses troupes fidèles; comme l'an dernier, il avait donné rendez-vous sous ces fières murailles aux guerriers de sa terre d'Égypte commandés cette fois par son neveu Taky ed-Dîn, qui avait remplacé son frère Malec el Adel, et par « le célèbre capitaine El-Fahdel ». D'innombrables autres contingents syriens l'avaient également rejoint : « tous ceux des émirs d'Alep, de Hisn ou Kaïfa, d'Amida, de Singar, de Maredîn, en un mot les troupes de toute l'ancienne souveraineté de Nour ed-

(1) En l'an 580 de l'hégire (14 avril 1184-4 avril 1185).

Dîn. Toutes ces forces, très considérables, concentrées à Ra'as-el-Mâ, s'étaient mises en mouvement seulement après le 30 juillet 1184. Elles suivirent la route d'El-Dhalet, d'Ezz-Zarka, d'Ammân, d'El-Belqâ'a d'Er-Rakîm, de Zîzah, d'En-Noukoub, d'El-Laddjoun, d'Adar, et d'Er-Robbah, toutes localités du pays de Moab (1) et stations de cette route du Hadj qui, si malheureusement pour les pieux pèlerins de la Mecque, passait au pied de la forteresse de Renaud.

Karak, sous les murailles duquel toutes ces forces d'Égypte, de Syrie et de Mésopotamie, étaient arrivées successivement, fut définitivement investi le 13 août (2).

Cette fois encore l'attaque fut d'une violence extrême, telle qu'aucun défenseur du château ne pouvait regarder une seconde aux créneaux sans avoir aussitôt l'œil crevé par une flèche. Une très curieuse lettre du roi Baudouin au

---
(1) RŒHRICHT, Arab. Quellenbeitr., etc., note de la p. 54.
(2) Il y a des divergences sur ces dates. La lettre du roi au patriarche et aux grands maîtres citée plus bas dit que Saladin parut déjà dans la journée du 9 ou du 10 juillet devant Karak.

patriarche de Jérusalem Héraclius et aux grands maîtres, lettre écrite suivant toute apparence dans les derniers jours de septembre (1), dit que l'émir fit battre les murailles de Karak trois semaines durant avec quatorze mangonneaux, qu'il se retira à ce moment devant l'arrivée imminente de l'armée de secours accourue par Naplouse, enfin que dans sa retraite il brûla cette ville et celle de Sébaste, qui est Samarie. Le chroniqueur ajoute que l'évêque Zacharie de cette dernière ville, racheta son église, ses prêtres et ses religieux au prix de quatre-vingts captifs musulmans restitués.

Voici en quels termes poétiques le cadi El-Fadhel décrit ce second siège de Karak, dans une de ses lettres adressées à Bagdad : « Karak, dit-il, est l'angoisse qui étreint la gorge, la poussière qui obscurcit la vue, l'obstacle qui étrangle les espérances et s'embusque pour arrêter les résistances courageuses; cette forteresse est le loup que la fortune a posté dans

(1) Le texte même nous en a été conservé par *Raoul de Dicelo*. Voy. Rœhricht, *Gæsch. d. K. J.*, p. 411.

cette vallée et l'excuse de ceux qui abandonnent le devoir du pèlerinage prescrit par Dieu. Karak et Chaubak (que Dieu assure le succès final!) rappellent ce vers où le poète dit en parlant de deux lions :

« Il ne se passe pas de jour qu'ils ne dévo-
« rent de la chair humaine ou ne s'abreuvent
« de sang. »

« Les plateaux des mangonneaux rivalisent à battre en brèche Karak; les pierres tiennent en respect ses défenseurs. Les tours orgueilleuses s'écroulent, et les rideaux des palissades s'écartent de leur front fortifié. De tous les côtés la place est rude à gravir et d'accès difficile, mais le sultan trouve du charme à des dangers qui effrayent la pensée, et il affronte d'un visage souriant les atteintes de l'hiver maussade.

« ...Les pierres tombent avec ensemble sur le sommet des tours et sur la tête des mécréants; elles atteignent les créneaux et ceux qui les défendent; elles vont droit au but, et, en tuant les Francs, elles leurs montrent qu'ils suivent une fausse route. Nul d'entre eux ne sort la tête sans qu'une pointe de fer ne pénètre dans son œil; l'épée de l'Islam ne quitte le fourreau que pour entrer dans le cou des infidèles comme dans une gaine qu'elle déchire. Les pierres se prodiguent avec une générosité que rien n'entrave, et parmi les flots de poussière soulevés par les sabots des chevaux l'éclat des lances fait une aurore à la nuit. Nous tenons l'ennemi à la gorge. Nous avons commencé à combler le fossé; les murs s'écroulent, et le malheur s'abat sur l'infidèle; leurs cottes de mailles lacérées par nos sabres ne recouvrent que des blessures.

« ...Le châtiment de Dieu plane sur la forteresse et ses habitants, sans que rien les en préserve; les signes se montrent d'une victoire que rien ne peut empêcher. Nos mangonneaux apportent la ruine aux bastions, la mort aux mécréants; les pierres qu'elles lancent ne laissent pas une pierre de la forteresse debout; elles se répondent nuit et jour comme une pluie sans trêve. Le plateau de nos machines dévaste les édifices; le rempart qui leur fait face s'effondre avec ses tours et ses courtines; piliers et fondements sont renversés. Et si le fossé n'était fermé par un ravin naturel large et profond, il serait facile d'envahir la place, et le chemin de l'assaut serait ouvert.

« ...Si parfaitement fortifiée que soit la place qui est devant nous et dont nous faisons le siège, les pierres qui en font la force s'écroulent sous les pierres des mangonneaux, de sorte qu'elle doit sa ruine à ce qui devait assurer sa solidité. Les arcs de nos machines lancent des flèches silencieuses et continuent à se venger des ennemis de Dieu par la mort, de leur forteresse par la destruction. Les tours et les courtines situées en face de ces machines sont anéanties avec tout ce qu'elles renferment. Il ne nous reste plus qu'à combler le fossé, et nous saisirons l'ennemi à la gorge. Nos cœurs sont assurés du succès; chacun de nous sait qu'il a conclu avec le ciel un marché avantageux. Grâce à Dieu, on n'entend parmi nous ni un mot de lassitude, ni une plainte, et, si Dieu le permet, cette campagne n'aura d'autre dénouement que la victoire, le triomphe. »

Eïmad ed-Dîn, de son côté, raconte que, dès que ses troupes eurent été assemblées, Saladin vint établir son camp dans l'Ouady-Karak, au pied de la forteresse franque, et mit en ligne, devant la porte principale de la ville, neuf mangonneaux qui ruinèrent cette section de la muraille. « L'unique obstacle qui paralysait nos efforts, ajoute ce chroniqueur, était le fossé (1), car ce n'était pas un fossé ordinaire, mais bien un fossé large et profond, affreux ravin naturel semé de précipices vertigineux, de gouffres épouvantables. Sans lui il eût été facile de donner l'assaut. Le seul parti était de le combler, mais l'entreprise était des plus difficiles, le sol dur et rocailleux faisant obstacle au percement des souterrains. Sur l'ordre du sultan, on construisit des tours volantes qu'on plaça tout en avant, puis, avec des briques fabriquées sur place et des poutres, on éleva de longs murs

---

(1) Ibn el-Athîr dit que le fossé avait soixante pieds de profondeur!

parallèles, allant du faubourg jusqu'au bord du fossé. Ces murs, recouverts d'une toiture, furent encore défendus par des palissades habilement jointes. On obtint ainsi trois larges voies souterraines bien protégées, où l'on circulait à l'aise, et l'on put enfin s'occuper de combler le fossé en toute sécurité; les chefs de l'armée et leur suite, écuyers et valets, se succédaient sans relâche dans ces chemins couverts (un pour l'aller, l'autre pour le retour), apportant de quoi combler cette immense excavation. » — « Ce travail, qui commença le jeudi, septième jour du mois de djoumada premier, c'est-à-dire le 7 août 1184, fut grandement facilité, poursuit le chroniqueur, par les tours volantes que le sultan avait fait établir et par la solide construction des souterrains. Les hommes trouvaient un chemin commode jusqu'au fossé, où ils pouvaient se tenir en foule sans craindre les blessures, protégés qu'ils étaient par les tours.

« Ils travaillent maintenant avec joie, attendant la bonne nouvelle de l'achèvement; ils s'avancent en face de la forteresse, jusqu'aux bords du fossé, sans prendre de précautions, ni craindre les flèches ou les pierres. Le fossé a été si bien rempli qu'un prisonnier des nôtres, s'y étant précipité tout enchaîné, a pu être sauvé, malgré la grêle de pierres que les Francs faisaient pleuvoir sur lui. Les hommes ne craignent pas d'affluer sous la forteresse pendant le jour, comme dans les cours des mosquées de Damas dans les grandes fêtes. Ils sont à l'abri des blessures et savent avec certitude que la victoire leur est acquise. Elle ne se fera pas attendre; la forteresse ne tardera pas à être abattue si les Francs ne sont pas bientôt secourus, car le faîte des tours est enlevé, les créneaux ébréchés, les courtines décapitées, les machines brisées, les toits éventrés, les murailles lézardées, les meurtrières perforées. La victoire est plus assurée que la jambe sur le pied. »

On sait déjà, par la lettre du roi Baudouin, que tout ce puissant effort devait, une fois encore, aboutir à la levée du siège. Les historiens orientaux déguisent cette nouvelle retraite de leur héros favori, en termes ambigus autant qu'embarrassés. Ibn Cheddad et Eïmad ed-Dîn disent simplement qu'aussitôt que le sultan eut appris, dans le mois de djoumada second, l'approche des troupes franques de secours très nombreuses, il ordonna une marche en arrière. L'armée sarrasine, abandonnant le siège de Karak, s'en alla, équipée à la légère, occuper des positions nouvelles, tous les gros bagages ayant été renvoyés dans l'intérieur du pays. Les mangonneaux avaient été préalablement brûlés. Puis on marcha dans la direction de l'ennemi, qui était campé à El-Waleh, l'Éléaleh de Moïse, non loin du bourg d'El-Hisbân, l'antique Hesban biblique, droit à l'est du rivage septentrional de la mer Morte. Le sultan s'installa juste en face des Francs, leur coupant la route, qui était en ce point resserrée, d'accès difficile, attendant qu'il leur plût de sortir de cette impasse. Eux se gardèrent de bouger. Après avoir séjourné à El-Waleh jusqu'au 4 septembre, ils retournèrent sur leurs pas. Saladin, voyant que l'occasion d'une rencontre lui échappait, brûla ses dernières machines de siège et battit définitivement en retraite. Sur la route, il fit ravager par une partie de ses forces le territoire de la principauté de Naplouse, depuis la ville de ce nom jusqu'à Sébaste. Ces deux cités furent saccagées (1).

Saladin rentra le 15 septembre à Damas, ramenant beaucoup de ses soldats malades. Taky ed-Dîn retourna en Égypte avec ses contingents. Aboulfaradj dit que Renaud de Châtillon, lors de la retraite du sultan, alla sur le haut de la montagne avec ses troupes observer les mouvements de l'ennemi, puis qu'il rentra dans Karak, dont il fit aussitôt réparer et aug-

(1) « Le sultan, dit Eïmad ed-Dîn, alla piller le territoire de Naplouse. Il pilla complètement cette ville, n'y laissant que des cailloux, et au retour s'arrêta devant Sébaste, où se trouve le tombeau de Zacharie (sur qui soit le salut!). Les Francs ont converti ce tombeau en une église qu'ils ont remplie d'objets précieux. L'évêque, ses prêtres, ses moines rachetèrent leur église en mettant en liberté des captifs musulmans et demandèrent l'aman. De là le sultan alla assiéger Djinîn, dont il démantela la citadelle et les tours, puis il revint chargé de dépouilles et de prisonniers, avec un riche butin personnel. Il rejoignit ses officiers à la fontaine dite : El-Faouwar (la jaillissante).

menter les défenses. Tout cela est très confus. Une chose seule est certaine, c'est qu'après quelques semaines d'un siège des plus violents, Saladin fut une fois de plus contraint de se retirer. Ce nouvel échec du sultan ne faisait, du reste, que rendre la situation de l'audacieux Renaud plus périlleuse en face d'un si puissant adversaire, acharné à sa vengeance, irrité par ces déconvenues successives.

Châtillon, dans cette même année 1184, fut activement mêlé aux cruelles dissensions qui accablèrent les derniers jours du roi lépreux par la querelle de ce prince infortuné avec son beau-frère Guy de Lusignan, le comte de Jaffe et d'Ascalon. Lorsque le comte Raymond III de Tripoli eut été à nouveau solennellement proclamé par le roi malade régent du royaume, le prince de Karak se trouva parmi les opposants avec le patriarche Héraclius, les deux grands maîtres et le sénéchal Josselin. Le roi mourut peut-être bien le 16 mars de l'an 1185, alors que tous les barons du royaume étaient assemblés à Jérusalem. Il fut enseveli au Calvaire, au saint tombeau de ses aïeux. Son successeur, son neveu, fils de sa sœur Sibylle et de Guy de Lusignan, le petit Baudouin V, fut aussitôt emmené par le sénéchal Josselin à Ptolémaïs. Le comte Raymond de Tripoli, maintenu dans ses fonctions de régent, continua de gouverner le royaume avec autant d'activité que d'énergie.

Je passe rapidement sur les tragiques événements de ce nouveau règne si court. Raymond de Tripoli avait mérité la reconnaissance de tous en obtenant de Saladin, au prix de soixante mille besants d'or, une longue trêve. Le malheureux royaume avait pu respirer quelques jours (1). Au bout de peu de mois, le pauvre petit roi rendit, lui aussi, son âme à Dieu, toujours encore dans le cours de l'an 1186. Nous n'avons aucun détail sur cette mort, même sur sa date précise (2). On sait les graves événements qui suivirent dans le courant des mois

---

(1) RŒHRICHT, *Arab. Quellenbeitr.*, etc., note 2 de la p. 59.
(2) Voy. WILKEN, *op. cit.*, t. III, seconde partie, note de la p. 249.

d'août et de septembre 1186 : le couronnement précipité de la princesse Sibylle et de son mari, Guy de Lusignan au Saint-Sépulcre après que les portes de Jérusalem eurent été fermées ; la fureur et la trahison de Raymond de Tripoli, le plus puissant personnage du royaume, qui, certainement, avait brigué la couronne, et qui, déçu dans ses espérances, ne craignit pas d'entrer en négociations avec Saladin et de se faire envoyer par celui-ci un corps de cavalerie à Tibériade, où il s'était réfugié (1). Le prince Renaud semble avoir joué un rôle très important dans cette période si troublée (2). Dans leur situation si difficile, à la suite de la mort de leur royal enfant, Sibylle et Guy firent un pressant appel à son énergique appui. Il accourut vite de Karak à Jérusalem. Ce fut lui qui

---

(1) Rœhricht, *ibid.*, p. 58. Eïmad ed-Dîn, dont le récit fournit des éclaircissements aussi importants que décisifs sur cette alliance impie entre le comte de Tripoli et Saladin, va jusqu'à dire que Raymond se serait certainement fait musulman s'il n'avait eu peur de ses coreligionnaires.

(2) En cette année 1186, le 21 octobre, nous voyons Châtillon signer en qualité de témoin un acte du roi Guy. Rœhricht, *Reg.*, p. 173.

décida Guy et Sibylle à se faire proclamer aussitôt après avoir sommé le comte de Tripoli et les barons réunis à Naplouse de venir leur prêter hommage à Jérusalem. Il semble vraiment qu'on ait attendu l'arrivée de cet homme intrépide pour tout oser. Ce fut lui qui, assisté du grand maître du Temple, Gérard de Ridefort, malgré la résistance des dissidents de Naplouse, conduisit au Saint-Sépulcre la princesse Sibylle pour la cérémonie du couronnement. Il monta sur l'ambon et harangua le peuple en ces termes : « Seigneur, vous savez bien que le roi Baudouin mésiaux et son neveu qu'il avait fait couronner sont morts et que le royaume est demeuré sans héritiers et sans gouverneur. Nous voudrions, par votre los, faire couronner Sibylle que voici, qui est fille du roi Amaury et sœur du roi Baudouin le mésiaux. Car elle est la plus proche et la plus directe héritière du royaume. » Le peuple acclama la fille d'Amaury.

Renaud figura constamment au premier rang dans les diverses péripéties de cette journée dramatique, lorsqu'il s'agit surtout de forcer le grand maître de l'Hôpital, Roger de Molins, à livrer la clef du trésor où étaient conservées les couronnes qui servaient au couronnement des rois de Jérusalem. Ce fut lui qui, avec le grand maître du Temple, prit ces couronnes et les apporta au patriarche. Le prince de Karak, en un mot, semble bien avoir été l'âme de toute cette royale aventure. Lorsque Baudouin de Rames, presque seul parmi les barons, voulut plus tard s'opiniâtrer dans sa résistance contre le nouveau roi, ce fut encore Renaud qui, au nom de Guy, le somma vainement de comparaître au parlement d'Acre pour y prêter serment, l'appelant par trois fois. Baudouin, toutefois, finit par s'exécuter et prêta serment à Guy en cette cité dans l'église de Sainte-Croix (1).

A ce moment même, tout à la fin de l'an 1186, Saladin, à la suite d'une entrevue avec le roi Guy, offrit de prolonger pour trois ans les

(1) Voy. le récit de tous ces événements dans l'*Estoire de Eracles empereur* (*Hist. occid. des Crois.*, t. II, p. 26 et suiv.). Dans un précédent séjour de Renaud à Acre, il avait signé à un acte du roi Baudouin du 16 mars 1185. Rœhricht, *Regesta*, p. 170.

trêves qui allaient expirer à Pâques. Guy s'empressa d'accepter cette proposition, malgré l'arrivée au « passage » du printemps de beaucoup de nouveaux pèlerins d'Occident. La faiblesse du royaume était trop grande. Même les Templiers, d'ordinaire si avides de combats et de pillages, avaient opiné pour qu'on prolongeât la paix. Mais presque à cet instant même, une nouvelle agression de Renaud, cet incorrigible pillard, vint mettre à néant tous les avantages d'une trêve si inespérée et amener avec Saladin une brouille aussi affreuse que définitive !

Voici dans quels termes saisissants l'historien oriental contemporain Eïmad ed-Dîn a raconté ce grave incident qui devait entraîner de si funestes conséquences : « Arnaud, le prince de Karak, était le plus perfide et le plus méchant des Francs, le plus avide, le plus empressé à nuire et à faire le mal, à rompre les engagements solides, à violer sa parole et à se parjurer. Il avait avec lui une troupe de gens sans aveu, des Arabes, opprobre de notre religion, répandus sur la route du Hedjaz et pour qui le pèlerinage n'était qu'une métaphore. Chaque année nous lui faisions la guerre, nous lui tendions des embuscades, et il avait beaucoup à souffrir de nous. Il feignit alors de vouloir une trêve et d'incliner vers la paix ; il obtint ainsi l'aman pour son territoire, ses sujets, sa famille et pour lui-même. Une fois assuré d'une immunité complète et alors que les caravanes d'Égypte traversaient son pays, il se mit à prélever des droits sur elles, à l'aller et au retour, en attendant l'occasion de réaliser ses perfidies. Il battait les routes et y répandait la terreur. Il tomba, un jour, sur une caravane importante qui transportait une très riche pacotille d'Égypte à Damas et s'en empara totalement : elle était escortée de quelques soldats ; il les fit tomber dans ses filets, les conduisit à Karak après leur avoir pris chevaux et équipement et les accabla des plus cruels traitements. Nous lui adressâmes un message pour blâmer sa conduite et lui reprocher ses perfidies et ses rapines, mais il n'en devint que plus obstiné et plus nuisible. « Dites à votre Mahomet de « vous délivrer », répondait-il à toutes les plaintes de ses captifs. Le sultan jura alors qu'il aurait sa vie de sa main, et, en effet, il tint son serment ainsi que je le raconterai plus loin. »

Le récit occidental de cette rupture par Renaud de la foi jurée, rupture qui eut pour les établissements latins en Orient de si terribles suites, est presque identique. La chronique franque connue sous le nom aussi bizarre qu'impropre d'*Histoire d'Eracles* (1) raconte que des espions avertirent Renaud, lequel se trouvait pour lors à Acre auprès du roi, du passage prochain de cette riche caravane fortement escortée. Il courut à Karak, assembla son monde et s'empara de la caravane. Celle-ci, détail que nous ne connaissons que par cette unique source, comptait parmi ses membres la propre sœur du grand sultan. On juge de la colère de Saladin, de la violence de ses récriminations. Ses messagers

(1) *Estoire d'Eracles empereur. Hist. occid. des Crois.*, t. II, p. 34.

réclamèrent du roi Guy la punition immédiate des coupables, la mise en liberté non moins immédiate de la princesse et de tous ses compagnons, la restitution des marchandises enlevées, le payement, enfin, de dommages-intérêts considérables pour la violation des trêves. Le pauvre roi Guy aurait bien voulu satisfaire aux réclamations de son puissant voisin, mais il n'avait pas plus que son prédécesseur le moyen de contraindre l'intraitable vassal auquel il devait sa couronne. En vain Saladin menaça le prince de Karak des plus terribles vengeances; en vain il jura pour la seconde fois (1), si Renaud venait à tomber en son pouvoir, de le tuer de ses mains. La réponse du baron pillard fut cette fois encore hautaine et insolente au delà de toute expression. Il répondit qu'il ne rendrait rien, qu'il était sire de sa terre comme le roi de la sienne et que lui n'avait point de trêve avec les Sarrasins. « La prise de cette caravane, dit le chroniqueur, fut

(1) La première fois il avait fait ce serment après l'expédition de la flotte du seigneur de Karak dans la mer Rouge.

l'achaison de la perdicion du roiaume de Jérusalem (1). »

Un autre historien arabe contemporain, Behâ ed-Dîn, fait un récit presque identique (2) : « L'infidèle Arnaout, despote et tyran, fit souffrir mille tourments à ses infortunés prisonniers. Il enferma les uns dans d'obscurs et profonds silos, les autres dans d'étroites cellules. Quand les envoyés du sultan lui représentèrent qu'il y avait trêve entre les deux nations, il leur répondit : « Dites à votre Mahomet qu'il délivre mes prisonniers. »

(1) Au dire de l'historien arménien Vartam, cette caravane comprenait quatre cents chameaux. — De toutes les sources chrétiennes, deux seulement blâment énergiquement ce manquement à la fois jurée.
(2) *Hist. or. des Crois.*, t. III, p. 39.

CHAPITRE IX

Entrée en campagne de Saladin avec toutes les forces de son empire au printemps de l'an 1187. — Durant que le sultan va ravager les territoires de Karak et de Chaubak, son fils aîné El Malecel Afdal, avec sept mille guerriers d'élite, de connivence avec le comte de Tripoli, pénètre sur le territoire de la principauté de Tibériade. — Désastre des chrétiens aux fontaines de Saffouriya. — Le roi Guy, réconcilié avec le comte de Tripoli, convoque en ce lieu le ban et l'arrière-ban du royaume et réunit une armée telle qu'on n'en avait jamais encore vu de si nombreuse aux pays chrétiens d'outre-mer. — Le sultan, quittant derechef Damas, franchit la frontière avec toute son armée, plus nombreuse encore que celle des Francs. — Pour décider ceux-ci à abandonner la défensive, il fait attaquer Tibériade qu'il emporte d'assaut. — Conseil de guerre des chefs latins au camp de Saffouriya. — Incidents dramatiques. — Sur le conseil du grand maître du Temple, le roi décide finalement de marcher à l'ennemi. — Après une nuit passée tout entière sous les armes, l'armée chrétienne se met en marche sous un soleil de feu. — Joie de Saladin à cette nouvelle. — Découragement et terreurs mystérieuses des guerriers francs. — La sorcière sarrasine. — Nouveau conseil de guerre. — Nouvelle et terrible veillée des armes de l'armée chrétienne tourmentée par la soif et par les incessantes attaques de l'ennemi.

Saladin venait d'être très gravement malade à Harrar. Il avait fait serment, s'il guérissait, de reprendre plus vivement que jamais la guerre sainte et d'en finir pour toujours avec le royaume latin de Jérusalem (1). Mis littéralement hors de lui par la nouvelle félonie du prince de Karak, il se rendit en hâte à Damas pour y rassembler son armée. Un appel solennel fut adressé à tous les musulmans pour la guerre sainte contre les infidèles, avec la promesse de toutes les joies du paradis. Saladin fit écrire à Mossoul, par toute la Syrie, en Égypte, à toutes les extrémités de son immense empire. Une formidable assemblée de troupes d'Afrique et d'Asie se réunit dans la capitale de la Syrie. Le témoignage de toutes les sources chrétiennes et musulmanes prouve que des foules vraiment innombrables étaient accourues à cet appel du sultan irrité. L'Islam entier se prépara à une guerre d'extermination (2). Telle fut la réponse du grand sultan à l'acte infâme du prince de Karak. Saladin pouvait d'autant mieux jeter toutes ses forces sur le

---

(1) Voy. ce vœu à la p. 279 du t. IV des *Hist. or. des Croisades*.
(2) Voy., sur ces événements, RŒHRICHT, *Beiträge*, t. I, p. 115 et suiv.; ERNOUL, *op. cit.*, p. 96, 97.

petit royaume latin d'outre-mer qu'il venait encore de faire sa paix avec le prince de Mossoul. Même le prince Bohémond d'Antioche, dans son égoïsme impie, venait de conclure avec lui une paix particulière.

« L'année 583 de l'hégire (1), s'écrie Eïmad ed-Dîn, l'année de la défaite de Hittîn, de la conquête du littoral, fut la plus heureuse pour l'Islam. Année belle et bienfaisante, âge béni dont les âges précédents attendaient en s'écoulant l'heureux accomplissement... C'est alors que la grâce divine délivra de ses souffrances la Terre Sainte si éprouvée. Dieu détruisit les maléfices du polythéisme et décréta que l'infidélité serait noyée dans des flots de sang. La dynastie nacérite triompha sur les ruines de la secte nazaréenne. Le monothéisme se vengea de la doctrine trinitaire, et la gloire du règne de Salah ed-Dîn se répandit à travers le monde ! »

La nouvelle de cette immense concentration des forces vives de l'Islam répandit la terreur

---

(1) 13 mars 1187-2 mars 1188.

par tout le royaume. Avant même que toutes les troupes sarrasines régulières fussent accourues à Damas, d'Arabie, d'Égypte, de Mésopotamie et de Syrie, le sultan se mit en route avec sa garde, « avec l'armée du paradis marchant contre les damnés d'enfer ». Il voulait protéger le retour de la caravane de la Mecque qui ramenait plusieurs personnes de sa famille et faire sa jonction avec le corps d'armée arrivant d'Égypte à marches forcées. Le vendredi 13 mars 1187, premier jour du mois de moharrem de l'an 583 de l'hégire, Saladin et ces premiers contingents sortirent de Damas. Par Ra'as-el-Mâ ils gagnèrent Bosrah (1). « Le sultan avait obtenu le but désiré, dit le chroniqueur arabe, car lorsque le loup (Renaud) eut flairé l'odeur du lion, il rentra dans sa forteresse, et la caravane de la Mecque rentra à bon port le 12 avril. L'armée d'Égypte n'étant pas arrivée au moment convenu, Saladin avait ordonné à

(1) Ce fut dans cette localité, au dire de certains chroniqueurs, que le sultan reçut la confirmation officielle du plus récent attentat de Renaud, lequel, d'après ceux-ci, aurait eu lieu seulement vers la fin du mois de safer (11 mai).

son fils aîné El Malec el Afdal de rester à Ra'as-el-Mâ pour attendre celle-ci ainsi que les contingents d'Asie, tandis que lui-même irait bloquer une fois de plus les grandes places de guerre de Karak et de Chaubak. Une fois encore les campagnes environnant ces deux forteresses furent affreusement dévastées. Les moissons furent coupées, les arbres et les vignes détruits ou arrachés. Tout ceci n'avait d'autre but que d'occuper et de retenir Renaud (1). Enfin Saladin fit à El-Karyéteïn sa jonction avec l'armée de secours venant d'Égypte, ce qui lui permit de renforcer d'autant le corps de troupes qui bloquait les deux châteaux francs. Deux mois s'écoulèrent tandis qu'El Malec el Afdal, « dans un entourage imposant de chefs illustres, d'émirs et de rois », attendait à Ra'as-el-Mâ les ordres de son père.

A la grave nouvelle de cette marche en avant, Guy de Lusignan avait une fois de plus, aussitôt après Pâques, convoqué le ban et l'ar-

---

(1) RŒHRICHT, *Arab. Quellenbeitr.*, p. 60.

rière-ban des guerriers de son royaume. Certes la vaillance ne faisait pas défaut aux chrétiens, mais les âmes étaient découragées, les esprits épouvantés par mille signes effrayants : des tremblements de terre, plusieurs éclipses de lune et de soleil. « Les Francs, dit Eïmad ed-Dîn, quand ils apprirent la concentration de nos forces, comprirent qu'une catastrophe sans précédent les menaçait et que c'était la lutte de l'Islam tout entier contre toute l'infidélité. » Sur la prière unanime des barons, Guy accepta de se réconcilier avec le comte de Tripoli, pour soustraire à l'alliance impie de Saladin ce prince devenu plus que jamais, par la mort de Baudouin de Rames, à la fois le plus puissant feudataire de la couronne et le plus expérimenté un des plus vaillants parmi les chefs de l'armée Les maîtres du Temple et de l'Hôpital, Gérard de Ridefort et Roger de Molins, avec l'archevêque de Tyr, l'évêque de Nazareth, Balian d'Ibelin, Renaud de Sidon et quelques autre magnats, furent chargés par le roi d'être se mandataires auprès de Raymond à Tibériade

CHAPITRE IX. 331

Les deux grands maîtres, avec l'archevêque Guillaume de Tyr, le célèbre historien des Croisades, et Balian d'Ibelin partirent de Jérusalem pour Naplouse le 29 avril. Ils passèrent la nuit dans cette ville, et Balian y demeura auprès de son épouse. Les trois autres messagers chevauchèrent le lendemain jusqu'à la localité d'El-Foula, nommée par les croisés la Fêve ou la Fava, ou encore Castellum Tabor (1), dans le val du Jourdain, sur la route de Damas, au sud-est du mont Tabor, « entre Nazareth et Jezréel » (2). En arrivant en ce lieu, les nobles voyageurs apprirent avec émoi les plus déplorables nouvelles.

Durant que le grand sultan campait avec une partie de ses forces sous les murs de Karak, son fils aîné, El Malec el Afdal (3), qui venait d'être fait chevalier, et qui arrivait de Ra'as-el-Mâ avec sept mille guerriers d'élite, avait, sur l'ordre de son père, passé le Jourdain et péné-

(1) Rœhricht, *Arab. Quellenbeitr.*, note 2 de la p. 74.
(2) Renaud de Sidon prit un autre chemin.
(3) Qui lui succéda en Syrie, à Damas, à Jérusalem, etc., lors de sa mort, survenue en 1193.

tré en terre chrétienne sur le territoire de Tibériade. La guerre, une guerre terrible, était ouverte à nouveau entre Sarrasins et Latins. Voici le récit du chroniqueur occidental (1) :

« Le fils de Saladin campait sur la rive orientale du Jourdain, au gué de Jacob, tout à côté de Bânias, au-dessus et au nord du lac de Tibériade. Saladin lui manda d'envahir la terre chrétienne et d'attaquer les chrétiens dans la contrée d'Acre, à cause de la caravane que Renaud avait prise et de sa sœur (2) qu'il avait conquise et retenait prisonnière. Comme Malec ne pouvait entrer autre part que par la terre de Tabarié (3), dont la seigneurie était au comte de Tripoli, avec lequel il avait trêves et qui avait fait à Saladin maints honneurs et prévenances, il ne voulut entrer sans son congé et lui demanda libre passage à travers sa terre. Lui, fut bien embarrassé, ne voulant ni perdre l'amitié de Saladin, ni d'autre part se couvrir de honte éter-

(1) *Estoire d'Eracles empereur. Hist. occid. des Crois.*, t. II, p. 37.
(2) Épouse d'Omar ibn-Ladjîn, mère de Housam ed-Dîn Mohammed.
(3) Tibériade.

nelle. Il se décida donc fort en rechignant d'octroyer au fils du sultan la permission de passer le Jourdain au gué de Jacob avec ses sept mille cavaliers d'élite, au lever du soleil, le 1er mai, mais à condition de repasser le fleuve avant son coucher sans avoir fait de mal dans la principauté. En même temps il faisait donner l'ordre de fermer ce jour-là les portes de Tibériade, de Nazareth et de toutes les autres cités de la région, avec défense expresse à aucun habitant de se montrer sur le passage de la cavalerie sarrasine. »

Malgré toutes les précautions prises, une catastrophe sanglante survint. Les messagers du comte Raymond s'étant rencontrés à la Fava avec les augustes envoyés qui allaient lui porter les offres de réconciliation de la part du roi, avaient informé ceux-ci de l'entrée imminente des forces sarrasines dans le royaume. Atterrés, les deux grands maîtres avaient envoyé en hâte à Kakoun (1) demander du secours. Une petite troupe de cent cinquante héros, dont quarante

(1) Localité fortifiée entre Césarée et Lydda, à quatre lieues de cette première cité vers le sud-est.

Templiers et dix Hospitaliers (1), courut bravement à l'ennemi, infiniment plus nombreux. Elle le rencontra dans cette matinée du 1ᵉʳ mai, un vendredi, fête des saints Jacques et Philippe, aux fontaines de Saffouriyah du torrent de Kischon, à mi-chemin entre Acre et Tibériade, à une heure et demie de Nazareth (2). Les cavaliers sarrasins qui avaient passé le Jourdain par détachements successifs étaient au nombre de plusieurs milliers, originaires de l'Aldjeziraz, qui est la Mésopotamie, du Diarbékir, d'Alep, de Syrie, de Damas, sous le commandement de Modaffer ed-Dîn, prince de Harran et d'Edesse, dit « le loup bleu », de Bedr ed-Dîn Dilderim, fils de Yarouk, et de Sarim ed-Dîn. La petite troupe des Francs se jeta sur cette armée nombreuse avec furie. Tous périrent ou furent pris, après avoir lutté comme des lions et presque vaincu, après avoir imposé l'admiration à leurs adversaires, tous, sauf le grand maître du Temple pourtant, lequel, par haine pour Raymond, avait

(1) Sans compter cinq cents hommes de pied.
(2) Deux milles.

conduit toute cette entreprise, et trois de ses chevaliers. Le maître de l'Hôpital, massacré à coups de flèches et de lance, eut la tête coupée. Tous les Templiers, sauf ces quatre, périrent. Robert Fresnel surtout et Jacques de Mailly eurent une mort héroïque. Quarante chevaliers du roi de la garnison de Nazareth furent faits prisonniers, ainsi que beaucoup de gens de Tibériade accourus à la rescousse. « Triste matinée pour ceux qu'on avertit en vain (1), s'écrie le chroniqueur arabe. Ce succès fut la primeur des bénédictions du ciel, la préface des succès futurs. »

Les Sarrasins vainqueurs, traînant leurs captifs liés à la croupe de leurs chevaux, portant les têtes des chevaliers aux fers de leurs lances, défilèrent joyeux et insultants sous les murs de Tibériade, dont les habitants voulaient se tuer de douleur et d'effroi. Le fils de Saladin, fidèle à la parole donnée, repassa le fleuve au soleil couchant.

(1) Les infidèles. — *Coran*, XXXVII, 177.

« La dépêche triomphante de Malec, dit Eï-mad ed-Dîn, nous atteignit comme nous étions encore dans les parages de Karak et de Chaubak. Sur-le-champ le sultan joyeux donna l'ordre de lever le camp et, après qu'on eut interrogé les étoiles sur l'issue de la guerre, alla par une marche de nuit camper à Achtera dans le Haourân. Il allait à la recherche d'une action décisive. Il avait avec lui douze mille guerriers supérieurement armés marchant en plusieurs corps. Les vallons et les coteaux se couvrirent des cavaliers de Dieu ; notre camp s'étendit sur plusieurs lieues en tous sens à travers les montagnes et les plaines. Le sultan passa en revue cette multitude dans les ténèbres d'une nuit orageuse. »

Revenons aux chrétiens. Balian d'Ibelin, de Naplouse où il avait passé la nuit, avait couru aux nouvelles à Sébaste. Le lendemain du désastre, il avait trouvé l'évêque de Samarie encore endormi, ne sachant rien. Il avait ouï la messe puis galopé plus loin vers Kakoun. Su le champ de bataille de la veille, où il n'ava plus trouvé que deux blessés agonisants, il avait appris avec désespoir par un écuyer l'affreuse tragédie et mandé à son épouse, l'ex-reine Marie, veuve de Baudouin IV, demeurée à Naplouse, de lui envoyer précipitamment à Nazareth tous les chevaliers réunis auprès d'elle. Je passe bien des détails. Cette attaque universelle, imprévue, de l'Islam, bouleversait tout le royaume. De toutes parts, les barons, les chevaliers, les sergents éperdus couraient aux armes, s'assemblaient en hâte, se pardonnaient leurs offenses. Le roi, le comte de Tripoli, finalement réconciliés à la joie de tous (1), le fils du prince d'Antioche, les évêques avec la Vraie Croix, tous les seigneurs, toute l'armée, cavaliers, piétons, lanciers, archers, frondeurs, en tout plus de cinquante mille hommes, se trouvèrent bientôt réunis aux fontaines de Saffouriyah, autour des drapeaux et des étendards, en ce rendez-vous choisi pour y attendre l'armée du

---

(1) Le comte était tombé aux pieds de Guy à leur première entrevue dans la plaine de Dothân, près du château « Hiob ». Voy. Rœhricht, *Gesch. d. K. J.,* p. 427, note 3.

sultan. Naturellement l'ardent Renaud de Châtillon était aussi présent, lui qui ne vivait que pour la bataille. Jamais encore en ce siècle de combats incessants on n'avait vu pareille armée chrétienne, en terre d'outre-mer, la plus belle, la plus puissante de l'histoire des Croisades.

Le maître du Temple avait livré au roi le riche trésor que Henri II d'Angleterre avait été forcé de lui remettre pour le bien de la Terre Sainte en réparation du meurtre de Thomas Bekket de Canterbury, et ce subside avait permis à Guy de lever, en plus des contingents ordinaires du royaume, douze cents chevaliers et sept mille gens de pied. Outre ceux-ci, on avait vu accourir de tous leurs vastes châteaux les Templiers et les Hospitaliers avec tout leur monde, le comte Raymond avec tous les contingents de sa principauté et ceux de Galilée, puis Renaud de Châtillon et ses bandes pillardes, Balian de Naplouse, Renaud de Sidon, Gauthier de Césarée, chacun avec ses chevaliers. Le prince Bohémond d'Antioche, revenu à des sentiments meilleurs, avait envoyé son fils avec cinquante chevaliers. En tout l'armée de la Croix comptait plus de deux mille chevaliers, d'innombrables Turcoples, archers syriens armés à la légère, près de vingt mille gens de pied. Le triste patriarche Héraclius, pour cela soupçonné d'avoir eu peur ou de n'avoir pas voulu quitter sa maîtresse, au lieu de venir en personne, avait délégué, pour porter la Vraie Croix à sa place, les évêques Rufin de Ptolémaïs et Bernard de Lidda.

Durant que les guerriers chrétiens affluaient ainsi au camp de Saffouriyah, qu'ils nommaient Séphorie, les contingents sarrasins, bien plus nombreux encore, joyeux d'un si heureux début, achevaient de se concentrer dans celui d'Achtera. Le sultan, qui, le 27 mai, avait quitté les environs de Karak pour rejoindre en ce point son fils El Malec el Afdal, avait, le 24 juin, passé une grande revue de ses forces sur le plateau nommé Tell Tesel, après quoi l'armée s'était ébranlée sous son commandement direct. Tous les divers corps musulmans se trouvèrent en marche le vendredi 26 (1). Le sultan partit ce même jour, après la prière du soir. « Il avait coutume d'entreprendre en ce jour du vendredi ses expéditions en terre chrétienne, surtout à l'heure de la prière dominicale, pour être sanctifié par les invocations adressées à ce moment au Tout-Puissant. »

Saladin alla camper ce soir-là à Khisfîn, dans le Haourân, sur la route de Damas en Égypte, à quinze parasanges de cette ville, entre Nawâ et le Jourdain. On ne devait plus tarder à en venir aux mains. Une avant-garde sarrasine franchit aussitôt le fleuve, galopant devant elle sans rencontrer de résistance, brûlant et saccageant le pays jusqu'à Nazareth, « jusqu'aux monts de Gelboé et de Jezréel », tellement que, suivant l'expression du chroniqueur, « toute la terre flambait au loin comme une mer de feu ». Ces bandits montèrent jusqu'au Tabor, illustré par la transfiguration de Notre-Seigneur, et y commirent mille excès et mille souillures.

(1) Dix-septième jour du mois de rebîa' second.

Durant que cette avant-garde préludait à la guerre par de pareilles horreurs, le sultan en personne, après avoir campé le samedi 27 à Khisfîn, le jour suivant à El-Oukhoûwanah (1), près de Tabarie, où cinq jours de repos furent donnés aux troupes et où il fut tenu un important conseil de guerre (2), avait franchi, le 2 juillet, un jeudi, la frontière et le Jourdain avec toute son armée. Il était allé camper aussitôt sur la pente d'un mont en un lieu nommé Saïd, au nord de la ville de Tibériade. Dès son arrivée, il avait escaladé le mont pour observer l'ennemi, comptant que celui-ci l'attaquerait aussitôt, cherchant chaque jour à provoquer quelque combat avec lui.

« L'armée, pareille à l'Océan, dit le chroniqueur contemporain Eïmad ed-Dîn, rassemblement formidable tel que n'en avaient jamais vu les annales de l'Islam, enveloppa le lac de Tibériade, dont les vastes plaines disparurent

(1) Localité de la province de Damas, voisine du fleuve Jourdain, sur la rive du lac de Tibériade.
(2) RŒHRICHT, *Beiträge*, etc., t. I, p. 123.

sous le développement des tentes. C'est en vain que le sultan s'avançait contre les chrétiens et les provoquait au combat. Ils se dérobaient aux atteintes de son glaive, au torrent de son armée, et demeuraient accroupis, immobiles, assis inertes sous leurs tentes, sachant bien que, s'ils acceptaient le combat, la main du châtiment équitable s'étendrait sur eux. Le sultan, voyant qu'ils étaient décidés à ne pas quitter les approches de Saffouriyah, posta ses émirs en face de l'ennemi, avec ordre de se tenir prêts à combattre; puis il se porta avec sa garde particulière sur la ville de Tibériade, car il ne doutait pas que les Francs, dès qu'ils seraient informés de son arrivée, s'empresseraient de secourir cette ville et qu'il trouverait ainsi la possibilité de leur livrer bataille et de les détruire. »

Trompé dans son espoir, voyant que les Francs persistaient à garder une stricte défensive au camp de Saffouriyah, Saladin fit donc attaquer Tibériade dans le but unique de les forcer à sortir de leur retraite. Mal défendue par une garnison trop peu nombreuse, la vieille cité biblique n'offrit guère de résistance à l'assaut combiné des frondeurs, des pionniers, des mineurs, des archers, des écuyers du sultan, des soldats du Khorassan, des hommes chargés du service des balistes, de tous ces corps d'ouvriers militaires de tous métiers. Très vite une brèche fut pratiquée dans une tour au pied du château et la muraille mise en tel état que Tibériade se rendit après une heure de lutte aux remparts, vendredi 3 juillet, vers une heure du matin. La comtesse Eschive de Tripoli n'eut que le temps de se réfugier dans le château avec les quatre fils qu'elle avait eus de son premier mari, Gauthier de Saint-Omer. Les Sarrasins, après un effroyable massacre et un complet pillage, mirent le feu à la ville. Ils allaient attaquer le château, lorsque soudain on annonça l'approche de l'armée des Francs !

Le roy Guy et ses chevaliers attendaient depuis plusieurs jours déjà au camp des fontaines de Séphorie l'arrivée de Saladin, lorsque, le jour de la Visitation de Sainte-Marie, ils avaient vu accourir les messagers de la comtesse de Tripoli, implorant un secours immédiat. Le conseil fut immédiatement rassemblé dans cette journée suivante du jeudi, jour de la fête de saint Martin le bouillant, mais aussitôt éclatèrent les hésitations, les divergences, les défiances réciproques qui devaient si douloureusement marquer cette courte et tragique campagne. Raymond III, le comte de Tripoli, quoique navré du sort de sa ville de Tibériade, inquiet terriblement pour celui de la princesse sa femme, « et qui maintes fois avait fait l'expérience que le meilleur procédé pour vaincre Saladin était de lui ôter toute occasion de livrer combat », opina très vivement, comme jadis au camp de la fontaine de Tubania, pour la plus stricte défensive. Il conjura le roi d'éviter à tout prix la bataille, de ne quitter point la position de Séphorie, mais d'y attendre l'attaque de Saladin. Longuement, éloquemment, il développa ses raisons : le terrain pierreux des environs de Tibériade, si défavorable aux Francs, si favorable par contre aux légers cavaliers sarrasins, ces terribles chemins grimpants et caillouteux, si durs aux pesants destriers francs, tous ces ravins si propices aux embuscades, enfin et surtout le manque d'eau, le seul, l'unique petit torrent de Kischon étant forcément insuffisant pour les besoins de cette grande armée par cette chaleur effroyable, chaleur si forte depuis plusieurs jours déjà que tous les chroniqueurs en parlent avec des phrases d'épouvante. L'habile et prévoyant chef prédit d'avance tout ce qui allait se passer si on quittait l'excellente position de Séphorie. Saladin viendrait à la rencontre de l'armée. Ses infatigables cavaliers fatigueraient par cette température infernale la lourde chevalerie du roi. Comme Raymond s'attardait à développer sa pensée, tout entier au désir de la faire prévaloir, le grand maître du Temple, « qui moult le haïssait », se mit à l'insulter. Lui continua à jurer sur sa tête qu'il avait raison. Pour donner plus de poids à ses paroles, il n'eut qu'à rappeler qu'en donnant de tels avis il sacrifiait du même coup son épouse assiégée et sa cité de Tibériade. Que répondre à de tels arguments? L'avis du comte enfin prévalut. On se sépara sur l'heure de minuit. L'*Estoire d'Eracles empereur* signale à deux reprises Renaud parmi ceux qui, opposés à l'opinion de Raymond, injurièrent celui-ci et opinèrent avec le grand maître du Temple pour une action immédiate.

Quel ne fut pas l'étonnement douloureux du plus grand nombre, quand, presque aussitôt après cette décision pleine de prudence, on entendit par tout le camp tabors et buccines sonner le ban du roi et donner le signal de la marche en avant! Le grand maître du Temple, pénétrant dans la tente royale, avait presque aussitôt réussi à retourner la volonté hésitante de Guy, le conjurant de ne pas sacrifier Tibériade. Ce fut une désolation par toute l'armée. On supplia le roi de s'en tenir aux avis si sages du comte de Tripoli; mais lui, faible, indécis, qui revêtait déjà ses armes, ne voulut plus rien entendre.

L'armée chrétienne, abandonnant les belles eaux de Séphorie, se mit en marche à la rescousse du château de Tabarie, aux premières lueurs du jour, après avoir passé toute la nuit en armes, sans que ni les hommes ni les animaux eussent étanché leur soif. La terre tremblait sous les pas de ces milliers de cavaliers vêtus de mailles. Des flots de poussière obscurcissaient au loin le ciel. Les esprits des plus braves étaient assaillis par de noirs pressentiments. Le comte de Tripoli commandait l'avant-garde. Les troupes royales avec celles de la Vraie Croix formaient le centre. Les Templiers avec Balian d'Ibelin marchaient à l'arrière-garde. Les autres contingents étaient disposés sur les flancs de la colonne. On suivait la route directe de Tibériade et de son lac. Les chroniqueurs sarrasins comparent la marche des Francs à celle des vagues de la mer. C'était le vendredi 3 juillet, vingt-troisième jour du mois de rebîa' second de l'an 583 de l'hégire. Le jour très chaud se leva sur un ciel d'une éclatante pureté. La nuit avait été si brûlante que les hommes et les chevaux se mouraient déjà de fatigue et de soif. La journée promettait d'être torride.

Lorsque Saladin apprit que l'armée des Francs s'était mise en marche, sa joie éclata. Il avait bien cru ne jamais la voir venir. Maintenant, il était certain de lui infliger un irrémédiable désastre. « Ce que nous désirions arrive enfin, s'écria-t-il joyeusement; si nous nous conduisons bravement, c'en est fini d'eux et de leur puissance. » Sans perdre une heure, il donna, lui aussi, l'ordre de marcher à l'ennemi, et toute l'armée sarrasine, bien moins épuisée que celle des Francs, se précipita à leur rencontre, ne laissant dans Tibériade que les forces nécessaires pour continuer le siège de la forteresse.

Ce que le comte Raymond de Tripoli avait prédit se réalisa exactement. Lorsque, en ce jour mémorable, un des plus douloureux de la douloureuse histoire des Croisades, à la neuvième heure, cette nombreuse armée chrétienne déboucha, non loin de Marescallia, à mi-chemin de Séphorie et de Tibériade, parmi ces collines âpres, arides, caillouteuses et nues, sous un soleil impitoyable dont les mortels rayons brûlaient la peau, dans cette atmosphère embrasée, la masse des combattants francs se trouvait tellement accablée par les incessantes escarmouches avec les éclaireurs sarrasins, par la chaleur, la soif affreuse, tellement rompue déjà qu'elle ne résista qu'avec peine aux premières attaques plus sérieuses et plus impétueuses de la cavalerie infidèle, dont les rangs grossissaient à mesure que l'armée chrétienne se rapprochait de Tibériade. Le découragement profond, une peur étrange jetaient l'alarme dans les rangs latins. Le bruit vague et mystérieux s'était soudain répandu que Dieu allait châtier en cette journée tant de crimes impunis, tant d'actes infâmes de cette vie dissolue que menaient en Terre Sainte les descendants ou les successeurs dégénérés des pieux héros de la première Croisade. Un écuyer du roi, près de Saffouriyah, avait vu un aigle planant au-dessus de l'armée, qui portait dans ses serres sept flèches, et qui vola au-dessus de la tête des chefs chrétiens, criant : « Malheur, malheur à la cité de Jérusalem ! »

Un étrange épisode, que rapportent plusieurs chroniqueurs, semble avoir inquiété plus particulièrement ces esprits superstitieux, déjà si violemment impressionnés. Les sergents de l'arrière-garde, raconte Ernoul en son naïf langage, rencontrèrent sur la route une vieille femme sarrasine, chevauchant sur une ânesse, qui se dit esclave d'un Syrien de Nazareth. Épouvantés par le souvenir de Balaam qui vint hanter leurs âmes troublées, ces hommes se saisirent de la malheureuse et la torturèrent pour lui faire dire qui elle était et pourquoi elle se trouvait sur la route de l'armée. Elle avoua qu'elle était sorcière, que Saladin l'avait envoyée pour perdre les chrétiens par ses enchantements et ses maléfices, et que c'était déjà la troisième nuit qu'elle circulait ainsi autour de l'armée franque. Elle ajouta que si, cette nuit encore, elle pouvait faire le tour entier de l'armée, pas un Franc n'en réchapperait ; que si, par malheur, quelqu'un d'entre eux survivait, ce serait faute à elle d'avoir pu accomplir son entier circuit. Elle dit encore que Saladin, son seigneur, l'avait richement payée pour l'encourager dans son dessein. Les sergents lui demandèrent si elle avait pouvoir pour détruire l'effet de ses propres incantations. Elle répondit que oui, à condition que l'armée retournerait camper, sans plus s'occuper d'elle, au point où elle avait commencé ses enchantements. A bout de patience, les Francs allumèrent un grand feu et la jetèrent dedans; mais, à leur extrême terreur, elle ne fut point consumée! Chaque fois qu'ils la repoussaient dans les flammes, elle sautait dehors et ressortait intacte de la fournaise. Enfin un sergent saisit sa hache danoise et lui fendit la tête.

Au milieu de ces angoisses morales et physiques, le roi et les chefs tinrent un nouveau conseil. La plupart des barons opinèrent avec instance en faveur d'une attaque immédiate, ce jour-là plutôt que le lendemain, avant que la chaleur, la faim, la soif surtout eussent achevé leur œuvre de destruction. Quelques-uns seulement conseillaient d'atteindre avant tout la rive du lac, dût-on pour cela passer sur le corps à toute la cavalerie sarrasine. L'eau, c'était le salut, et l'on n'était plus guère éloigné du lac que d'une lieue. Mais, par une fatalité persistante, le roi Guy, qui avait la veille rejeté les conseils si sages du comte Raymond, se décida cette fois à suivre ceux, très mauvais, que ce seigneur lui donna, de camper à l'endroit même où se trouvait actuellement l'armée, sur la pente rocheuse et d'accès difficile d'une aride colline à double mamelon. Il n'y avait pas d'eau en ce lieu. Cependant le comte insista vivement pour qu'on y passât la nuit et qu'on remît au lendemain d'attaquer Saladin.

La nuit fut effroyable au delà de toute description sur cette fatale hauteur de Hittîn. Les récits de tous les chroniqueurs donnent l'impression profondément émouvante de ces heures infernales. Les infidèles ne laissèrent pas une minute de répit aux Francs mourant de soif. Comme un essaim de mouches bourdonnant, ils tourbillonnaient autour du camp latin, le couvrant d'un nuage ininterrompu de flèches et de javelots, poussant des hurlements qui glaçaient

Bonfils, phot. Pl. V.

TIBÉRIADE ET SON LAC

d'effroi maint cœur occidental. De toutes parts, les cavaliers du désert, par bandes innombrables sans cesse grossissant, pressaient les abords du camp, barrant toutes les issues, tellement rapprochés que, suivant les récits des témoins oculaires, les chevaliers chrétiens, assis à terre aux pieds de leurs chevaux haletants, cherchant vainement le sommeil, ne pouvaient échanger une parole qui ne fût entendue de l'ennemi. « Un chat n'eût pu sortir du camp », s'écrie le chroniqueur.

Ce n'était pas tout. Ce terrain pierreux était couvert de hautes herbes, maintenant desséchées, auxquelles les Sarrasins mettaient le feu. Les Francs paraissent avoir souffert énormément de ces flammes qui les poursuivaient de toutes parts, produisant une chaleur intolérable, répandant de prodigieux torrents de fumée. Les Sarrasins, galopant au loin, rapportaient incessamment de nouveaux monceaux d'herbes sèches pour alimenter ces bûchers improvisés qui illuminaient de tragiques lueurs le camp latin. Les flammes se reflétaient sinistrement sur les cottes de mailles, les éclairant de feux mystérieux. « Il n'y eut homme ni bête qui but dans cette nuit d'enfer ! »

Torturés par la soif, qui collait douloureusement les langues au palais, tous ces preux passèrent sous les armes, en grande angoisse, cette nuit suprême, uniquement occupés à repousser les attaques des Sarrasins plus résistants. Et cependant ceux-ci étaient fort épuisés. De l'aveu même de leurs chroniqueurs, beaucoup d'entre eux tremblaient de peur, prévoyant que les chrétiens se battraient en désespérés. Aboulféda va jusqu'à dire que Saladin dut haranguer et menacer ses guerriers pour les lancer à l'attaque du camp latin.

CHAPITRE X

Bataille de Hittîn, le samedi 4 juillet 1187. — Après des prodiges de valeur, les Francs, mourant de soif, acculés sur une colline, sont forcés de se rendre. — Immense et complet désastre de l'armée chrétienne. — Le roi et les princes latins prisonniers sont présentés à Saladin, qui tue de sa main Renaud de Châtillon, après lui avoir reproché ses crimes. — Suite des succès de Saladin. — Les forteresses de la seigneurie de Karak tombent en ses mains dans le cours des deux années suivantes. — Sceau de Renaud de Châtillon, prince de Karak et Montréal.

Le soleil éclatant des pires étés syriens se leva lentement sur cette masse de combattants pressés les uns contre les autres, en ce site d'une immense mélancolie, en cette journée fatale du 4 juillet qui devait voir tous les princes latins de Terre Sainte tomber aux mains de leur pire ennemi, qui allait sonner le glas de la puissance franque aux pays d'outremer.

Pour cette bataille fameuse qu'on appelle bataille de Tibériade, plus souvent encore bataille de Hittîn, je suivrai de préférence les auteurs orientaux, moins connus. J'ajouterai à leurs récits si vivants quelques détails empruntés aux chroniqueurs occidentaux.

« Le dessein de Saladin en assiégeant Tibériade, dit Ibn el-Athîr, était seulement que les Francs quittassent leurs positions, afin qu'il fût maître de les combattre une fois qu'ils auraient abandonné les sources où ils pouvaient se ravitailler d'eau. Les musulmans avaient ensuite habilement manœuvré, de manière à camper entre l'eau et l'armée chrétienne et à lui enlever ainsi tout espoir d'étancher sa soif. L'été était fort chaud, et les Sarrasins avaient systématiquement refusé le combat jusqu'à l'arrivée de la chaleur. Les Francs, en proie à la soif, ne purent arriver jusqu'à l'eau, à cause des musulmans.

« D'un autre côté, ils avaient épuisé l'eau des citernes qui se trouvaient en cet endroit. Les Francs ne pouvaient non plus s'en retourner, de peur des musulmans. Ils restèrent donc dans cet état jusqu'au lendemain, qui était un samedi.

CHAPITRE X.

Déjà la soif s'était emparée d'eux ; quant aux musulmans, qui auparavant les craignaient, ils avaient conçu l'espoir de les vaincre. Malec, l'ange de la mort, attendait sa proie, et Ridwan, celui du paradis, se réjouissait. Ils passèrent donc cette nuit, véritable veillée des armes des deux armées, à s'exciter les uns les autres, car ils sentaient souffler le vent de la victoire, et plus ils considéraient la différence de situation des Francs par rapport à ce qu'elle avait été jusque-là, vu l'extrémité où ils étaient réduits, plus leur audace et leurs espérances augmentaient. Tout le long de la nuit ils poussèrent des cris : « Dieu est grand ! Il n'y a pas « d'autre Dieu que lui. »

« C'était la nuit de « Kadr », dit de son côté le témoin oculaire Eïmad ed-Dîn, c'est-à-dire la nuit de la prédestination et des mystères ineffables, nuit préférable à mille mois, pendant laquelle les anges et Gabriel descendent sur la terre, nuit dont l'aurore annonça la victoire que le matin devait réaliser. Grande fut notre allégresse pendant cette nuit glorieuse, car nous étions de ceux dont Dieu a dit : « Dieu leur « apporte une récompense dans ce monde et « une plus belle dans l'autre (1). »

« Cette même nuit, le sultan sortit pour disposer les gardes avancées et voir par lui-même la position des archers d'avant-garde, les « djalichyeh », et donner des ordres pour que leurs carquois de cuir et de bois fussent constamment pleins. On leur distribua quatre cents charges de flèches; soixante-dix dromadaires stationnèrent durant le combat à proximité des archers, pour que ceux-ci pussent sans cesse s'approvisionner à mesure que les carquois se vidaient. Les Francs étaient désespérés. Depuis le matin jusqu'à midi ils avaient remonté, par une chaleur écrasante, le val appelé le Beref, assaillis incessamment par nos cavaliers, qui les empêchaient d'avancer. » Jusqu'à midi ils marchèrent ainsi sans boire. Lorsqu'ils furent arrivés à mi-chemin, entre les fontaines de Séphorie et Tibériade, le roi demanda l'avis du comte de

---

(1) *Coran*, III, 141.

CHAPITRE X. 359

Tripoli, qui conseilla d'abandonner la route de Tibériade pour celle de la fontaine Habatin. Malheureusement, on suivit ce conseil pernicieux, ce qui permit, ainsi qu'on l'a vu, aux Sarrasins de reprendre courage et de cerner l'armée franque sur la colline de Hittîn, sur laquelle le comte de Tripoli avait engagé le roi à installer son camp et où l'armée passa cette terrible nuit (1).

Lorsque le matin du samedi vingt-cinquième jour du mois de rébîa' second, 4 juillet 1187, fut arrivé, le soleil levant éclaira de ses rayons brûlants toute l'horreur de la situation des Francs, étroitement enveloppés par l'armée sarrasine sur cette colline rocheuse sans issues possibles. « Aussitôt, aux premières lueurs du jour, Saladin et les musulmans montèrent à cheval et s'avancèrent vers les Francs. Les archers, de même, sortirent pour aiguiser au feu les pointes de leurs flèches contre les hommes de l'enfer. Ceux-ci, de leur côté, en-

(1) Voy. la description de la bataille dans l'*Estoire de Eracles empereur* dans le t. II des *Hist. occid. des Crois.*, p. 63.

fourchèrent leurs montures, et les deux partis s'approchèrent l'un de l'autre ; mais les Francs avaient eu à souffrir d'une soif violente et étaient affaiblis. Néanmoins, le combat s'engagea dans le voisinage du tombeau du prophète Cho'aïb et fut des plus acharnés. Durant que les Sarrasins avaient le dos tourné à la mer de Tibériade, les Francs étaient déjà coupés de toutes leurs communications. Les deux armées firent preuve d'un grand courage, et les soldats de l'avant-garde musulmane lancèrent une si grande quantité de flèches que l'on eût dit une nuée de sauterelles. Ils tuèrent beaucoup de chevaux aux Francs. Pendant que se livrait ce combat, ceux-ci avaient rassemblé leur infanterie et, tout en se battant, se dirigeaient vers le lac de Tibériade, cherchant à se faire jour de ce côté, dans l'espoir d'atteindre l'eau. Quand Saladin comprit quel était leur but, sachant bien que chaque minute écoulée augmentait pour lui les chances du succès, il y mit obstacle, tout en se retirant peu à peu, à mesure que l'ennemi avançait. Plus que jamais ses troupes continuaient à mettre le feu aux immenses amas d'herbes sèches. Le vent portait la flamme et la fumée au visage des Francs, qui s'en trouvaient horriblement incommodés. Une effroyable soif et l'ardeur du soleil les dévoraient, les épuisaient, car, durant ces préludes du combat, la grande chaleur était survenue.

« Sur ces hommes bardés de fer, dit Eïmad ed-Dîn, la canicule répandait ses flammes et la rage ne diminuait pas dans leur âme. L'ardeur du ciel aiguisait leur fureur ; les charges de cavalerie se succédaient parmi les vapeurs flottantes du mirage, les tortures de la soif, l'incendie de l'atmosphère et l'anxiété des cœurs. Ces chiens tiraient leurs langues desséchées et hurlaient sous les coups. Ils espéraient arriver à l'eau, mais ils avaient devant eux l'enfer avec ses flammes ; une chaleur intolérable les accablait... Derrière notre armée et à peu de distance, le lac de Tibériade étendait ses eaux profondes, dont l'accès était coupé aux Francs. Malgré cette soif ardente, ils demeuraient patients, endurants, arrogants, acharnés à l'attaque comme des chiens. Après avoir vidé l'eau de leurs vases, épuisé les réservoirs des environs, ils tarissaient jusqu'aux sources de leurs larmes et marchaient vers la chute suprême, ivres de soif, éperdus, torturés par la pensée du lac. »

Parcourant à cheval les lignes de ses troupes, Saladin se montrait partout, excitant la confiance des siens en Allah, leur ordonnant ce qui pouvait leur être avantageux, leur défendant ce qui pouvait leur nuire. Les soldats se conformaient à ses discours et respectaient ses défenses. « Ils étaient pleins de confiance, dit encore le même chroniqueur, et délivrés de tous les obstacles. L'un aiguisait sa lance, l'autre prenait son harnachement; celui-ci ajustait sa flèche, cet autre, guerrier prudent, remerciait le ciel de son assistance; ici, c'était le chant du « tekbir », dans l'attente du lendemain; là, des aspirations au bonheur des élus; ailleurs l'espérance du martyre.

« Un des jeunes mamelouks de la garde du sultan, du nom de Mangouras, fit une charge admirable, s'élançant le premier contre les rangs des Francs, les provoquant en combat singulier. Il combattit d'une manière qui surprit les ennemis. Mais les Francs l'ayant assailli en grand nombre, son cheval, rétif à un moment, l'emportant à l'écart des siens, le lança au loin de sa selle. Les Francs se précipitèrent sur lui et le tuèrent. Un moment même ils crurent qu'ils venaient de massacrer un fils du sultan et élevèrent sa tête coupée au bout d'une lance. »

« C'était simplement un martyr de plus qui montait vers le séjour du Miséricordieux », s'écrie Eïmad ed-Dîn.

Cependant, les musulmans pressaient de plus en plus étroitement les Francs. Profitant de l'avantage que leur donnait ce terrain affreusement abrupte et rocailleux, ils chargèrent d'une façon surprenante, renversant les chrétiens, en tuant un grand nombre. Les Templiers, les Hospitaliers, les Turcoples combattirent en héros jusqu'à extinction de leurs forces. Mais le nombre des Sarrasins qui les couvraient constamment de flèches ne cessait d'augmenter. Accablés par ces masses d'ennemis, ils envoyèrent demander au roi un secours suprême. De leur côté les gens de pied, n'en pouvant plus, commencèrent à se rendre ou à jeter leurs armes et à se sauver vers le sommet du mont par groupes confondus dans une inextricable mêlée.

« Les sergents, dit le chroniqueur occidental, jetaient leurs armes et se rendaient sans coup férir, par détresse de la soif. » Le roi Guy envoya message sur message pour conjurer les gens de pied de redescendre de la montagne et de venir se grouper autour des chevaliers pour défendre le bois de la Vraie Croix; mais eux répondirent qu'ils n'étaient plus bons à rien, que la soif et la chaleur avaient eu raison de leur courage et qu'ils voulaient seulement mourir. Alors, comme il n'était pas possible, sans l'appui des archers, de poursuivre la marche en avant au milieu de cette tourmente d'attaques incessantes, le roi donna l'ordre aux chevaliers de faire halte et de camper. De plus en plus les rangs chrétiens se mirent à flotter. Au milieu du tumulte extrême entre tant de milliers de combattants, sous ce soleil épouvantable, on tenta d'installer le camp autour de la Vraie Croix dans la plus extrême confusion. Mais les attaques des Sarrasins, la pluie de flèches n'en devinrent que plus effroyables. L'évêque de Ptolémaïs, qui portait le bois sacré depuis le matin, l'élevant vers le ciel pour que chacun pût le voir et s'en sentir fortifié, tomba de cheval percé d'une flèche. Il n'eut que le temps, avant d'expirer, de passer son précieux dépôt à l'évêque de Sidon.

Dans cette angoisse, le roi Guy et ses conseillers préférèrent reprendre la lutte pour au moins bien et noblement mourir. Guy fit commander aux troupes du comte de Tripoli de prendre la tête. C'était à leur tour de combattre, « parce que le comte était en sa terre » (1). Découragés, les Tripolitains répondirent par un refus, criant sauve qui peut! Bondissant par-dessus les morts et les mourants,

---

(1) Sa principauté de Tabarie.

faisant une vive trouée dans les rangs sarrasins qui s'ouvrirent pour les laisser passer, ils désertèrent en masse le combat, leur chef en tête, suivi de Balian d'Ibelin, de Renaud de Sidon, du fils du prince d'Antioche, d'une foule d'autres barons avec leurs hommes. Toute cette chevalerie sans vergogne prit au galop la route de Tyr. Les Sarrasins, acharnés à détruire le reste de l'armée, heureux de cette fuite, ne l'inquiétèrent point. Les sources arabes témoignent toutes de ce fait curieux.

Je n'ai point à apprécier ici cette action du comte de Tripoli, qui a été très diversement mais presque toujours très sévèrement jugée par les chroniqueurs. Je n'ai pas à décider ici si Raymond trahit ou non la cause chrétienne. Je me borne à narrer les faits. Voici le récit de la fuite du comte par un historien oriental : « ... Quand le comte de Tripoli vit combien l'affaire était sérieuse, malgré qu'il eût juré d'être toujours au premier rang, il comprit que les Francs n'avaient pas les forces nécessaires pour résister aux musulmans. Luiet ses gens, en assez petit nombre, plus quelques chefs ralliés à lui, le seigneur de Saïda entre autres, Balian II, fils de Barizan d'Ibelin, prirent une résolution extrême et chargèrent ceux qui étaient le plus rapprochés d'eux. Le chef des musulmans de ce côté était le neveu de Saladin, El Malec el Modaffer Taky ed-Dîn Omar, prince de Hamah. Soutenu par Allah, il vit que la charge des Francs était celle de gens désespérés et sentit bien qu'il n'y avait pas moyen de tenir contre eux. Il ordonna donc à ses compagnons de leur ouvrir un passage par lequel ils pussent se retirer, ce qui fut exécuté. Le comte et ses guerriers s'éloignèrent par le ouady, et les rangs se refermèrent ensuite (1). Cette fuite honteuse marqua vraiment la fin de la lutte. »

« Un de nos pieux volontaires musulmans, dit encore Eïmad ed-Dîn, ayant laissé tomber du feu par terre et d'autres l'ayant aidé, le feu reprit aux herbes sèches, qui étaient abondantes en cet

---

(1) Le comte s'enfuit à Tyr. Il mourut peu après, de honte et de chagrin, dans sa cité de Tripoli.

endroit. Le vent soufflait. Il s'éleva très fort à ce moment contre les Francs et porta vers eux la chaleur du feu et de la fumée, en même temps que les flèches les tuaient, les forçant de reculer en désordre. La soif, l'ardeur de la température et des flammes de la prairie flamboyante, la fumée du feu et du combat se réunirent contre les adorateurs de la Trinité en un triple incendie. Quand le comte eut pris la fuite, ils furent en proie au découragement, et les musulmans tombant sur eux plus vivement que jamais, peu s'en fallut qu'ils ne se rendissent. Une foule périrent. Bientôt même ils virent que rien ne les sauverait de la mort, sinon de s'y exposer courageusement. Ils firent donc des charges consécutives et furent sur le point de forcer les positions des musulmans malgré leur nombre. La bonté de Dieu envers ces derniers les sauva ; d'ailleurs, les Francs ne faisaient pas de charge sans que plusieurs d'entre eux ne succombassent, ce qui leur causait un grand affaiblissement. Les musulmans les entourèrent comme un globe entoure son axe et les menèrent ainsi jusqu'à la troisième heure du jour. Ceux des Francs qui restaient fuirent en cherchant à monter sur une colline du côté de Hittîn (1) et voulurent y dresser leurs tentes et s'y défendre en combattant à pied. Mais l'attaque se porta contre eux de tous les côtés : on les empêcha de mettre à exécution leur dessein, et ils ne purent dresser d'autre tente que celle de leur roi. On leur coupait la tête, on les tirait comme des lièvres, on les précipitait dans le vallon. Les musulmans s'emparèrent de leur croix la plus vénérée, la grande Croix, que les chrétiens appellent la Croix du Crucifiement, et dans laquelle ils disent que se trouve un morceau de celle sur laquelle le Messie fut crucifié, à ce qu'ils prétendent. La prise de cette Croix fut, à leurs yeux, une des plus grandes calami-

---

(1) La colline de Hittîn, Tell-Hittîn, village près duquel se trouve le tombeau du prophète Cho'aïb, qui a donné son nom à cette bataille fameuse. Cette colline est en vue de Tibériade, à deux farsakhs, environ douze kilomètres, de cette ville et du lac de Génésareth. Aujourd'hui on aperçoit encore au pied de cette hauteur le village de ce nom, prononcé Hattîn, à neuf milles anglais de Tibériade, à l'ouest, dans la direction d'Acre. Il en faut deux pour descendre jusqu'au bord de la montagne.

tés qui pussent les atteindre, et ils se regardèrent, après l'avoir perdue, comme voués à la mort.

« Pendant ce temps le carnage et la captivité sévissaient parmi leurs cavaliers et leurs fantassins. Le roi demeurait sur la colline avec cent cinquante chevaliers d'entre les chevaliers les plus célèbres, les plus braves et les plus renommés. On m'a fait d'après El Malec el Afdal, fils de Saladin, le récit suivant :

« Je me trouvais à côté de mon père dans ce combat, et c'était le premier combat auquel j'assistais. Quand le roi des Francs se trouva sur la colline avec cette troupe de chevaliers, elle fit une charge admirable sur ceux des musulmans qui étaient vis-à-vis d'elle et les refoula sur mon père. Je le regardai, et je vis qu'il était en proie à l'affliction, qu'il avait changé de couleur, qu'il tenait sa barbe dans sa main et s'avançait en criant : « Que le démon soit convaincu « de mensonge! » Les musulmans revinrent à la charge contre les Francs, qui battirent en retraite et remontèrent sur la colline.

« Quand je vis que les Francs se retiraient et que les musulmans les poursuivaient, dans ma joie je m'écriai : « Nous les avons mis en déroute ! » Mais les Francs revinrent et firent une seconde charge comme la première, de sorte qu'ils refoulèrent les musulmans jusqu'à l'endroit où était mon père. Celui-ci fit comme il avait fait la première fois, et les musulmans se retournant contre eux les repoussèrent jusqu'à la colline. Je criai encore : « Nous les avons « mis en fuite ! » Mais mon père se tourna vers moi et me dit : « Tais-toi, nous ne les aurons « pas vaincus tant que ce pavillon-là ne sera pas « tombé. » Au moment même qu'il me parlait la tente se renversa. Le sultan mit pied à terre, se prosterna pour rendre grâce à Dieu et pleura de joie. Or voici quelle fut la cause de la chute de cette tente : lorsque les Francs eurent fait les charges dont il a été question, leur soif augmenta ; ils avaient espéré s'ouvrir une issue et calmer la soif qui les dévorait. N'ayant trouvé aucun moyen d'échapper, ils descendirent de leurs montures et s'assirent par terre. Aussitôt les musulmans montèrent près d'eux et, sur l'ordre du sultan qui exultait, renversèrent en signe de victoire la tente de leur roi et les firent prisonniers jusqu'au dernier. Parmi eux se trouvait le roi, qui tomba le premier en nos mains aussitôt après la prise de la Croix. Il fut fait prisonnier par Derbas le Curde, ainsi que son frère le connétable Amaury (1) et le prince Arnaud, maître de Karak, lequel fut pris par le valet de l'émir Ibrahim el-Mihrani. C'était l'ennemi le plus acharné de l'Islamisme (2). Les musulmans prirent aussi le seigneur de Djebaïl (3), Hugues III de l'Embriac, le fils du vieil Humfroy, Humfroy IV de Toron, beau-fils de Renaud, le fils du seigneur d'Iskanderoun, le seigneur de Maraclée, le vieux marquis Guillaume de Montferrat, le sénéchal Josselin, le grand maître des Templiers, Gérard de Ridefort, « qui était un des Francs les plus puissants », le nouveau

(1) Eïmad ed-Dîn le nomme par erreur Geoffroy.
(2) Voy. dans Rœhricht, *Arab. Quellenbeitr.*, etc., note 1 de la p. 64, la lettre d'un mamelouk contenant une allusion à la prise du prince Renaud.
(3) Byblos.

grand maître des Hospitaliers, Gauthier d'Arsouf, l'évêque Geoffroy de Lidda, une foule d'autres (1). On prit avec ceux-ci un grand nombre de Templiers et d'Hospitaliers. »

« Le carnage et la captivité atteignirent beaucoup de Francs, de sorte que quiconque voyait les morts ne pensait pas qu'on eût fait un seul prisonnier, et quiconque voyait les prisonniers ne croyait pas qu'on eût tué un seul homme. Les Francs n'avaient pas essuyé un pareil désastre depuis l'époque où ils s'étaient mis en marche vers la Syrie maritime, c'est-à-dire l'année 491 de l'hégire (2), jusqu'à ce moment. Jamais souverain de l'Islam n'avait remporté si radieuse victoire sur les infidèles. »

« Dans cette bataille, dit encore le même témoin oculaire, il y eut ce trait surprenant que les chevaliers francs, vêtus de mailles de la tête aux pieds, et leurs chevaux caparaçonnés de même,

---

(1) C'était ce prélat qui portait la Vraie Croix depuis la mort de l'évêque de Ptolémaïs. Le Saint Bois disparut dans la mêlée et ne fut jamais plus retrouvé. (Voy. dans WILKEN, *op. cit.*, t. III, le récit de la note 64 de la p. 288 du *Supplément*.)

(2) An 1098 de J.-C.

semblant un bloc de fer, se riaient des flèches. Les coups redoublés n'avaient sur eux aucune prise. Ils ne pouvaient être terrassés tant que le cheval n'était pas blessé, mais sitôt qu'il en était ainsi, l'homme et la bête roulaient à terre, et le cavalier était aussitôt capturé. Aussi, quoiqu'on les comptât par milliers, il n'y avait ni chevaux ni aucune espèce de monture dans le butin, et il fallait que sa monture tombât sous les coups de lance et de sabre pour que le cavalier vidât les arçons. »

Ainsi se termina, par la plus effroyable destruction de l'armée chrétienne, cette bataille fameuse où les Francs, « des lions au début », furent transformés en « brebis dispersées ». Cette fois déjà, comme plus tard à Crécy, à Azincourt, au lac Copaïs, la témérité, l'incroyable imprudence des chevaliers d'Occident furent cause d'un si total désastre. En quittant les merveilleux cantonnements des fontaines de Séphorie pour aller livrer bataille aux Sarrasins dans ce désert sans eau, les chevaliers du Christ couraient volontairement, follement, à une mort certaine.

CHAPITRE X.

Les historiens arabes donnent des détails très précis sur ce qui se passa après la fin de la lutte. Sur toute l'étendue du champ de bataille, on ne voyait que prisonniers francs, dépouillés de leurs vêtements, entièrement nus, liés les uns aux autres avec les cordes des tentes.

« J'en vis, dit Eïmad ed-Dîn, le propre secrétaire de Saladin, jusqu'à trente et quarante attachés à une même corde, escortés par un seul cavalier qui seul les avait faits prisonniers. A d'autres endroits on en voyait cent et deux cents gardés par quelques sentinelles. » — « Il ne se sauva que très peu de Francs en dehors de ceux qui suivirent le comte de Tripoli, deux cents à peine », rapporte encore Mohammed, fils d'El-Kadési. Ce chroniqueur donne pour le compte de l'armée chrétienne divers chiffres sensiblement différents. Dans un passage il dit qu'elle comptait plus de cinquante mille combattants, dans un autre plus de soixante-trois mille, dont trente mille périrent et trente mille furent faits prisonniers. Ailleurs le même auteur ne parle que de trente-deux ou même de vingt-trois mille hommes. L'aspect du champ de bataille était affreux.

« Les morts, poursuit El-Eïmad, gisaient au loin par la campagne, couvrant monts et vaux. L'horrible odeur des cadavres empestait tous les environs de Hittîn. De leur puanteur s'exhalait le parfum de la gloire. J'ai passé moi-même par ce champ de bataille, et je l'ai trouvé plein d'enseignements; j'ai vu ce que les élus avaient fait des réprouvés. J'ai vu des têtes jetées loin de cadavres inanimés; des yeux enfoncés dans leur orbite; des corps souillés de poussière, dont la beauté avait disparu sous la griffe des oiseaux de proie; des membres mutilés pendant le combat et répandus dans l'arène, nus, déchirés en lambeaux, tronçons épars et sans attaches, crânes fendus, cous tranchés, côtes brisées, têtes coupées, pieds amputés, nez mutilés, extrémités détachées du corps, yeux vides, ventres ouverts, corps coupés en deux et déchiquetés, bouches crispées, fronts entr'ouverts d'où ruisselaient les prunelles, cous tordus, restes inanimés, brisés, immobiles parmi les pierres et rigides comme elles. Et quel avertissement pour ceux qui réfléchissent! A l'aspect de ces visages collés contre terre et que les désirs n'animaient plus, je récitai ce passage du livre de Dieu : « L'infidèle dira alors : Plût au « ciel que je fusse poussière (1)! » Mais quel doux parfum de victoire s'exhalait de ce charnier! Quelles flammes vengeresses voltigeaient sur ces cadavres! Comme ce hideux spectacle réjouissait les cœurs! Voilà pour cette masse de morts innombrable. Quant aux prisonniers, il n'y eut pas assez de tous les cordages des tentes pour les lier. Ils étaient là humiliés, ces insolents, nus, ces rebelles, captifs, ces possesseurs de trônes. Ils trébuchaient, ces égoïstes. Les comtes n'étaient plus que gibier. Les chevaliers devenaient la proie des fauves. Les existences précieuses se vendaient à vil prix. Le front des Templiers se plissait, soucieux, et nos pieds se posaient sur leurs têtes. Que de maîtres arrogants pris comme à la chasse, que de chefs

(1) *Coran,* LXXVIII, 41.

menés en laisse, que de rois enchaînés ! »

« On s'est emparé aussi de l'effigie du Crucifié, dit une lettre citée par Mohammed ibn-el Kadési. Il était attaché à la hampe de la croix, la tête en bas, porté par le cadi Ibn-Asroun, qui a fait ainsi son entrée à Damas. Tous les jours, on y voit arriver des têtes de chrétiens, aussi nombreuses que des pastèques. Le butin en bœufs, moutons, chevaux et mulets est si considérable qu'on ne trouve plus d'acquéreurs. Que dire de la multitude de femmes et d'enfants qui sont entre nos mains ! L'homme, la femme et les enfants se vendent à la criée en un seul bloc. J'ai vu vendre un homme, sa femme et leurs cinq enfants, trois garçons et deux filles, pour quatre-vingts dinars. »

« On m'a raconté, rapporte à son tour Abou-Chamah, qu'un des fakirs qui accompagnaient l'armée eut en partage un prisonnier qu'il échangea contre des sandales dont il avait besoin. Et comme on s'étonnait d'un pareil marché, il répondit : « J'ai voulu qu'on en parle et qu'on
« puisse dire : Les esclaves chrétiens étaient si

« nombreux et si dépréciés qu'un des leurs a été
« vendu pour une paire de sandales. »

« Lorsque les musulmans furent définitivement venus à bout de leurs ennemis, Saladin, le sultan, dit encore Eïmad ed-Dîn, fit dresser sur le champ de bataille des tentes légères où les défenseurs de la vraie religion accoururent. Après avoir accompli ses prières, prononcé ses actions de grâces et répandu de tous côtés la bonne nouvelle de son succès, se retirant sous l'ombre fraîche de son vaste pavillon, ou plutôt sous un abri de toile en attendant que ce pavillon fût entièrement dressé, il fit crier par le camp qu'on lui amenât les principaux prisonniers, et, les mandant en sa présence, il les passa en revue, heureux, plein de joie et de reconnaissance pour les faveurs que Dieu lui accordait, joyeux surtout de la prise du roi des Francs et de celle du prince de Karak. Tous lui furent successivement présentés enchaînés, chancelants de fatigue et d'émotion comme des hommes ivres. On les rangea sur une seule ligne dans le vestibule de la tente royale, qui n'était pas encore dressée. La terrible gravité de la situation se lisait sur la figure de tous ces vaillants. On présenta d'abord au vainqueur le chef des Templiers et un grand nombre de Templiers et d'Hospitaliers. De ceux-ci Saladin avait décidé la mort. Ils furent égorgés jusqu'au dernier. Puis on lui amena le roi Guy, Hugues de l'Embriac, seigneur de Djebaïl, Humfroy de Toron, beau-fils de Renaud, le connétable Amaury, frère du roi, le comte Josselin, maréchal du royaume, enfin le fameux « Arnaud », Renaud de Châtillon, le légendaire prince de Karak qui, le premier, était tombé dans nos filets. Le sultan, qui avait pris place pour voir défiler tous ces malheureux, leur fit, à l'exception de Renaud, un accueil plein de douceur, témoignant surtout d'un intérêt presque affectueux pour le roi, le faisant asseoir à ses côtés. Quant au prince de Karak, Saladin avait, on se le rappelle, juré de ne pas lui pardonner, mais de verser son sang de sa main et de le faire disparaître du monde des vivants, aussitôt qu'il l'aurait retrouvé. Dès que le prisonnier fut devant lui, il le fit asseoir à côté du roi, qui, lui, était assis près du sultan. Jetant un terrible regard sur lui au souvenir de ses crimes, il lui reprocha sa félonie et, lui rappelant ses méfaits, unique cause première de cette affreuse guerre, lui dit : « Combien de fois tu as juré et violé tes serments! Combien de fois tu as couru au-devant d'un accord pour t'en détourner ensuite! Combien de fois tu as abusé de la foi jurée pour mal faire! » A quoi Arnaud fit insolemment répondre par le drogman ou interprète : « Mais telle est en vérité la coutume des rois, et je n'ai fait que suivre les chemins frayés, le sentier foulé. » Or le roi Guy était torturé d'une soif mortelle. L'ivresse de la terreur lui donnait le vertige et le faisait trembler de tous ses membres. Le sultan lui adressa la parole avec douceur, cherchant à calmer les craintes auxquelles il était en proie, apaisant l'épouvante qui faisait battre son cœur. Puis il lui fit apporter un sorbet d'eau de rose rafraîchie avec de la neige(1).

(1) Neige apportée du Liban jusqu'au Kaire par un service régulier de dromadaires coureurs.

Après en avoir bu une partie et étanché sa soif atroce, le roi Guy tendit la coupe au prince Arnaud, qui la vida et se désaltéra. Mais le sultan, se tournant alors vers le roi, lui dit avec impétuosité : « Tu ne m'as pas demandé la permission de donner à boire à ce maudit, à ce plus inique des impies. Je ne suis donc pas tenu de protéger sa vie. Ne lui passe plus à boire, car je ne veux rien de commun avec ce traître. En lui donnant à boire une première fois, tu n'as point obtenu mon pardon pour lui, et ma sauvegarde ne s'étend point jusqu'à lui. » Il disait cela à cause des habitudes d'hospitalité des musulmans (1). C'est une des coutumes louables des Arabes, un de leurs nobles usages qu'un captif ait la vie sauve s'il a bu ou mangé à la table de celui qui l'a fait prisonnier, et c'est à cette généreuse coutume que le sultan faisait allusion ici. »

Alors, montant à cheval, Saladin laissa pour quelques moments ses illustres prisonniers en

(1) Voy. *Estoire d'Eracles empereur, Hist. occ. des Crois.*, t. II, p. 67.

proie aux flammes de l'épouvante. Toutefois, il les fit emmener pour qu'ils se restaurassent, à l'exception du seul Renaud, qu'il fit attendre, toujours lié, dans le vestibule de sa tente. Il ne mit pied à terre que lorsque son pavillon fut entièrement dressé, ses enseignes et drapeaux arborés, ses étendards ramenés du champ de bataille et déployés au-dessus de son enceinte inviolable. Après être allé dans son pavillon, il fit revenir les prisonniers, le roi en tête, et les fit asseoir sur le devant de sa tente. Puis il se fit amener à nouveau le prince de Karak, n'ayant alors auprès de lui que quelques domestiques. D'une voix tonnante, il lui reprocha vivement ses crimes, lui énuméra ses perfidies, disant : « J'avais fait vœu à deux reprises de te tuer si je m'emparais de ta personne : la première fois, ce fut quand tu voulus marcher contre la Mecque et Médine, la seconde fois, quand tu pris par trahison la caravane de la Mecque. » Enfin, suivant l'invariable coutume, il commanda d'abord à son prisonnier d'abjurer, puis, sur le refus énergique de Châtillon, il lui cria :

« C'est moi, maintenant, qui défends Mahomet ! » Il courut à lui, la dague à la main, et l'égorgea (1).

Le corps du héros franc roula à terre, puis les serviteurs le portèrent hors de la tente royale. Sur l'ordre du sultan, la tête fut séparée du tronc et le cadavre traîné par les pieds devant le roi Guy, puis jeté dehors au grand effroi de celui-ci. Saladin, voyant le malheureux souverain cloué par l'émotion, saisi de peur devant ce spectacle tragique, lui fit signe d'approcher, calma sa terreur, lui garantit la vie sauve et, lui donnant place à ses côtés, lui dit : « Cet homme meurt victime de sa méchanceté, pire que tout ce qu'on peut imaginer. Comme tu le vois, sa perfidie, telle qu'on n'en peut voir de pareille,

---

(1) Suivant la plupart des récits, celui surtout d'Eïmad ed-Dîn, un témoin oculaire, il le décapita de sa main. Suivant d'autres probablement moins bien informés, il lui trancha d'un seul coup l'épaule ou le bras et le fit achever par ses serviteurs. D'aucuns disent simplement qu'il le fit tuer. « Je n'avais cessé, dit Eïmad ed-Dîn, de m'enquérir du motif pour lequel le sultan avait fait vœu de tuer le prince de Karak jusqu'au jour où je reçus les détails suivants... Il raconte alors le vœu du sultan lors de sa maladie, après la dernière trahison de Renaud. » Voy. encore Rœhricht, *Gesch. d. K. J.*, note 2 de la p. 440.

l'a perdu ; son égarement et son insolence éhontée sont cause de sa mort, car il avait vraiment dépassé toutes bornes. Quant à toi, ne tremble pas, un roi ne tue pas un roi. »

La tête de Renaud, par ordre du vainqueur, fut portée par toutes les villes et les châteaux d'Égypte et de Syrie (1).

Ainsi périt d'un trépas affreux, noblement supporté, l'illustre Renaud de Châtillon, ex-prince d'Antioche, prince de Karak et Montréal, seigneur de la terre d'Outre-Jourdain. Ainsi périt, à l'âge d'au moins soixante années,

(1) Voici le curieux récit d'une des variantes de l'*Estoire de Eracles empereur* : « Quand Salahadin vit que le roi ot tendue la coupe au prince Renaut, il li ennuia et dist lors au prince Renaut : « Beves, que vos ne bevres jamais. » Le prince respondi que ja, se Dieu plaist, ne bevreit ne mangereit dou sien. Salahadin demanda au prince Renaut : « Prince Renaut, par vostre loi, se vos me tenies en vostre prison, si com je faz vos a la moie, que feries vos de moi ? » Il respondi : « Se Dieu m'ait, je vos coperoie la teste. » A ce que il respondi si felenessement, Salahadin fut durement esmeuz d'ire, si li dist : « Porc, tu y es en ma prison et me respons issi orgueillousement. » Il teneit en sa main une espée, si la ponsa par mi le cors. Les mamelous, qui estoient devant lui, lui corurent sus et li coperent la teste. Salahadin prit dou sanc, si en oint sa chiere, en conoissance de ce que il estoit de lui vengies. Puis comanda que on portast sa teste à Damas, et fu trainée par mi la terre, por mostrer as Sarazins, a cui le prince avoit fait mal, quel venjance il avait prise. »

25

de la main du plus grand, du plus fameux des Sarrasins, ce chevalier sans peur, sinon sans reproche, la plus éclatante personnification du courage aventureux aux pays de Terre Sainte (1). Une mort aussi dramatique terminait dignement cette vie sauvage de guerre incessante aux limites du grand désert syrien. Il y avait quarante ans et plus que Châtillon avait quitté pour toujours les bords riants du Loing paisible et les humides campagnes du Gâtinais. Son corps qui si souvent avait blanchi sous la poussière des combats syriens, jeté à la voirie, devint la proie des chiens errants de l'armée sarrasine. Tous les poètes du monde musulman célébrèrent dans leurs pièces de vers ou « kaçidas » le triomphe du grand sultan.

Voici un fragment d'une des poésies d'El-Eïmad :

« O journée de Hittîn ! Le visage des plus

---

(1) Voy. le récit légendaire, par Pierre de Blois, de la mort de notre héros sous ce titre : *Passio Reginaldi principis olim Antiocheni*, dans le t. CCXCVII de la *Patrologie* de Migne, p. 959 et suiv.

braves était sombre et la face du soleil se voilait de flots de poussière.

« Tu as vu alors le chef des infidèles humilié, son front a été souillé de boue et son orgueil abattu.

« Noble et pure épée qui a tranché la tête du prince et atteint l'infidélité dans ce qu'elle avait de plus infâme.

« Cette tête en tombant s'est baignée dans son propre sang, comme la grenouille qui plonge dans la mare.

« Troublé par sa perfidie, il se ruait comme un fauve ; mais, aux assauts d'un traître, la mort est la seule réponse.

« Le sultan a fait sortir les sabres du fourreau, et le sang impie qu'ils ont répandu a revêtu leur lame d'une robe de pourpre.

« C'est lui dont le glaive plonge dans le sang d'une troupe de gens qui se sont toujours plongés dans l'infidélité.

« Frappés par la mort et la captivité, ils sont tombés, et le séjour de leur impiété a été purifié de ses souillures. »

Lisez encore ce fragment d'une autre « kaçida » du poète Chehab Fityan-es-Saghouri, composée sur ce même sujet triomphal :

« Quelle agitation parmi les troupes des infidèles, quand tu les as attaquées ! Quelle veillée anxieuse sur les hauteurs de Dhamar !

« Tu as plongé dans leurs poitrine les lances acérées, et elles se sont repues d'un sang rouge foncé.

« On ne voyait là qu'étoiles brillantes poursuivant le démon lapidé et funeste (1).

« Qui la mort a-t-elle épargné dans cette armée ? Qui a échappé à la captivité dans cette multitude ? Leurs femmes les plus nobles ont été enlevées et vendues comme esclaves à des prix dérisoires.

« Les vaillants mamelouks ont versé aux rois infidèles le breuvage dont ils avaient abreuvé Humfroy l'infâme.

« Tu as mordillé le bois de leur croix et tu l'as brisé, ce bois que d'autres avaient trouvé impénétrable.

(1) Allusion au *Coran*, III, 31 et *passim*.

« Le nombre de tes prisonniers a fait renchérir le prix des beaux chevaux, et, grâce au pillage du camp ennemi, les lances pénétrantes sont au rabais.

« L'Orient de la terre t'envie à l'Occident et t'adresse ses vœux, de concert avec El-Mostanser, le khalife.

« Puisse-tu ne jamais faire défaut aux musulmans ! De combien de bienfaits ils se reconnaissent redevables envers toi !

« Tu as protégé leurs enclos, tu as rendu leur demeure inviolable et détourné de leurs corps le choc des armes meurtrières.

« Dieu a toujours vu en toi un prince qui ordonne le bien et proscrit l'injustice, qui s'humilie devant la Toute-Puissance et qui brise la force des orgueilleux.

« Parmi les musulmans, l'oreille n'entend plus que le concert des remerciements et des heureuses nouvelles.

« Le peuple exalte le récit de tes prouesses, et ce qu'il admirait du passé n'a plus de valeur à ses yeux.

« Car les rois qui ont vécu n'ont acquis que la dixième partie des succès et de la gloire dont tu as été comblé. »

La joie fut extraordinaire dans le camp sarrasin. Partout les pieux musulmans adressaient à Dieu des acclamations enthousiastes pour un si grand triomphe. « Ce fut une nuit de joie et de fête pour l'armée, dit El-Eïmad. On n'entendit que remerciements à Dieu, actions de grâces et prières, cris de : « Dieu est grand » jusqu'au lever du jour qui était un dimanche. » Les dépêches et les lettres dictées par Saladin portèrent la grande nouvelle à toutes les bornes de son empire. En voici des passages : « Votre serviteur est arrivé le matin devant Tibériade et son sabre l'a déflorée. Il l'a assaillie avec la fougue d'une apparition, et ses habitants ont été dispersés par la mort ou l'esclavage : la rapidité de l'attaque a déjoué leurs ruses et leurs embûches. Le roi Guy est arrivé avec son escorte d'infidèles, ne se doutant pas que les ténèbres de l'impiété étaient sur le point de se dissiper. Votre serviteur les a enveloppés d'un incendie, dont les gerbes étincelantes leur rappelaient le sort que Dieu leur réserve dans l'éternité. Le roi et sa suite, descendant de cheval, gagnèrent une colline où ils espéraient trouver un abri contre la morsure dévorante des glaives acérés. On dressa pour lui une tente rouge dont le pilier central reposait sur l'impiété, et les nobles qui protégeaient les abords (1) de cette tente en étaient eux-mêmes les sentinelles (2). Le roi a été fait prisonnier, et cette journée a été funeste pour les infidèles ; avec lui, on a pris le prince (3) que Dieu maudisse ! Il a été fauché comme l'herbe, et c'est votre serviteur qui l'a tué de sa main pour accomplir son vœu... »

Eïmad ed-Dîn cite encore ce fragment d'une des lettres qui annonçaient le désastre des forces chrétiennes : « Lorsque l'armée franque fut enveloppée, son roi chercha sur une montagne un abri contre l'inondation, mais le sabre lui faisait entendre cette menace : « Pas d'abri aujour-

---

(1) Littéralement : les cordages.
(2) Littéralement : les pieux.
(3) Renaud de Châtillon.

d'hui. » La défection s'était mise dans tous les rangs, et malgré le feu de l'action où régnaient la mort et l'esclavage, les mains des musulmans éprouvaient le froid de l'engourdissement. On ne fit aucun quartier et la foule des cadavres encombra, ici-bas, le vaste monde de Dieu, dans l'autre monde, son enfer infranchissable. Pour se rendre dans notre camp, il fallait marcher sur des débris humains décomposés. Nous avons pris le roi, son frère, ses barons et les chefs de son armée. Un seul nous a échappé, le comte de Tripoli, mais il a tout perdu, nous le poursuivons et nous sommes certains de l'atteindre. Nous avions fait vœu de couper le cou du prince, seigneur de Karak, ce félon, ce roi des infidèles, cet échappé de l'enfer. Dès qu'il s'est montré à nos yeux, nous l'avons égorgé (1)... »

Le roi Guy, les autres princes avec les plus notables prisonniers, remis aux mains du vali

---

(1) M. Gaston Paris a publié dans le t. I de la *Revue de l'Orient latin* un poème latin sur Saladin et la grande victoire de Tibériade. Ces vers sont une œuvre curieuse de terreur et de haine.

de Damas, En-Nacih El-Ghaïdi, qui donna de tous ces hauts personnages un reçu écrit, furent dirigés, enchaînés, sur la capitale de la Syrie.

Le lendemain de la victoire, 5 juillet, un dimanche, le château de la ville de Tibériade se rendit à Saladin, qui fit décapiter tous les chevaliers du Temple et de l'Hôpital, ses prisonniers. Des volontaires musulmans, gens de mœurs pieuses et austères, dévots soufis, « hommes de loi, savants et initiés à l'ascétisme et à l'intuition mystique », réclamèrent l'insigne faveur d'exécuter chacun de sa main un prisonnier sous les yeux du sultan souriant. Les chevaliers francs subirent leur sort en martyrs, se pressant vers la mort. L'armée sarrasine expédia ses captifs par bandes innombrables avec un immense butin de guerre dans toutes les directions des contrées de l'Islam, puis elle se remit en marche.

Le 7 juillet, le sultan campa aux fontaines de Séphorie, où si longtemps s'était tenue l'armée des Francs qu'il venait d'anéantir. Acre tomba trois jours après, un vendredi, le 10 juillet. On y prit des richesses colossales. Puis ce fut le tour de Nazareth, de Césarée, de Naplouse, de Jaffa, de Tibnîn, de Saïda, de Beyrouth, de Djebaïl, d'Ascalon, de Gazzah, de Daroun. Enfin, Jérusalem elle-même, la ville royale, la ville sainte, ouvrit ses portes le vendredi 2 octobre. Saladin y fit venir sa sœur, celle qui avait été la prisonnière de Renaud. Cette femme arriva avec un convoi de vingt chameaux chargés d'eau de rose qui servit à purifier le Temple des souillures des infidèles. La princesse Étiennette, la seconde épouse de Renaud, se trouvait parmi les prisonnières que fit l'armée sarrasine dans la sainte Cité. Le sultan, toujours généreux, rendit la liberté à cette vaillante femme. Voici le récit d'El-Eïmad : « On laissa sortir aussi la princesse mère de Humfroy; elle était fille de Philippe et femme du prince Arnaud qui fut mis à mort le jour de Hittîn; elle possédait, en cette qualité, Karak et Chaubak, et son autorité était reconnue par les officiers qui l'entouraient. Elle vint implorer le sultan en faveur de son malheureux fils Humfroy IV,

CHAPITRE X. 395

qu'elle avait eu de son mariage avec Humfroy III de Toron et qui avait été pris à Hittîn, promettant que, s'il lui était rendu, elle ferait abandon de sa ville fortifiée de Karak. Outre l'amnistie et la liberté qui lui furent accordées, elle obtint aussi la permission de faire revenir de Damas ce fils chéri. Après avoir eu la joie de le revoir, elle partit avec lui en compagnie d'émirs accrédités pour prendre livraison de ses places fortes. Cependant, quand elle s'y présenta à cet effet, elle rencontra un refus formel des habitants. Repoussée par eux, elle revint humiliée, déçue dans son espoir, et se retira à Tyr. Mais auparavant elle remit son fils prisonnier au sultan, qui lui promit de le lui rendre lorsque lesdites places se soumettraient. »

Ernoul raconte de son côté comment la princesse Étiennette alla elle-même négocier le rachat de son fils dans la tente de Saladin. Le sultan espérait, en retenant Humfroy, déterminer la capitulation des deux Karak, ces puissantes forteresses que jamais il n'avait pu prendre malgré tant d'efforts et dont l'occupation devait le rendre maître de tout l'intérieur du pays et rejeter définitivement les chrétiens sur le littoral. Ses calculs ne furent pas trompés. Dès l'année suivante, au mois de ramadhan de l'an 584 de l'hégire (1), les vaillants défenseurs de Karak de Moab, qui, une première fois, avaient repoussé les propositions de la princesse Étiennette, privés maintenant de tout espoir de secours extérieur, réduits à la plus horrible famine, furent obligés de se rendre à El Malec El Adel, le frère du sultan (2). L'année suivante, ce fut le tour de Montréal assiégé depuis deux ans, peut-être depuis deux ans et demi. La belle forteresse de l'Arabie Pétrée ayant épuisé ses vivres dans le courant du mois de rebîa' second de l'an 585 de l'hégire (3), ouvrit ses portes au même Malec Adel qui fit de suite remettre Humfroy en liberté et l'envoya à sa mère (4). Les autres moindres forteresses

(1) Novembre 1188.
(2) *Hist. or. des Crois.*, t. IV, p. 381-382.
(3) Mai-juin 1189.
(4) Étiennette ou Stéphanie de Milly, qui n'avait pas eu d'enfants de ses deux derniers maris, Miles de Plancy et Renaud de

chrétiennes installées dans les oasis du désert de Moab et d'Arabie ne tardèrent pas à se soumettre également au vainqueur. Les chroniqueurs citent celles d'Hormaz, d'El-Ouaïra (1) et d'Es-Sal (2), qui est le château même de l'antique Pétra de Nabatène. Hébron ne put résister après la perte de la Syrie Sobal. Il ne resta plus rien de la belle principauté de Renaud de Châtillon, qu'il avait durant tant d'années si héroïquement défendue contre toutes les forces de l'Islam. A la fin de l'année 1189, Saladin était maître du royaume entier de Jérusalem, sauf des villes de Tyr, d'Antioche, de Tripoli, que les chrétiens occupaient encore.

Dans un de ses bulletins de victoire, Eïmad ed-Dîn, le chroniqueur contemporain, s'exprime ainsi : « Karak s'est rendue ; c'est cette forteresse dont le maître insolent se flattait

Châtillon, semble être morte peu après la délivrance de son fils et la perte de ses forteresses transjordaniques en 1188 et 1189. De son premier mariage, outre Humfroy IV de Toron, elle avait eu une fille, Isabelle, qui fut, on l'a vu, la femme du fameux Rupin de la Montagne, Rouben III d'Arménie.

(1) Voy. p. 203.
(2) Ou moins exactement « Sela ». Voy. p. 200.

d'envahir le Hedjaz et tendait ses filets impies sur le passage des pèlerins de la Mecque. L'année précédente, nous lui avions versé un breuvage mortel ; nous sommes aujourd'hui les maîtres de la place où il comptait se retrancher pendant cette année. L'infidélité est contrainte de s'incliner devant l'Islam, et la conquête de cette demeure complète la sécurité de la Maison sainte (1). »

De Renaud de Châtillon, du grand héros de la Croisade au douzième siècle, par un hasard extraordinaire, un souvenir palpable très précieux est tombé dans mes mains. C'est un sceau de plomb, une de ces bulles par lesquelles les princes d'outre-mer avaient coutume de sceller leur correspondance publique ou privée en ces contrées où la température élevée rendit toujours l'usage de la cire impossible. Ce sceau, certainement détaché d'une pièce d'archive disparue dans quelque tourmente dernière des guerres de la Croisade, avait fini par échouer,

---

(1) Le Temple de la Mecque.

CHAPITRE X. 399

Dieu sait à la suite de quelles vicissitudes, de quels détours, dans le musée d'une ville française de l'Ouest, d'où il est passé récemment par échange dans ma collection. A aucun des objets rapportés par moi de mes voyages aux pays d'Orient, je n'attache plus de prix qu'à cet humble morceau de métal qui fait revivre si proche de nous la haute figure du terrible baron franc. Je crois ce petit monument unique aujourd'hui, ou à peu près. On en peut voir la reproduction sur la planche sixième de ce volume. Un exemplaire analogue, signalé comme ayant existé jadis dans les archives de l'Ordre de Saint-Jean de Jérusalem transportées de Rhodes à Malte après la conquête ottomane de 1522, est aujourd'hui disparu. Au revers figure une haute porte de forteresse franque de Syrie entre deux tours crénelées. La légende de ce côté : *Petracensis Civitas,* indique que c'est bien là la représentation du moins symbolique de la porte du château de Karak ou de la Pierre du Désert, la formidable et mystérieuse forteresse des Francs de la conquête dans la Terre de Moab, au delà de la mer Morte. Sur la face opposée on lit cette autre légende : *Renaldus Montis Regalis dominus*. Dans le champ, un oiseau emblématique, très probablement un cygne, déploie ses ailes.

Nous possédons donc au revers de ce sceau une précieuse image contemporaine de la façade de la célèbre citadelle qui repoussa si longtemps et si souvent toutes les furieuses attaques des armées de Saladin, et dont les ruines n'ont encore été visitées que par si peu de voyageurs. J'ai dit que, par une erreur facilement établie en ces temps d'ignorance, on confondit ce site, placé au delà de la rive orientale de la mer Morte, avec la grande Pétra d'Idumée, située bien plus au sud, non loin de Montréal, et que de là vint à cette première forteresse son autre nom de *Petra Deserti*, que les Francs traduisaient par la *Pierre du Désert*, ou encore de *Petracensis Civitas* comme sur notre sceau.

Il n'est pas téméraire de présumer que, si nous n'avons pas sur ce monument une copie

SCEAU DE RENAUD DE CHATILLON.

(Voy. p. 398.)

absolument fidèle de la principale porte de Karak, nous pouvons au moins nous faire, par cette image, une idée approximative de ce qu'était cette façade à l'époque de sa plus grande force, sous notre illustre Renaud.

Que signifie la présence, sur l'autre face du sceau, de cet oiseau emblématique qui semble un cygne ? Je n'ai découvert aucun indice pouvant m'éclairer. Serait-ce un emblème du prince, ou bien celui de la principauté ? Est-ce bien un cygne, et, dans le cas contraire, existerait-il, entre le nom latin de l'oiseau et ceux des châteaux de Karak ou de Montréal, quelque rapport pouvant donner lieu à un de ces jeux de mots si fréquents dans le choix des emblèmes au moyen âge ? C'est ce que je ne saurais affirmer avec quelque certitude.

FIN.

TABLE DES MATIÈRES

Introduction VII

CHAPITRE PREMIER

Origines de Renaud de Châtillon. — Il part pour la Terre Sainte à la suite du roi Louis VII. — Sa présence au siège d'Ascalon en l'an 1153. — Son mariage avec la princesse Constance d'Antioche. — Il devient prince d'Antioche. — Prise d'Ascalon par l'armée du royaume sous le roi Baudouin III, en août 1153. — Description d'Antioche à l'époque de Renaud de Châtillon. — Premiers temps du règne de Renaud. — Ses luttes contre Nour ed-Dîn, atâbec d'Alep. — Portrait de ce célèbre adversaire des Latins d'Orient. — Démêlés de Renaud avec le patriarche Amaury d'Antioche......................... 1

CHAPITRE II

Thoros d'Arménie. — Ses conquêtes en Cilicie. — Ses guerres contre le basileus Manuel Comnène. — Expédition de Renaud de Châtillon contre Thoros pour le compte de Manuel. — Rupture entre Renaud et Manuel. — Renaud de Châtillon saccage l'île de Chypre. — Luttes des Francs contre Nour ed-Dîn. — Défaite des Francs en juin 1157. — Sièges de Scheïzar et de Harem.. 56

CHAPITRE III

Invasion subite de la Cilicie par le basileus Manuel Comnène. — Soumission de Thoros. — Manuel s'apprête à tirer vengeance du prince d'Antioche. — Humiliation de Renaud de

Châtillon au camp impérial de Massissa. — Entrevue de Manuel Comnène et du roi Baudouin III de Jérusalem. — Réception de Manuel à Antioche au printemps de 1159. — Fêtes, joutes et chasses. — Accident survenu au roi Baudouin. — Le basileus et les princes francs marchent sur Alep. — Nour ed-Dîn déjoue ce grave danger en livrant ses prisonniers chrétiens. — Retraite de l'armée franque. — Incidents du retour de Manuel dans ses États................................... 92

CHAPITRE IV

Renaud de Châtillon, au retour d'une expédition de pillage sur le territoire de l'ancien comté d'Edesse, est battu et fait prisonnier, en novembre 1160, par Medj ed-Dîn, frère de Nour ed-Dîn et son gouverneur à Alep. — Il est conduit enchaîné dans cette ville, où il demeure près de seize années. — Récit de cette douloureuse captivité. — Renaud, en 1164, voit arriver à Alep son beau-fils le prince Bohémond d'Antioche et les autres chefs chrétiens faits prisonniers à la déroute de Harem. — En 1176 enfin, Renaud parvient à se racheter. — Il rentre dans Antioche, où règne son beau-fils Bohémond III, fils du premier mariage de sa femme, la princesse Constance................. 148

CHAPITRE V

Coup d'œil sur l'histoire de la principauté d'Antioche durant la captivité de Renaud de Châtillon. — Renaud, prince sans terre, va trouver à Jérusalem le roi Baudouin IV, qui lui fait épouser la veuve du dernier prince de Karak et Montréal et le nomme son successeur. — Gravité de la situation pour les Latins d'Orient, par suite de l'arrivée au pouvoir de Saladin, le plus acharné ennemi des chrétiens. — Importance de la principauté de Karak et Montréal, par suite de la position de ses principales forteresses sur la route du Hadj et sur celle qui allait de Syrie en Égypte. — Histoire et description de cette principauté et de ses principales forteresses. — Renaud de Châtillon prend, dès cette année 1176, possession de sa nouvelle seigneurie.. 169

TABLE DES MATIÈRES.

CHAPITRE VI

Renaud de Châtillon à Karak. — Efforts des Sarrasins pour s'emparer des châteaux de Karak et de Montréal. — Détresse du royaume. — Le roi Baudouin IV malade, sur le refus du comte de Flandre, confie à Renaud la direction suprême de la défense contre Saladin. — Victoire de Montgisard. — Prise par Saladin du fort du gué de Jacob. — Le roi donne sa sœur Sibylle en mariage à Guy de Lusignan. — Mort du basileus Manuel. — Renaud, malgré les trêves, s'empare d'une caravane de marchands de Damas. — Poursuivi par Ferroukh-Chah, gouverneur de Damas, il réussit à sauver son grand butin. — Saladin exaspéré demande vainement satisfaction pour cet attentat. — Il fait dévaster par ses troupes le territoire de la principauté de Renaud, malgré la diversion tentée par l'armée royale (1182).. 223

CHAPITRE VII

Expédition organisée en l'an 1182 par Renaud dans la mer Rouge pour aller piller la Mecque et Médine. — Combats et pillages. — Arrivée de la flotte égyptienne sous le commandement de l'amiral Loûlou. — Désastre final des Francs.......... 255

CHAPITRE VIII

Les contingents du seigneur de Karak sont battus et surpris près d'Aïn-Djalout par l'avant-garde de Saladin. — Premier siège de Karak par Saladin, qui arrive devant la forteresse franque le jour même des noces de la belle-fille de Renaud avec Humfroy IV de Toron (novembre 1183). — Épisodes gracieux ou héroïques. — Prise par les Sarrasins du bourg attenant à la forteresse. — Finalement l'approche de l'armée royale force Saladin à lever le siège. — Dès le printemps de l'année suivante, il inaugure le second siège de Karak avec toutes les forces de l'Islam. — Cette fois encore l'arrivée de l'armée royale oblige Saladin à se retirer. — Mort de Baudouin IV. — Son successeur, le petit roi Baudoin V, le suit de près dans la tombe. — Avènement orageux de la reine Sibylle et de son époux Guy de Lusignan. — Rôle prépondérant joué par le seigneur de Karak dans cette période agitée. — Rupture du roi et de la reine avec le comte de Tripoli. — Renaud, violant une fois encore les trêves, s'empare de la grande caravane de la Mecque avec une sœur du sultan. — Fureur de Saladin, qui jure que Renaud ne périra que de sa main.. 284

CHAPITRE IX

Entrée en campagne de Saladin avec toutes les forces de son empire au printemps de l'an 1187. — Durant que le sultan va ravager les territoires de Karak et de Chaubak, son fils aîné El Malec el Afdal, avec sept mille guerriers d'élite, de connivence avec le comte de Tripoli, pénètre sur le territoire de la principauté de Tibériade. — Désastre des chrétiens aux fontaines de Saffouriya. — Le roi Guy, réconcilié avec le comte de Tripoli, convoque en ce lieu le ban et l'arrière-ban du royaume et réunit une armée telle qu'on n'en avait jamais encore vu de si nombreuse aux pays chrétiens d'outre-mer. — Le sultan, quittant de rechef Damas, franchit la frontière avec toute son armée, plus nombreuse encore que celle des Francs. — Pour décider ceux-ci à abandonner la défensive, il fait attaquer Tibériade qu'il emporte d'assaut. — Conseil de guerre des chefs latins au camp de Saffouriya. — Incidents dramatiques. — Sur le conseil du grand maître du Temple, le roi décide finalement de marcher à l'ennemi. — Après une nuit passée tout entière sous les armes, l'armée chrétienne se met en marche sous un soleil de feu. — Joie de Saladin à cette nouvelle. — Découragement et terreurs mystérieuses des guerriers francs. — La sorcière sarrasine. — Nouveau conseil de guerre. — Nouvelle et terrible veillée des armes de l'armée chrétienne tourmentée par la soif et par les incessantes attaques de l'ennemi....... 325

CHAPITRE X

Bataille de Hittîn, le samedi 4 juillet 1187. — Après des prodiges de valeur, les Francs, mourant de soif, acculés sur une colline, sont forcés de se rendre. — Immense et complet désastre de l'armée chrétienne. — Le roi et les princes latins prisonniers sont présentés à Saladin, qui tue de sa main Renaud de Châtillon, après lui avoir reproché ses crimes. — Suite des succès de Saladin. — Les forteresses de la seigneurie de Karak tombent en ses mains dans le cours des deux années suivantes. — Sceau de Renaud de Châtillon, prince de Karak et de Montréal... 355

ERRATA

Page 10, note 1, *au lieu de* Hist. gr., *lire* Hist. or.
— 232, note 1, *au lieu de* Koumouchté, *lire* Koumouch-tékîn.
— 262, ligne 14, *au lieu de* « Kamel-Altevarykk », *lire* « Kamel-Allevarykh ».
— 282, note 1, ligne 3, *au lieu de* f. 224, 2°, *lire* f. 224, 2.
— 325, lignes 8 et 16, *au lieu de* Saffouriya, *lire* Saffouriyah.

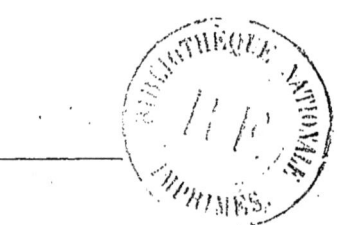

www.ingramcontent.com/pod-product-compliance
Lightning Source LLC
Chambersburg PA
CBHW050911230426
43666CB00010B/2113